本书是2022年度天津市哲学社会科学规划重大委托项目
"新时代新征程解决中国共产党所面对的大党独有难题研究"
（TJESDZX22-06）的结项成果

清醒与坚定

如何认识和破解大党独有难题

秦立海 等著

天津出版传媒集团

天津人民出版社

图书在版编目（CIP）数据

清醒与坚定：如何认识和破解大党独有难题 / 秦立
海等著. -- 天津：天津人民出版社，2025. 4. -- ISBN
978-7-201-20916-6

Ⅰ. D26

中国国家版本馆 CIP 数据核字第 2025US5427 号

清醒与坚定:如何认识和破解大党独有难题
QINGXING YU JIANDING:RUHE RENSHI HE POJIE DADANG DUYOU NANTI

出　　版	天津人民出版社	
出 版 人	刘锦泉	
地　　址	天津市和平区西康路35号康岳大厦	
邮政编码	300051	
邮购电话	(022)23332469	
电子信箱	reader@tjrmcbs.com	
责任编辑	武建臣	
装帧设计	汤　磊	
印　　刷	天津新华印务有限公司	
经　　销	新华书店	
开　　本	710毫米×1000毫米 1/16	
印　　张	20	
插　　页	2	
字　　数	260千字	
版次印次	2025年4月第1版　2025年4月第1次印刷	
定　　价	98.00元	

目 录
Contents

绪　论

一、大党独有难题命题的提出

党的十八大以来,以习近平同志为核心的党中央大力推动理论创新,深入思考大党建设和管理问题,提出了一系列新观点新论断。2017年10月25日,习近平总书记在十九届中央政治局常委同中外记者见面时提道:"中国共产党是世界上最大的政党。大就要有大的样子。"① 2018年1月5日,习近平总书记在学习贯彻党的十九大精神研讨班开班式上指出:"我们党是世界上最大的政党,大就要有大的样子,同时大也有大的难处。"② 2022年10月,党的二十大报告从新时代党的建设新的伟大工程的战略高度,明确提出"大党独有难题"的新命题和新论断,强调:"我们党作为世界上最大的马克思主

———————————

　　① 《习近平总书记在十九届中共中央政治局常委同中外记者见面时的讲话》,新华网,2017年10月25日。

　　② 中共中央党史和文献研究院、中央"不忘初心、牢记使命"主题教育领导小组办公室编:《习近平关于"不忘初心、牢记使命"论述摘编》,党建读物出版社、中央文献出版社,2019年,第86页。

义执政党，要始终赢得人民拥护、巩固长期执政地位，必须时刻保持解决大党独有难题的清醒和坚定。"① 2023 年 1 月，习近平总书记在二十届中央纪委二次全会上进一步对大党独有难题的科学内涵概括为"六个如何始终"，即如何始终"不忘初心、牢记使命"，如何始终统一思想、统一意志、统一行动，如何始终具备强大的执政能力和领导水平，如何始终保持干事创业精神状态，如何始终能够及时发现和解决自身存在的问题，如何始终保持风清气正的政治生态。② 2024 年 1 月，习近平总书记在二十届中央纪委三次全会上强调，深入推进党的自我革命实践，必须"以解决大党独有难题为主攻方向"③。这不但系统阐释了大党独有难题的科学内涵，而且将其明确为党的自我革命的主攻方向。

"大党独有难题"这一重大理论命题的提出，标志着中国共产党对管党治党、长期执政的难题有了更深刻的理解与把握。这一论断是中国共产党对自身面临严峻复杂考验的深刻反思，展现了新时代中国共产党人强烈的忧患意识和历史主动精神。当前，正处于中国共产党团结带领全国各族人民迈上全面建成社会主义现代化国家新征程的关键时刻，大党独有难题的提出正是对新时代"建设什么样的长期执政的马克思主义政党、怎样建设长期执政的马克思主义政党"这一重大时代课题的深入思考和系统回应。回答好这一课题，对于进一步加强马克思主义执政党建设，在理论和实践层面具有重大的创新价值和指导意义。

理解"大党独有难题"概念，首要在于把握"大党"的基本特征。何谓"大党"？寻根溯源，"大党"一词最早源于托克维尔的《论美国的民主》一书。他

① 习近平：《高举中国特色社会主义伟大旗帜　为全面建设社会主义现代化国家而团结奋斗——在中国共产党第二十次全国代表大会上的报告》，人民出版社，2022 年，第 63 页。

② 《习近平在二十届中央纪委二次全会上发表重要讲话强调　一刻不停推进全面从严治党　保障党的二十大决策部署贯彻落实》，《人民日报》，2023 年 1 月 10 日。

③ 《习近平在二十届中央纪委三次全会上发表重要讲话强调　深入推进党的自我革命　坚决打赢反腐败斗争攻坚战持久战》，《人民日报》，2024 年 1 月 9 日。

提出:"被我称为大党的政党,是那些注意原则胜于注意后果,重视一般甚于重视个别,相信思想高于相信人的政党。"①由此可见,托克维尔对"大党"的界定主要基于政党的原则、理念等视角。综合目前学术界对"大党"的定义,可以将其简要概括为,"大党"之"大",既表现在成员人数多、组织规模大、存续时间长等外在层次,更体现在党的理想远大、功能强大等内在特质。理解"大党独有难题"概念,其次需要理解"独有"的内涵。何谓"独有"?从词语释义来看,"独有"是一个比较性概念,与"共有"相对,意为独自具有,强调的是人无我有的独特性。唯物辩证法认为,特殊性与普遍性相互联结,普遍性寓于特殊性之中,特殊性也必然与普遍性相联系而存在。要深入理解和把握大党独有难题,既需要把握世界大党面对治理难题的普遍性,更需要深入分析中国共产党自身党情的特殊性。

对于中国共产党这样一个"世界大党""百年大党"而言,既有特殊优势,又有独特难处:因创建时间长,面临着如何始终保持无产阶级先进性和纯洁性,"不忘初心、牢记使命"的难题;因党员人数众多,面临着如何统一思想、统一意志、统一行动的难题;因执政环境复杂,面临着如何始终保持廉洁从政的执政环境、风清气正的政治生态的难题;因历史成就伟大,面临着如何始终保持清醒头脑、及时发现和解决自身存在问题的难题;因领导地位独特、干部人数庞大,面临着如何始终具备强大的执政能力和领导水平、如期完成执政任务的难题;因党员队伍和组织体系庞大,面临着如何始终保持历史担当意识、干事创业精神状态的难题。以上六大难题相互关联和交织,又各有侧重,这既为深入研究大党独有难题的丰富内涵和精神实质提供了核心要义,又为深入求解大党独有难题的应对之策提供了精准靶向。

大党不等于强党,强党未必恒强。作为一个已经执政70多年并将继续长期执政的大党来说,解决好大党独有难题是"实现新时代新征程党的使命

---

①　[法]托克维尔:《论美国的民主》(上卷),董果良译,商务印书馆,1988年,第196页。

任务必须迈过的一道坎，是全面从严治党适应新形势新要求必须啃下的硬骨头"①。如何管理好这样一个大党，在管党治党上必须准确把握其基本特点、内在要求和发展变化，对大党面临问题的独特性和复杂性要有清醒认知。深入思考大党独有难题何以生成、有何内涵并如何有力地予以应对解决，对于锻造从容应对各种复杂局面的坚强有力的执政党，对于推进政党治理现代化，对于全面建成社会主义现代化强国，在学理和实践层面都具有重要的现实意义。

二、大党独有难题研究述评

自党的二十大报告首次提出"大党独有难题"的科学命题以来，习近平总书记在诸多场合针对大党独有难题及其治理发表了一系列重要讲话，强调中国共产党破解大党独有难题的重要性和迫切性，引起学术界的高度关注，并迅速成为党建领域的研究热点。特别是在2023年1月，习近平总书记系统阐述大党独有难题的六个主要表现后，对这一问题的探讨呈现猛增趋势。自党的二十大以来至2024年8月底，以"大党独有难题"为主题在中国知网（中国学术期刊全文数据库）共精确检索到相关主题文章450余篇，其中CSSCI及核心期刊约145篇。通过对相关文献进行内容分析和主题聚类（图1），总结出目前国内学术界关于大党独有难题研究的前十位关键词分别为："大党独有难题""自我革命""全面从严治党""中国共产党""破解之道""独有难题""习近平总书记""习近平""价值意蕴""实践路径"。由此可见，目前国内学术界对于大党独有难题的研究侧重于破解难题层面，这是整个研究的落脚点。以上十个主题也较为准确地反映了国内学术界对于大党独有难

---

①　《习近平在二十届中央纪委二次全会上发表重要讲话强调　一刻不停推进全面从严治党　保障党的二十大决策部署贯彻落实》，《人民日报》，2023年1月10日。

题的研究方向与重点。

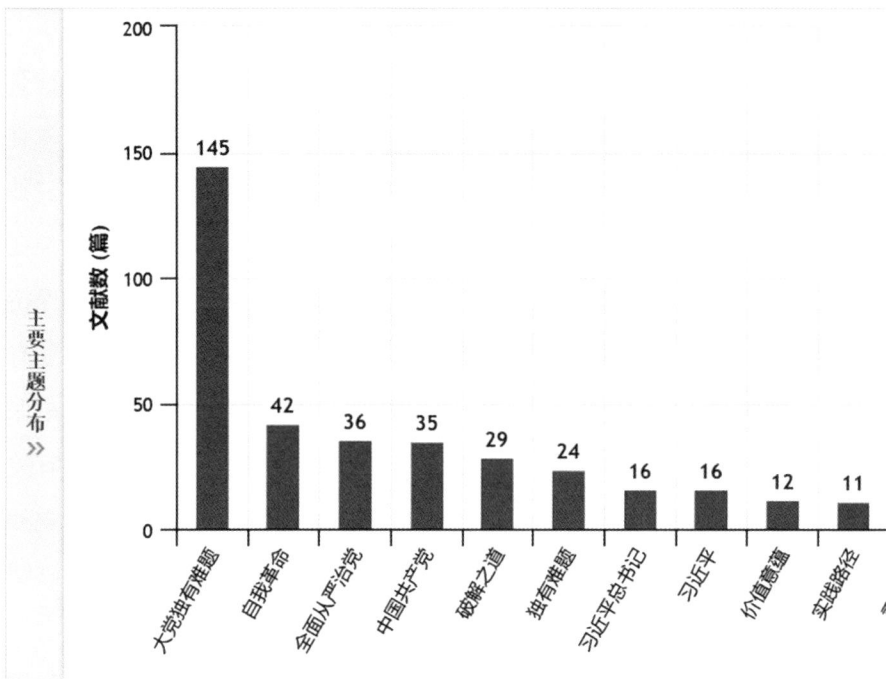

图1 国内学术界"大党独有难题"研究主题分布情况（来源：中国知网）

　　除发表大量报刊论文外，研究专著亦相继出版。由人民日报出版社组织编写、署名任初轩编的《如何破解大党独有难题》①，是最早出版的关于大党独有难题的专题著作。该书聚焦主题，深刻分析了大党独有难题的形成原因、主要表现和破解之道，并阐释了全面从严治党的目标任务、实践要求。颜晓峰等人所著的《解决大党独有难题》②、洪向华主编的《大党独有难题：怎么看怎么解》③、郑寰所著的《治大党：新时代中国共产党如何破解大党独有难题》④、陈远章和韩庆祥著的《大党独有难题的破解之道》⑤均不约而同地围

① 任初轩编：《如何破解大党独有难题》，人民日报出版社，2023年。
② 颜晓峰等：《解决大党独有难题》，中共党史出版社，2023年。
③ 洪向华主编：《大党独有难题：怎么看怎么解》，人民出版社，2024年。
④ 郑寰：《治大党：新时代中国共产党如何破解大党独有难题》，中共中央党校出版社，2023年。
⑤ 陈远章、韩庆祥：《大党独有难题的破解之道》，红旗出版社，2024年。

绕"六个如何始终"具体深刻阐释了大党独有难题的科学内涵与破解之道。柳宝军著的《直面大党独有难题》①聚焦大党独有难题的现实表征，概括了大党独有难题的鲜明特点，梳理了大党独有难题的生成动因、阐发了大党独有难题的应对之策。徐艳玲、周琦等人则在《清醒与坚定》②中聚焦回答了大党独有难题"何为独有"与"难在何处"这两大问题，主要体现为大党特性之"独有"、使命担当之"独有"、执政品格之"独有"，难在大党自我治理之艰、难在大国治理之繁、难在全球治理之巨。李君如主编的《自我革命——时刻保持解决大党独有难题的清醒和坚定》③以自我革命为视角，力图破解大党独有难题，总结新时代党的建设的新鲜经验。中国纪检监察杂志社编的《时刻保持解决大党独有难题的清醒和坚定》④，对《中国纪检监察》杂志发表的有关大党独有难题的文章进行了汇编。这些专题著作大都系统性分析了大党独有难题的生成原因、主要表现、破解之道、价值意义，对总结实践经验、破解大党独有难题具有重要意义。

通过对大党独有难题这一主题的相关论文、著作等进行纵向梳理和横向对比可以发现，党的二十大以来学术界围绕大党独有难题进行了多维度、深层次研究，涌现出一大批具有较高学术价值和理论深度的研究成果。当前，这些研究成果主要集中于"是什么""为什么""怎么办"三个方面。其中，"是什么"旨在阐释其理论内涵，"为什么"旨在分析其生成原因，"怎么办"旨在构建其破解之道。此外，还有一些研究成果侧重于从某一学科视角或某一方面来研究解决大党独有难题，如以组织学或党内法规学为视角认识与破解大党独有难题。由此，从整体上梳理和分析这些研究成果，总结其研究进展和不足，对进一步深化大党独有难题研究尤为重要。

---

① 柳宝军：《直面大党独有难题》，中共中央党校出版社，2024年。
② 徐艳玲、周琦等：《清醒与坚定》，大有书局，2023年。
③ 李君如主编：《自我革命——时刻保持解决大党独有难题的清醒和坚定》，人民出版社，2023年。
④ 中国纪检监察杂志社编：《时刻保持解决大党独有难题的清醒和坚定》，中国方正出版社，2023年。

（一）形成原因：大党独有难题的生成逻辑探析

自大党独有难题命题提出以来，学术界对此进行了深入剖析与探讨，以追寻大党独有难题的形成原因。厘清大党独有难题何以产生，既需要从世界政党所面临的普遍性难题中总结规律，也需要从中国共产党所面临的特殊性难题中探寻本质，更需要从国内国际"两个大局"中理解其生成的时代背景和要求。

1. 从世界政党治理困境普遍性的角度分析

理解大党独有难题的生成逻辑，先要了解世界政党治理困境的普遍性。从政党发展的一般规律来看，世界大党难题存在着诸多共性，这些共性为理解中国共产党面临的大党独有难题提供了有益借鉴。

有的学者侧重于使用逻辑推理的形式阐释世界政党政治难题演化为中国共产党大党独有难题的路径。例如，杨玉城等通过分析政党的本质，总结出了目前政党所面临的政党组织建设问题、政党执掌国家政权问题与政党联系社会问题三大核心议题，同时这也构成了政党政治的"基本域"。"大党独有难题"则是由于"大党"这一独特政治因素的引入，使得一般性政党难题具象化为大党独有难题。例如，政党由于规模扩张、能力维持等问题，由原本的政党组织建设问题变成了大党规模治理难题；由于政治惰性影响、政治格局维系等问题，由原本的政党执掌国家政权问题变成了大党长期执政难题；由于塑造政党理念与践行政党政策问题，由原本的政党联系社会问题变成了大党代表性难题。[①]戴伟安指出："当政党具有'大党'的特性，在其发展和壮大的过程中自然也会衍生出对应难题。"据此，他推理总结出：大党的"组织规模大"会诱发组织管理难题，"存续时间长"会引发自我调适难题，"执政绩效高"会带来长期执政难题，"责任使命重"会衍生永葆初心难题，这

---

① 杨玉城、张振：《"大党独有难题"及中国共产党的破解之道》，《学术界》，2023年第4期。

四个方面也是中国共产党"大党独有难题"形成的重要原因。[①]

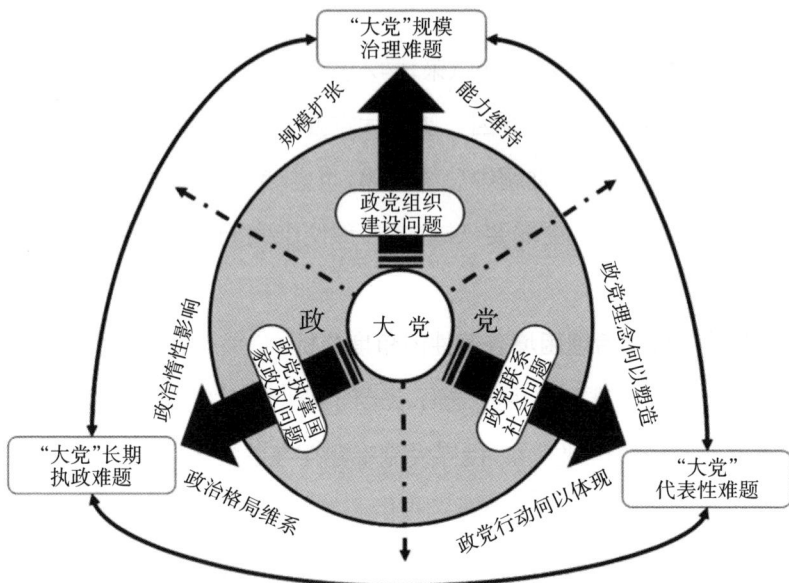

图2　政党政治"基本域"及"大党独有难题"表现
来源：杨玉城、张振：《"大党独有难题"及中国共产党的破解之道》。

有的学者则具体地分析了世界政党面临的普遍性治理难题类型，这些共性难题是大党独有难题生成的背景与基础。例如，全明威通过分析世界各大政党和老牌政党的兴衰成败经验，总结出了世界大党面临的连续执政难题、组织分裂难题与权力腐败难题。[②]韩庆祥等指出，世界大党容易出现的七类难题，包括精神懈怠、能力不足、脱离群众、消极腐败、如何达到团结统一、如何永葆青春活力、如何真正发扬人民民主的难题。[③]刘红凛还逐个列举并分析德国联盟党、英国保守党、日本自民党、墨西哥革命制度党、印度国大党和苏联共产党的政党发展情况，总结验证了大党难解之题表现在经

---

①　戴伟安、陶周颖：《"大党独有难题"的内涵解析与应对之道》，《思想理论教育》，2023年第2期。

②　全明威：《新时代中国共产党所面对的大党独有难题及应对策略》，《世界社会主义研究》，2023年第6期。

③　韩庆祥、张艳涛：《论时刻保持解决大党独有难题的清醒和坚定》，《海南大学学报》（人文社会科学版），2023年第2期。

济发展与执政绩效问题、利益集团与贫富分化问题、权力腐败与政治腐败问题、政党官僚化与僵化保守问题、党内团结与政党分裂问题、颠覆性错误与改革失败问题上。[①]这些学者在此基础上强调,大党独有难题的生成具有世界背景,世界政党所面临的共有难题是中国共产党大党独有难题的生成基础。

2. 从中国共产党党情特殊性的角度分析

理解大党独有难题的生成逻辑,核心在于认识中国共产党独特的党情。中国共产党是当今世界上最大的马克思主义执政党,中华人民共和国是当今世界上最大的社会主义国家和发展中国家,中国共产党在管理政党、治理国家的过程中必然会生发出大党独有难题。

有的学者通过分析中国共产党的性质来揭示其特殊性,从而追溯大党独有难题的生成原因。例如,刘伟等指出,中国共产党所具有的四重独特属性"组织规模独有""政党文化独有""发展道路独有""目标追求独有"使得其在执政过程中面临巨大挑战,因而生成了大党独有难题。[②]姜森分析了大党独有难题在中国生成的历史必然性和客观现实性,指出中国共产党是以马克思列宁主义建党学说为指导、按照民主集中制原则建立起来的政党,在世界上最大的发展中国家长期执政,这使得党既面临着世界政党所具有的普遍性难题,又面临着其他政党没有的独有难题,这是由中国共产党的性质宗旨、理想信念、使命任务和长期执政地位等因素共同决定的,是在长期的历史发展和复杂的执政环境中衍生出来的问题。[③]汪仕凯也指出,大党独有难题是中国共产党发展成超大规模先锋队的结果,同时,大党领导大国治理的复杂性和特殊性,使"难题"更加强化,更加突出。[④]钟宪章等站在矛盾特殊

---

① 刘红凛:《从世界政党百年沉浮看大党独有难题》,《人民论坛》,2022年第21期。

② 刘伟、何顿:《大党"破题之钥":以全过程人民民主健全全面从严治党体系》,《党政研究》,2024年第4期。

③ 姜森:《大党独有难题:难从何来、难在何处、如何解难》,《中共福建省委党校(福建行政学院)学报》,2023年第4期。

④ 汪仕凯:《中国共产党面对的大党独有难题及其应对之道》,《社会科学》,2024年第5期。

性的视角,指出大党独有难题是一个涉及广泛的复合命题,分析了新时代背景下党的历史方位变化,从中揭示出长期执政大党的特有属性和独有矛盾出现的必然性。①包安也从中国共产党的独特性出发,围绕性质、规模、角色、地位四个维度进行审视,认为中国共产党集"马克思主义政党、超大规模政党、长期执政党、全面领导党"多重身份于一体的独特性,一方面形塑了中国共产党独特的政党样态,另一方面也使中国共产党面临多重政党难题。②

有的学者则注重从微观视角直接分析中国共产党党情的具体情况,从而总结大党独有难题生成的演化机制与原因。例如,柳宝军强调大党独有难题的生成来自各种因素互为因果、相互作用,既有时代发展变化、执政环境变迁等客观原因,例如使命性指导思想的消退、时代性调适变革的弱化等,也有大党革命意志消退、疏于内部治理等主观原因,例如革命性自我锻造的缺失、常态化制度规范的缺位等。③全明威也指出:"中国共产党党员人数之多、组织层级之复杂、执政范围之广、历史之光荣、使命之艰巨、建设标准之高",这些复杂特殊因素意味着中国大党治理有其自身特点与规律。④

3. 从时代背景与时代要求的角度分析

理解大党独有难题的生成逻辑,关键在于聚焦复杂的时代背景与要求。随着全面建成社会主义现代化强国新征程的开启,国际环境更加复杂,国内发展任务更为繁重,中国共产党面临的治理难题也日渐凸显。

有的学者从国内国际两方面考察大党独有难题生成缘由。例如,丁俊萍等认为,习近平总书记提出"时刻保持解决大党独有难题的清醒和坚定"的时代要求,主要基于三方面的考量:"一是始终赢得人民拥护、巩固长期执

---

① 钟宪章、刘凤霞:《关于"解决大党独有难题"的理论解析和实践路径》,《理论导刊》,2023年第5期。
② 包安:《论大党独有难题及其表现样态——以中国共产党的独特性为分析视角》,《社会主义研究》,2023年第3期。
③ 柳宝军:《大党独有难题的现实表征、生成机理及应因之策》,《理论导刊》,2023年第11期。
④ 全明威:《新时代中国共产党所面对的大党独有难题及应对策略》,《世界社会主义研究》,2023年第6期。

政地位的忧思,二是统筹国内国际'两个大局'、把握发展安全'两个大事'的客观需要,三是实现全面建成社会主义现代化国家奋斗目标的政治保证。"①姜森也提到"辉煌业绩成就要求大党永葆初心使命、长期执政地位需要大党强化权力监督、严峻风险挑战要求大党提升执政能力"等现实要求。此外,姜森还强调了在世界百年未有之大变局背景下,外部风险极有可能演变为国内风险,所以执政党需科学有效应对系统性和叠加性的风险考验,而大党独有难题正是在长期历史发展的复杂执政环境中衍生而来的。②阚道远等认为,习近平总书记提出大党独有难题的论断是党中央在科学把握世情、国情深刻变化的基础上提出的。从国际来看,世界百年未有之大变局的加速演进,对中国共产党如何防范化解政治风险,进而巩固长期执政地位提出了深层次考验;从国内来看,以中国式现代化全面推进中华民族伟大复兴的开创性事业,对中国共产党如何防范化解政治风险,进而巩固长期执政地位提出了新的更高要求。③

有的学者则着重从国内视角分析大党独有难题生成缘由。例如,张润枝指出,大党独有难题命题的生成源于新时代新征程的时代背景下提出的问题。民族复兴关键时期要求中国共产党始终保持忧患意识攻克时代难题,防止出现颠覆性错误。④于安龙提到,大党独有难题源于中国共产党不断推进中国式现代化的现实所需,"14亿多人走向现代化,其规模和难度在人类现代化发展史上是绝无仅有的"⑤。杨俊指出,中国共产党在长期执政条件下,各种弱化党的先进性、损害党的纯洁性的因素无时不有,"党面临的

① 丁俊萍、魏强:《时刻保持解决大党独有难题的清醒和坚定:生成逻辑与实践进路》,《山东社会科学》,2022年第11期。
② 姜森:《大党独有难题:难从何来、难在何处、如何解难》,《中共福建省委党校(福建行政学院)学报》,2023年第4期。
③ 阚道远、邱友亮:《习近平关于大党独有难题的重要论述及其重大意义》,《河南社会科学》,2023年第8期。
④ 张润枝:《以大党独有优势解决大党独有难题》,《人民论坛》,2023年第2期。
⑤ 于安龙:《大党独有难题:释义与析理》,《理论与改革》,2023年第4期。

执政考验、改革开放考验、市场经济考验、外部环境考验将长期存在，精神懈
怠危险、能力不足危险、脱离群众危险、消极腐败危险将长期存在"，四大考
验和四种危险的复杂性和长期性是大党独有难题产生的外在条件。①

综上所述，学术界对于"大党独有难题"生成原因的分析，既有共通性，
也存在差异性。学者们围绕世界政党共有难题、中国共产党独特党情、两个
大局的时代背景和要求等多重角度对其生成逻辑进行阐释，具有相当的学
理意义和现实价值，总体上是比较深入和透彻的。

(二)主要表现：大党独有难题的科学内涵阐释

党的二十大报告指出，我们党作为世界上最大的马克思主义执政党，长
期执政最大的危险就是脱离群众。解决这个问题的关键是提高党的执政能
力和领导水平，不断增强拒腐防变和抵御风险能力。②大党独有难题是中国
共产党作为长期执政的大党所面临的、其他政党不具备或不突出的独特挑
战和困难。深入探讨大党独有难题的科学内涵，对于提高党的执政能力和
领导水平，增强拒腐防变和抵御风险能力，具有十分重要的现实意义。

1.关于大党独有难题科学内涵的探讨

深入探讨大党独有难题的科学内涵，对于准确把握大党执政规律、破解
大党独有难题、推动中国共产党长期执政和国家治理现代化具有重要意义。
学术界对大党独有难题科学内涵的探讨，以习近平总书记在二十届中央纪
委二次全会上明确提出"六个如何始终"为界，可分为两个阶段。

在习近平总书记尚未提出"六个如何始终"之前，学术界对该命题科学
内涵的探讨呈现出百花齐放的状态。学者们从不同视角对大党独有难题进

---

① 杨俊：《解决"大党独有难题"的根本之道：持续推进党的自我革命》，《理论探讨》，2023年第
1期。

② 习近平：《高举中国特色社会主义伟大旗帜　为全面建设社会主义现代化国家而团结奋
斗——在中国共产党第二十次全国代表大会上的报告》，人民出版社，2022年，第63页。

行了深入研究,提出了许多有价值的观点。许多学者从"大党"这一概念入手,对大党独有难题进行分析。例如,柳宝军从大党形态入手,总结了大党独有难题的基本形态和现实表征,即政治上面临保持高度团结和集中统一的难题,思想上面临实现永葆初心、勇担使命的难题,作风上面临始终坚守本色、自我监督的难题,组织上面临确保体系健全、功能强大的难题,纪律上面临坚持法纪严明、政令通畅的难题。①杨玉城等则从"大党独有难题"与"可大可久之政治"相互联系的角度出发,指出大党独有难题表现在空间之"大"、时间之"久"、政党之"政"、政党之"治"四大方面,从而形成多重规模因素的叠加压力难题、复杂状态下的长期执政难题、政党政治代表性与整体性之间的张力难题、超大规模政党的严格治理难题这四大难题。②杨俊则突出强调了大党独有难题中始终保持党的革命精神、清醒意识和人民情怀的不容易,以及如何实现对权力的有效监督、巩固党的长期执政地位、防范"党内部变质、变色、变味"等问题。③吴波梳理总结了五类大党独有难题,并试图厘清其间的关系:一是能否始终保持建党时的初心和使命的永葆活力难题;二是能否维持党的团结和行动一致的集中统一难题;三是能否调动一切积极因素进行社会主义现代化建设的动员群众难题;四是能否保持清醒头脑,发现自身问题,敢于自我净化的自我监督难题;五是能否如期完成执政任务,推进社会革命的长期执政难题。这五大难题相互关联和交织,又各有侧重,其中长期执政难题占有统摄性地位,是前四个难题的总体性表现,永葆活力、集中统一、动员群众和自我监督是实现长期执政的重要内容,是长期执政难题的具体呈现。④

此外,学者们还力图从多维度对大党独有难题的内涵进行探讨。例如,

① 柳宝军:《大党独有难题的现实表征、生成机理及应因之策》,《理论导刊》,2023年第11期。
② 杨玉城、张振:《"大党独有难题"及中国共产党的破解之道》,《学术界》,2023年第4期。
③ 杨俊:《解决"大党独有难题"的根本之道:持续推进党的自我革命》,《理论探讨》,2023年第1期。
④ 吴波:《大党独有难题及其科学解答》,《理论探索》,2023年第1期。

徐艳玲从大党治理、大国治理和全球治理三大维度切入,指出大党独有难题难在跳出治乱兴衰的历史周期率,以自我革命实现党长期执政;难在把握大国治理规律,以中国式现代化全面推进中华民族伟大复兴;难在体现大国担当,以构建人类命运共同体彰显为人类谋进步、为世界谋大同的宽广境界。①侯月英则通过分析党政关系、党社关系、党内关系,凝练出"大党独有难题的核心在于如何保持政党性质上的先进性和纯洁性、政党组织上的政治性和权威性、政党制度上的稳定性和回应性、政党发展上的可持续性及政党治理效果上的有效性"②。樊士博从政党结构、政治理念、政治行动等维度对"大党独有难题"进行分析,并结合实际指出,中国共产党面临的独有难题可总结为:超大规模政党的管理之难、凝聚党员干部共识的实践之难、推动伟大社会革命的任务之难,保持纯洁性与先进性的守正之难四大难题。③总体来讲,学术界对"大党独有难题"内涵的探讨立足马克思主义政党理论和中国共产党自身建设的实践经验,在本质上与"六个如何始终"是基本一致的。

2023年1月,习近平总书记在二十届中央纪委二次全会上明确将大党独有难题的主要表现概括为"六个如何始终",这实际上涉及管党治党的六个基本维度。"六个如何始终"是具有鲜明内在逻辑的立体结构,是在新的历史坐标和时代背景下对中国共产党如何实现长期执政,如何继续推进伟大社会革命问题的系统化、靶向性思考。此后,学者们开始着重从"六个如何始终"的视角探讨大党独有难题的内涵和特征。例如,曲青山从历史的视角详尽分析了"六个如何始终"的深刻内涵。④全明威将"六个如何始终"分别与

① 徐艳玲:《大党独有难题:"何为独有"又"难在何处"》,《人民论坛》,2023年第2期。
② 侯月英:《破解大党独有难题何以可能与以何可能——基于政党治理的视角》,《理论导刊》,2023年第12期。
③ 樊士博、齐卫平:《大党独有难题的内涵解析、破解之道及其理论意义》,《思想教育研究》,2023年第2期。
④ 曲青山:《时刻保持解决大党独有难题的清醒和坚定(深入学习贯彻习近平新时代中国特色社会主义思想)》,《人民日报》,2023年3月14日。

政党属性、执政环境、执政地位、组织管理、执政能力、精神气质六个方面一一对应,并提炼出了"六个如何始终"的核心内涵,对每一方面都做出了详细分析。①姜森着重论述了大党独有难题的"难"在何处:如何始终"不忘初心、牢记使命"是大党独有难题的首要问题;如何始终统一思想、统一意志、统一行动是大党独有难题的关键指向;如何始终具备强大的执政能力和领导水平是大党面临的一项长期课题;如何始终保持干事创业精神状态是大党独有难题的内在表现;如何始终能够及时发现和解决自身存在的问题是大党独有难题的核心要素;如何始终保持风清气正的政治生态是大党独有难题的外在形态。②蔡志强在深入分析"六个如何始终"的丰富内涵与内在逻辑基础上,将其概括为三大核心要义:"一是跳出治乱兴衰历史周期率的问题,以及由此形成的确保统一思想、统一意志、统一行动,确保党的团结统一和行动一致需要解决的问题;二是立足执政党建设规律落实党的建设总要求,锻造党的强大执政能力和领导能力,高质量实现发展战略目标必须解决的问题;三是由此形成的实现思想建党与制度治党相统一需进一步深化解决的难题。"③

在"六个如何始终"提出之后,学者们也更加注重将大党独有难题置于中国共产党执政实践和世界政党发展的大背景中来理解和把握其深刻内涵。大党独有难题既是中国共产党在长期执政过程中遇到的特有挑战,也与世界政党治理过程中所面临的共同问题相联系。因此,要立足中国共产党长期执政的具体国情,同时借鉴世界各国其他政党的经验和教训,从历史和现实、国内和国际的结合上深刻理解和把握大党独有难题。例如,李超群和王韶兴不仅从价值引领、集中统一、本领锻造、永葆精神、自我纠错、生态

① 全明威:《新时代中国共产党所面对的大党独有难题及应对策略》,《世界社会主义研究》,2023年第6期。
② 姜森:《大党独有难题:难从何来、难在何处、如何解难》,《中共福建省委党校(福建行政学院)学报》,2023年第4期。
③ 蔡志强:《解决大党独有难题的时代价值与实践路径》,《思想理论教育》,2023年第4期。

涵养六个维度来明确"大党独有难题"的主要内涵,而且以政党政治的全球视野,来理解大党治理的复杂性、特殊性和规律性。他们指出,在探索回答这一时代课题的过程中,应秉持贯通历史与现实、现在与未来的研究逻辑与视野,既要立足中国共产党作为马克思主义政党所具有的崇高政治品格和本质属性来认识大党独有难题的"独特性",也要充分考量百余年时空向度下中国共产党探索解决大党独有难题所取得的理论与实践成就;既要充分着眼于新时代以来推进全面从严治党与党的自我革命的经验凝结,也要清醒认识到当前破解大党独有难题中所存在的顽瘴痼疾及其肇因根源,以及由此所决定的努力方向和目标,从而全面深刻地理解"大党独有难题"缘何而来、为何解决以及现实指向等基本问题。①王富军也进一步剖析了大党独有难题的外在表征,一是体现在主体维度上,表现为党自身治理的挑战,即中国共产党如何有效识别并解决内部存在的问题;二是体现在时间维度上,表现为如何跳出历史周期率,确保红色江山永不变色;三是体现在空间维度上,表现为世情变化、国情变化、党情变化所带来的综合挑战和外部复合风险的应对难题。②

随着学术界研究成果的不断丰富,张德兵还指出了目前研究中存在的一些问题:学术界关于"大党独有难题"的研究大多是以"大"与"难"的内在关联作为切入点,从分析"大党"来揭示"难题",由此进一步揭示其内涵,这为推进相关研究提供了有益启发,但现有研究在一定程度上遮蔽了对"独有"的解读,致使"难题"的分析显现出内容泛化的态势,很可能使"难题研究"陷入"研究难题"。因此,他提出要从"独有"之特殊性与"难题"之普遍性的辩证关系中形成对"大党独有难题"更为清晰的认识。③

---

① 李超群、王韶兴:《深入把握"六个如何始终"的内涵要义》,《中国特色社会主义研究》,2023年第4期。
② 王富军:《大党独有难题的外在表征与破解之道》,《思想理论战线》,2024年第4期。
③ 张德兵:《始终保持先进性和纯洁性:"大党独有难题"的破解之道》,《云南社会科学》,2023年第3期。

综观目前研究成果,习近平总书记提出的"六个如何始终"已成为深入解读和阐释大党独有难题的主要依据。研究者立足马克思主义政党理论,坚持理论分析和实践考量的有机结合,从六个维度深刻阐释了大党独有难题的内涵和特征。同时,将大党独有难题置于中国共产党执政实践和世界政党发展的大背景中来理解,有助于从历史和现实、国内和国际的结合上深刻认识并时刻保持解决大党独有难题的清醒和坚定。

2.关于大党独有难题命题的时代意义

大党独有难题这一命题是习近平总书记在党的二十大报告中首次提出的,是对马克思主义政党理论的重大发展和创新。习近平总书记关于大党独有难题的重要论述蕴含了鲜明的中国特色和中国风格,深刻回答了"如何跳出历史周期率"的历史之问和"怎样建设长期执政的马克思主义政党"的时代之问,极大深化了对管党治党的规律性认识,为继承和发展马克思主义建党学说作出了原创性贡献,为世界政党治理提供了中国智慧和中国方案。自大党独有难题命题提出以来,学术界对大党独有难题命题的时代意义进行了深入探讨,主要有以下六个方面的认识:

一是有利于跳出历史周期率,确保党的长期执政。大党独有难题是中国共产党在长期执政过程中遇到的特有挑战。杨俊指出,历史上的大党往往难以避免"其兴也勃焉,其亡也忽焉"的命运,陷入兴衰更替的周期率,大党独有难题命题的提出为中国共产党跳出历史周期率、实现长期执政提供了理论指导和实践路径。通过解决大党独有难题,中国共产党可以保持先进性和纯洁性,不断增强拒腐防变和抵御风险能力,确保党始终成为中国特色社会主义事业的坚强领导核心。[①]

二是有利于创新党的自我革命理论和实践。大党独有难题命题是对党的自我革命理论和实践的创新发展。中国共产党作为世界上最大的马克思

---

① 杨俊:《解决"大党独有难题"的根本之道:持续推进党的自我革命》,《理论探讨》,2023年第1期。

主义执政党，长期执政容易滋生官僚主义、形式主义、享乐主义和奢靡之风等问题。李超群和王韶兴指出，以自我革命的精神解决大党独有难题，通过全面从严治党，不断纯洁党的队伍，提高党的战斗力，确保党始终保持肌体健康，永葆旺盛生机。①

三是有助于中国共产党应对复杂多变的国际环境。齐卫平强调，当今世界正处于百年未有之大变局，国际环境复杂多变。中国共产党要立足国际大格局，准确把握时代大势，增强忧患意识，提高斗争本领，善于在复杂斗争中掌握主动权。只有解决好大党独有难题，中国共产党才能在国际风云变幻中始终屹立不倒，引领中华民族实现伟大复兴。②

四是有利于引领世界政党发展进步。刘红凛指出，大党独有难题不仅是中国共产党面临的挑战，也是世界政党共同面临的课题。解决大党独有难题为世界政党建设提供了中国智慧和中国方案。通过分享中国共产党解决大党独有难题的经验和做法，中国共产党可以为世界政党发展进步贡献智慧和力量，推动构建人类命运共同体。③

五是有利于维护国家安全和社会稳定。冯新舟认为，大党独有难题如果不及时解决，可能会影响党的执政地位，甚至危及国家安全和社会稳定。必须坚持总体国家安全观，统筹发展和安全，增强忧患意识，提高斗争本领，坚决维护国家主权、安全、发展利益，坚决维护社会稳定，确保党和国家长治久安。④

六是有利于推动经济社会持续发展。大党独有难题的解决有利于营造风清气正的政治生态，激发全社会的活力和创造力。蔡志强指出，通过解决大党独有难题，中国共产党可以更好发挥领导核心作用，统筹协调各方面力

① 李超群、王韶兴：《深入把握"六个如何始终"的内涵要义》，《中国特色社会主义研究》，2023年第4期。
② 齐卫平：《解决大党独有难题的实践指向和战略意义》，《思想战线》，2023年第3期。
③ 刘红凛：《从世界政党百年沉浮看大党独有难题》，《人民论坛》，2022年第21期。
④ 冯新舟：《大党独有难题的深刻内涵与破解路径分析》，《理论视野》，2023年第2期。

量,集中精力办大事,推动经济社会持续健康发展。①

(三)破解之道:大党独有难题的破解对策思考

破解大党独有难题是中国共产党在长期执政实践中面临的重大而紧迫的课题。学术界对大党独有难题的破解举措进行了深入研究,提出了许多有价值的观点和见解,为在实践中切实破解大党独有难题、进一步加强党的建设提供了有益的思路借鉴。

与大党独有难题的科学内涵相对应,解决好"六个如何始终"问题是破解大党独有难题的主要切入点,不少学者从"六个如何始终"入手一一寻找突破口。例如,颜晓峰指出,破解大党独有难题作为一项复杂而艰巨的任务,需要从多方面综合施策、标本兼治,着眼于"六个如何始终",从党的理想信念、组织力量、领导能力、精神状态、自纠机制、政治生态等方面,将破解大党独有难题目标化、实践化。②李立峰强调,解决大党独有难题是一个长期而艰巨的过程,要准确把握"六个如何始终"的深刻内涵,在这个主攻方向上精准发力、持续发力,不断取得新成效、实现新突破。③目前,学术界对大党独有难题破解之道的探索主要围绕坚持自我革命、维护党中央权威、践行"三个务必"、强化党的纪律监督这四大方面具体展开。

1.以坚持党的自我革命为引领

自我革命是破解大党独有难题的根本途径。"无产阶级政党夺取政权不容易,执掌好政权尤其是长期执掌好政权更不容易。"④自我革命既是中国共产党的优良传统,也是破解大党独有难题的必由之路。党的十八大以来,习近平总书记多次强调,自我革命是坚持党的性质宗旨的必然要求,是推进

① 蔡志强:《解决大党独有难题的时代价值与实践路径》,《思想理论教育》,2023年第4期。
② 颜晓峰:《如何始终不忘初心、牢记使命》,《中国党政干部论坛》,2023年第2期。
③ 李立峰:《时刻保持解决大党独有难题的清醒和坚定》,《人民日报》,2024年3月27日。
④ 中共中央文献研究室编:《十六大以来重要文献选编》(中),中央文献出版社,2006年,第273页。

党的建设新的伟大工程的迫切需要，是实现中华民族伟大复兴的必然选择。

在探索大党独有难题破解之道的过程中，不少学者将坚持党的自我革命摆在首位。例如，张浩、鲁杜阳明指出，进入新时代以来，以习近平同志为核心的党中央坚定不移地全面从严治党，把党的自我革命引向深处，从"政治立党、思想建党、组织强党、作风正党、纪律管党、制度治党"六个方面为破解大党独有难题作出了有益探索，提供了经验启示。①邓理指出："大党独有难题为党的长期执政提出了严峻挑战。党的自我革命不仅事关国家政权建设，也为应对大党独有难题提供了系统性方案。"他详细分析了以自我革命破解大党独有难题的内在逻辑，并指出以自我革命应对大党独有难题的路径，包括以自我革命提高大党管党治党能力、强化大党治国理政能力、保障大党理论思想的先进性和指导力三个方面。②冯新舟也强调破解大党独有难题，实质上就是党的自我革命过程，需要将党的自我革命战略思想贯穿始终，准确把握其精神实质及内在蕴含的马克思主义立场、观点和方法，在此基础上，将其确立为刀刃向内、清除党内顽瘴痼疾的行动遵循，并外化为科学有效的制度规范。③中国共产党面对的大党独有难题，既有自我革命的方面，也有社会革命的方面，需要做到自我革命与社会革命的有机统一。对此，丁俊萍等特别指出，在面对新时代各种复杂严峻的风险挑战时，全党要始终坚持发扬革命精神，保持革命斗志，以伟大自我革命引领伟大社会革命，在推进"两个伟大革命"中不断解决大党独有难题，从而使大党始终保持思想上清醒和行动上坚定。④

自我革命是破解大党独有难题的内在动力和根本途径。中国共产党作

①　张浩、鲁杜阳明：《新时代以自我革命破解大党独有难题的成功实践与推进路径》，《湖湘论坛》，2024 年第 4 期。

②　邓理：《大党独有难题：形成原理、基本类型与自我革命的应对路径》，《科学社会主义》，2022 年第 6 期。

③　冯新舟：《大党独有难题的深刻内涵及破解路径分析》，《理论视野》，2023 年第 2 期。

④　丁俊萍、魏强：《时刻保持解决大党独有难题的清醒和坚定：生成逻辑与实践进路》，《山东社会科学》，2022 年第 11 期。

为世界上最大的马克思主义执政党,在长期执政过程中难免会遇到各种困难和挑战。大党独有难题产生的根源在于党的自身建设问题,只有通过自我革命,不断自我净化和自我完善,才能保持自身的纯洁性和先进性,始终成为中国特色社会主义事业的坚强领导核心。

2.以维护党中央权威为核心

维护党中央权威是破解大党独有难题的关键所在。"党的历史、新中国发展的历史都告诉我们,要治理好我们这个大党、治理好我们这个大国,保证党的团结和集中统一至关重要,维护党中央权威至关重要。"①党中央是全党的领导核心,是党和国家事业发展总揽全局、协调各方的领导力量。只有维护党中央权威,确保党中央集中统一领导,才能保证全党在思想上、政治上、行动上同党中央保持高度一致,形成坚强的领导核心,从而有效破解大党独有难题。

有学者着重阐释了维护党中央权威与破解大党独有难题之间的内在机理。例如,钟宪章等指出,维护党中央权威是破解大党独有难题的关键。要坚持党中央对全党的集中统一领导,确保党中央在重大问题上始终具有最终决定权和执行权。②王富军认为,保证党的团结和集中统一、维护党中央权威至关重要。他一方面剖析了日本自民党安倍政权能够成为日本历史上执政时间最长的原因,主要在于其将首相的权力进行集中,从而稳固了领导地位,确保了政治的稳定与发展;另一方面也分析了中国共产党一百多年建设发展经验,进一步确认了维护党中央权威是破解大党独有难题的根本原则这一结论。③杨玉城等也提到,中国共产党欲以实现的"可大可久之政治",其最本质特征便是中国共产党的领导,在中国国家治理实践中,坚持和

---

① 《习近平谈治国理政》(第二卷),外文出版社,2017年,第188页。
② 钟宪章、刘凤霞:《关于"解决大党独有难题"的理论解析和实践路径》,《理论导刊》,2023年第5期。
③ 王富军:《大党独有难题的外在表征与破解之道》,《思想理论战线》,2024年第4期。

加强党的全面领导实现了政党中心国家治理模式的新发展，创造了大党与大国治理的新经验。就此而言，坚持和加强党的全面领导内在蕴含着中国共产党领导超大国家与超大社会的要求与机制，构成了破解"大党独有难题"的统领性原则。还有学者着重论述如何维护党中央权威，以破解大党独有难题。例如，柳宝军在阐释大党独有难题的解决进路时，首先就强调要强化政治统合，维护党中央集中统一领导，确保大党始终发挥把方向、谋全局、统大势的坚强领导核心作用。要执行党中央集中统一领导的各项制度，确保大党组织与思想高度统一，并完善大党领导体制机制，将党的领导贯彻到政治、思想、组织等各方面，落实到决策、执行、监督等各环节。[①]有的学者特别强调了民主集中制对维护党中央权威，进而解决大党独有难题的重要意义。中国共产党不是党员数字的简单相加，也不是基层党组织的并排罗列，而是按照一定制度组织起来的有机整体。民主集中制规定着中国共产党组织体系的运转逻辑。对此，樊士博等指出，只要依靠民主集中制，中国共产党就既能保证党内民主落实到位，也能做到集中统一领导，从而化解实践中的组织结构张力。[②]

坚持和加强党的全面领导是破解大党独有难题的前提和关键。只有全面、系统、整体地落实党的领导，发挥党的领导核心作用，才能拥有破解大党独有难题的自信和底气，确保解决大党独有难题的正确政治方向，保证全党思想统一、政治团结、行动一致的大党治理目标得以最终实现。

3. 以践行"三个务必"为准则

"三个务必"是破解大党独有难题的重要法宝。在党的七届二中全会上，毛泽东提出"两个务必"，告诫全党在即将到来的全国胜利面前，"务必使同志们继续地保持谦虚、谨慎、不骄、不躁的作风，务必使同志们继续地保持

---

①　柳宝军：《大党独有难题的现实表征、生成机理及应因之策》，《理论导刊》，2023年第11期。
②　樊士博、齐卫平：《大党独有难题的内涵解析、破解之道及其理论意义》，《思想教育研究》，2023年第2期。

艰苦奋斗的作风"①。这体现出毛泽东对全党能否始终保持优良作风以应对执政"大考"的深刻忧思。新时代以来,面对国内外复杂形势和风险考验,中国共产党把加强长期执政能力建设、先进性建设作为党的建设主线,并提出"赶考"永远在路上的时代课题。习近平总书记强调:"我们党是世界上最大的马克思主义执政党,要巩固长期执政地位、始终赢得人民衷心拥护,必须永葆'赶考'的清醒和坚定。"②党的二十大立足新时代的实践发展,创造性地提出"三个务必",告诫全党"务必不忘初心、牢记使命,务必谦虚谨慎、艰苦奋斗,务必敢于斗争、善于斗争"③,这充分体现出我们党时刻保持解决大党独有难题的清醒和坚定的政治自觉。

丁俊萍等将"三个务必"的内涵与破解大党独有难题的路径相联系,着重阐释了两者之间的内在关联以及践行"三个务必"破解大党独有难题的可行性与必要性。④刘佩阳等系统阐释了"三个务必"破解大党独有难题的内在逻辑、运行机理与实践要求。以"三个务必"破解大党独有难题是中国共产党延续历史优良传统的生动彰显,也是新时代继续走好"赶考"之路的题中之义。"三个务必"是党性和人民性相统一、历史和现实相衔接、原则和方法相匹配的整体,必须同步发力、一体推进,通过全面加强政治监督、践行新时代群众路线、深入推进反腐败斗争等方面夯实大党根基;要将伟大建党精神融入党员教育管理过程、将中华优秀传统文化融入干部日常工作、将党内政治文化融入公职人员行为来把稳大党发展方向;要坚持原则和方法相匹配,坚守"主义""道路",适应社会更迭,不断解决问题以提高大党治理成

① 《毛泽东选集》(第四卷),人民出版社,1991年,第1438~1439页。
② 习近平:《习近平在省部级主要领导干部"学习习近平总书记重要讲话精神,迎接党的二十大"专题研讨班上发表重要讲话强调 高举中国特色社会主义伟大旗帜 奋力谱写全面建设社会主义现代化国家崭新篇章》,《人民日报》,2022年7月28日。
③ 习近平:《高举中国特色社会主义伟大旗帜 为全面建设社会主义现代化国家而团结奋斗——在中国共产党第二十次全国代表大会上的报告》,人民出版社,2022年,第1页。
④ 丁俊萍、魏强:《时刻保持解决大党独有难题的清醒和坚定:生成逻辑与实践进路》,《山东社会科学》,2022年第11期。

效。①赵卯生等指出，"务必不忘初心、牢记使命"是在价值追求层面对党在新时代坚守政治本色发出号召；"务必谦虚谨慎、艰苦奋斗"是在精神气象层面对党在新时代保持为政风貌提出要求；"务必敢于斗争、善于斗争"是在能力要求层面对党在新时代筹划治国理政提出要求。②

　　解决大党独有难题具有长期性和艰巨性，"三个务必"是中国共产党解决大党独有难题必须具备的重要政治品格。在新征程上，深刻理解和把握"三个务必"对破解大党独有难题的实践要求，对深入推进新时代党的建设新的伟大工程具有重要的理论意义和实践价值。

4.以强化党的纪律监督为保障

　　强化党的纪律监督是破解大党独有难题的重要保障。纪律监督是党的纪律建设、作风建设的重要组成部分，是维护党纪党规、保证党的团结统一的重要手段。只有强化纪律监督，严肃党内政治生活，才能净化党内政治生态，营造风清气正的政治环境。

　　建设党内监督体系是破解大党独有难题，特别是解决主体责任缺失、监督责任缺位、管党治党宽松软问题的重要途径。樊士博等通过回顾中国共产党组织发展史，明确指出党内监督的重要性，并提供了完善党内监督的实践路径，如可以通过优化党内监督机关、发挥巡视作用、加强对党员干部的监督、优化防止权力滥用和腐败，从而提高党的执政能力，破解大党独有难题。③戴伟安等也对如何进行自我监督，进而破解大党独有难题进行了路径分析，强调必须发挥党内法规制度体系的强制惩戒优势，并健全全党统一领导、全面覆盖、权威高效的监督体系。"解决权力监督的难题，必须将党内监

　　① 刘佩阳、胡国胜：《以"三个务必"破解大党独有难题：内生逻辑、运行机理与实践要求》，《海南大学学报》（人文社会科学版），2023年第5期。

　　② 赵卯生、范明洋：《"两个务必"到"三个务必"：赶考路上的新图景、新要求、新期待》，《新疆师范大学学报》（哲学社会科学版），2023年第4期。

　　③ 樊士博、齐卫平：《大党独有难题的内涵解析、破解之道及其理论意义》，《思想教育研究》，2023年第2期。

督同国家机关监督、民主监督、司法监督、群众监督、舆论监督等贯通起来。"
同时,必须继续完善提高党的领导水平和执政能力的具体制度。①蔡志强也
提到要完善党内监督为主导的大监督格局,促进纪律监督、监察监督、派驻
监督和巡视监督统筹衔接,促进各类监督贯通协调。此外,他还指出:"要推
进政治监督具体化、精准化、常态化作为全面从严治党的系统性实践,更好
地发挥全面从严治党的政治引领和政治保障作用,塑造一体推进'三不腐'
体制机制,增强监督实效。"②还有学者着重强调了反腐败斗争对破解大党独
有难题的重要作用。如冯新舟指出:"全面从严治党是破解大党独有难题的
创造性探索",需要综合运用治理理念、系统观念、辩证思维管党治党建设
党,"推动全面从严治党责任链条环环相扣、层层压实"。③总体来看,学术界
主要围绕完善党内监督体系、加强反腐败斗争、探索大党治理路径等,为新
时代破解大党独有难题出谋划策。

　　通过加强党的纪律建设,中国共产党可以不断增强自我净化、自我完
善、自我革新、自我提高的能力,进而破解大党独有难题,永葆党的生机活
力,始终保持马克思主义政党的先进性和纯洁性,更好地肩负起领导全国人
民实现中华民族伟大复兴的历史使命。

5.其他破解之策

　　综观目前研究,以坚持党的自我革命为引领、以维护党中央权威为核
心、以践行"三个务必"为准则、以强化党的纪律监督为保障,已基本成为学
术界破解大党独有难题的共识。此外,还有一些学者从不同角度提出了破
解之策。

　　何虎生不仅强调要时刻保持牢记"三个务必"的清醒和坚定,还要时刻
保持发扬斗争精神的清醒和坚定、时刻保持团结奋斗的清醒和坚定来解决

　　①　戴伟安、陶周颖:《"大党独有难题"的内涵解析与应对之道》,《思想理论教育》,2023年第2期。
　　②　蔡志强:《解决大党独有难题的时代价值与实践路径》,《思想理论教育》,2023年第4期。
　　③　冯新舟:《大党独有难题的深刻内涵及破解路径分析》,《理论视野》,2023年第2期。

大党独有难题。①刘红凛强调破解大党独有难题，要全面贯彻新时代党的组织路线，建设堪当民族复兴重任的高素质干部队伍，着力增强党组织政治功能和组织功能。②蔡文成认为调查研究是解决大党独有难题的重要工作方法，没有调查研究就无法获得关于现实的清醒认知，通过调查研究分析大党独有难题，目的在于提出破解难题的前瞻性方案、整体性方案与全局性方案，不断提出解决问题的新思路新办法。③黄凯锋等从党的系统要素、规模、结构和环境维度出发，系统列举了破解方法，其中提到需要突出群众路线教育实践，坚定以人民为中心的立场，强化为人民服务的宗旨意识，提高做好群众工作的本领。④洪向华、赵培尧则基于对大党独有难题理论意蕴的把握，指出全过程人民民主和全面从严治党是在实践中形成的跳出历史周期率的"两个答案"，其内容构成与内在联系为大党独有难题的分析提供了基于两点论的研究框架，也为大党独有难题外延的具体解决提供了思路参考。⑤吴家庆则试图从机制创新的角度破解大党独有难题，提出了完善机制构建的经费体系作为物质支撑，传承与弘扬党内优良政治传统作为文化支撑等破解大党独有难题的原则。⑥侯月英还十分注重利用目前信息技术变革的作用，提出要通过政治参与激活治理功能，以信息技术赋能治理方式，建构民主化治理、法治化治理、协同化治理、智能化治理的系统性机制。她特别强调了"智能化将会成为政党治理科学化发展的必然趋势"，并指出主动适应信息化飞速发展的新要求，推进党建"智能化"，树立"互联网+"的发展理念，是破解大党难题、进行强党建设的重要内容。⑦还有学者从人民监

①　何虎生：《时刻保持解决大党独有难题的清醒和坚定》，《光明日报》，2023年2月1日。
②　刘红凛：《从世界政党百年沉浮看大党独有难题》，《人民论坛》，2022年第21期。
③　蔡文成：《在主题教育中掌握好调查研究这一"传家宝"》，《人民论坛》，2023年第8期。
④　黄凯锋、曾毅：《"大党独有难题"之辨析与破解》，《思想理论战线》，2023年第6期。
⑤　赵培尧、洪向华：《大党独有难题视域下中国共产党领导力建设探析》，《领导科学》，2024年第5期。
⑥　吴家庆：《以机制创新破解大党独有难题的功能、原则和着力点》，《湖湘论坛》，2024年第4期。
⑦　侯月英：《破解大党独有难题何以可能与以何可能——基于政党治理的视角》，《理论导刊》，2023年第12期。

督①、建设制度规范体系②等角度进行了详细阐释。

（四）多维视野：大党独有难题的其他研究视角

目前，学术界对大党独有难题的研究主要集中在上述生成逻辑、科学内涵和破解之道三个方面。这些研究从不同角度进一步深化了对大党独有难题的认识，进而为破解大党独有难题提供了重要的理论基础和实践指导。此外，还有一些学者从其他视角切入，对大党独有难题进行了多维视野的深入探究。

学者们认为，面对大党独有难题，中国共产党具有破解难题的坚实基础、坚强信心和独特优势。有的学者对中国共产党破解大党独有难题的条件和基础进行了考察。例如，于安龙指出，中国共产党有科学理论的有力指引、自我革命的独特优势、执政为民的坚定立场、敢于斗争的鲜明品格、管党治党的高强本领等五大基础与优势。③侯月英则从政党特质出发，指出马克思主义使命型政党从本质和渊源、结构和运作上都不同于西方的"掮客型政党"，其内蕴的先进性特质是破解大党独有难题的根本所在。"党的集中统一领导的政治优势，与时俱进、守正创新的理论优势，强大组织体系和群众组织能力的组织优势，保持干事创业精神状态的精神优势"，是应对大党独有难题的优势所在。④胡洪彬更为细致地分析了新时代中国共产党破解大党独有难题的优势资源，具体包括理论性、历史性、文化性、社会性、组织性、制度性和人才性等多个层面，在结构上可归纳为基础性、过程性和保障性三大类别。此外，他还深入探讨了优势资源运行模式，即中国共产党的主导建构

① 潘盈燕：《大党独有难题的提出语境、基本内涵及破解之道》，《中共郑州市委党校学报》，2024年第1期。
② 杨玉城、张振：《"大党独有难题"及中国共产党的破解之道》，《学术界》，2023年第4期。
③ 于安龙：《大党独有难题：释义与析理》，《理论与改革》，2023年第4期。
④ 侯月英：《破解大党独有难题何以可能与如何可能——基于政党治理的视角》，《理论导刊》，2023年第12期。

模式，主要指向于理论性、制度性及组织性等优势资源的运行；人民群众的参与建构模式，主要指向于社会性优势资源的建构及其运行；中国共产党同人民群众的协作建构模式，主要指向于文化性、历史性及人才性优势资源等的建构及其运行。[①]

除从整体的视角研究大党独有难题的成因、本质或优势、解决策略外，还有学者从某一视角切入，来理解和把握大党独有难题。例如，有的学者从自我革命视角分析大党独有难题。赵付科等通过分析习近平总书记围绕党的自我革命提出的一系列新思想新论断，寻找破解大党独有难题的路径。其首先从历史的视角回顾了不同时期中国共产党面对难题的解决策略，从而验证党的自我革命是破解党内难题的重要经验，其次重点阐释了以自我革命破解大党独有难题的重要性和推进路径，即破解大党独有难题需要从主体、本领、动力、效果四方面着手。[②]严书翰以自我革命为视角，强调坚持自我革命对解决大党独有难题具有决定性作用，并结合自我革命对破解大党独有难题的路径作了详细分析，"必须坚持以党的政治建设为统领、必须坚决落实中央八项规定精神、必须坚持以雷霆之势反腐惩恶、必须不断提升各级领导和党组织防范化解重大风险的能力"[③]。

有的学者从组织学视角分析大党独有难题。郑寰从政党组织理论中分析大党独有难题的内涵指向，从组织学来看，大党和小党存在明显的组织和行为差异。大型政党普遍面临着提升党的建设质量、平衡党内权力关系、激励党员集体行动等独有难题。他还特别强调了需要把握大党独有难题的共通性和特殊性，一方面要借鉴政党组织规模的相关研究，从理论上把握世界大党面对难题的普遍性，另一方面需要更深入地把握中国共产党

①　胡洪彬：《新时代中国共产党何以破解大党独有难题：从优势资源到实现路径——基于比较分析和系统分析的双重视角》，《理论探讨》，2023年第5期。

②　赵付科、侯伟：《以党的自我革命破解大党独有难题》，《当代世界与社会主义》，2023年第6期。

③　严书翰：《坚持自我革命是解决大党独有难题的必由之路》，《世界社会主义研究》，2023年第2期。

自身党情的特殊性。^①段妍等则注重分析解决大党独有难题的组织建设路径,指出:"组织建设是党的建设的重要基础,党的全面领导与全部工作要靠坚强组织体系去实现",可以通过增强党组织政治功能和组织功能,发挥解决大党独有难题的政治优势;通过完善落实好党的组织制度,强化解决大党独有难题的制度保障;通过加强高素质执政骨干队伍建设,锻造解决大党独有难题的队伍支撑;不断严密党的组织体系,夯实解决大党独有难题的组织支持。^②

有的学者从党内法规学视角分析大党独有难题。例如,张金金从理论和实践的角度,系统阐述了以党内法规为核心的"理念—制度—治理"框架,并探讨以党内法规解决大党独有难题的运行机理,即从个体性与整体性两个层面推动党内法规的生成、在"理念—制度—治理"的框架内实现各要素的互联互通、发挥党内法规在维护党中央集中统一领导、保证党长期执政等方面的重要作用。^③

还有学者从政治比较的视角出发,分析了世界政党发展过程中遇到的难题。例如,赵绪生等分析了世界政党发展过程中出现的"大党"现象,总结了世界大党所面临的四大难题,还具体分析了苏联共产党、日本自民党、印度国大党等世界著名大党在应对这些难题时的经验教训,得出了要保持忧患意识、危机意识,不断进行自我革命和创新等启示。^④

有的学者则着力分析了大党独有难题中的某一具体难题。例如,曹海军、杨世照着眼于分析解决大党独有安全难题,以"识别难题—确证难题—解决难题"为思维指引,充分阐释了大党独有安全难题与维护执政安全之间的机理互嵌,并从战略维度、价值维度、组织维度、制度维度提出大党安全难

---

①　郑寰:《组织学视域下大党独有难题的学理分析》,《治理研究》,2023年第3期。
②　段妍、段丽君:《新时代解决大党独有难题的组织建设路径》,《理论探讨》,2023年第5期。
③　张金金:《党内法规视域下大党独有难题"何以解决"的学理分析》,《党政研究》,2023年第5期。
④　赵绪生、陈新磊:《世界政党比较视野中的大党独有难题》,《求知》,2024年第2期。

题解决之道。①

有的学者以大党独有难题为研究视域，分析中国共产党的领导力建设提升路径，根据不同的难题境遇，遵循合力论框架下以分力提升带动合力跃升的思路，从政治引领、凝心铸魂、科学决策、真抓实干、自我净化等向度出发，探析党的领导力中的各个分力的作用样态及提升途径，探索党的领导力建设的整体性举措和大党独有难题的破题之道。②

综上所述，自大党独有难题提出以来，学术界围绕这一命题展开了比较全面系统深入的研究，取得了较为丰硕的研究成果。从研究内容来看，学者们深刻揭示了大党独有难题的理论渊源、生成逻辑和发展历程，基本厘清了大党独有难题的科学内涵和基本特征，对其价值意义和实践路径也进行了广泛探讨，为新时代破解大党独有难题提供了重要理论参考和现实指导。同时也应看到，目前大党独有难题的研究正方兴未艾，特别是在研究深度、研究视野等方面还有待于进一步深化拓展。在研究深度方面，目前解读性、同质性研究较多，学理性、创新性研究较少。例如，在大党独有难题的内涵界定方面，目前集中于阐释"六个如何始终"的主要现实表现，缺乏历史的深度和理论的高度；在大党独有难题的破解之道方面，现有研究多停留在宏观层面的对策建议，缺乏可操作性的实践路径。在研究视野方面，目前主要从中国共产党自身视角探讨大党独有难题的生成逻辑和破解之道，缺乏与世界大党所面临难题进行比较分析的国际视野。这些皆应成为今后进一步深化和拓展大党独有难题研究的努力方向。

---

① 曹海军、杨世照：《国家安全视域下大党独有安全难题：识别、确证与解决》，《政治学研究》，2024年第3期。

② 赵培尧、洪向华：《大党独有难题视域下中国共产党领导力建设探析》，《领导科学》，2024年第5期。

三、总体研究思路和框架结构

全书围绕"大党独有难题"具体展开,力求在学术界现有研究基础上有所突破和创新。在总体研究思路和框架建构方面,全书除绪论外,共分六个专题设计,具体如下:

第一章主要从总体上对大党独有难题的命题进行学理阐释,也就是"破题"。先对大党独有难题的概念进行了剖析,接着根据习近平总书记的重要论述,阐释了大党独有难题的科学内涵,分析了大党独有难题的形成原因,提出了大党独有难题的破解理路,最后探讨了大党独有难题的出场价值。这为此后各章内容的具体展开奠定了基础。

第二章主要围绕习近平总书记关于"六个如何始终"的重要论述,对大党独有难题的主要表现进行具体阐释,并着重分析"六个如何始终"的独有难题究竟难在哪里?本章通过分析六大独有难题的主要难点,为下一步有针对性地解决这些独有难题奠定基础、创造条件。

第三章主要探讨了如何时刻保持解决大党独有难题的清醒和坚定,首先必须不断涵养政治眼光、始终把准政治方向,深刻领悟"两个确立"的决定性意义,坚决做到"两个维护",切实提高政治判断力、政治领悟力、政治执行力。同时,必须增强问题意识、坚持问题导向,时刻保持政治清醒;必须勇于自我革命、从严管党治党,时刻保持政治坚定,从而跳出治乱兴衰的历史周期率。

第四章专题总结了中国共产党破解大党独有难题的历史经验:一是坚持研判主要矛盾、抓住中心任务以破解难题;二是坚持外靠人民监督、内靠自我革命来破解难题;三是坚持在不同时期的团结奋斗中破解大党独有难题;四是坚持在破解大党独有难题时冷静审视苏共的兴衰成败,以俄为师或以苏为鉴；五是坚持真理并修正错误，从破解实践中汲取经验教训。

第五章专题探讨了中国共产党如何运用科学思维破解大党独有难题，具体分析了战略思维、历史思维、辩证思维、创新思维、法治思维、底线思维、系统思维等七种科学思维的基本内涵和方法论要求，在此基础上着重阐述了如何运用上述七种科学思维方式破解大党独有难题的具体实践进路。

第六章主要探讨了如何以自我革命破解大党独有难题。自我革命是中国共产党找到的跳出治乱兴衰历史周期率的第二个答案，推进党的自我革命必须以解决大党独有难题为主攻方向。这就决定了新时代新征程必须依靠党的自我革命来破解"六个如何始终"的大党独有难题。

本书各章专题内容的设置，不求面面俱到但求有所创新。例如，第一章对大党独有难题的学理阐释，厘清了学术界许多不求甚解的模糊认识，其中部分内容已作为阶段性研究成果在核心期刊公开发表①，在学术界产生了较好影响；第二章对大党独有难题主要表现的阐释没有泛泛而谈，而是重点分析了"六个如何始终"的大党独有难题究竟难在哪里？第三章对时刻保持解决大党独有难题的"清醒"和"坚定"的专题解读，加深了学术界对"清醒"和"坚定"两个关键词的理解和把握；第四章对中国共产党破解大党独有难题历史经验的总结，是目前学术界研究的薄弱环节；第五章对如何运用七种科学思维方式破解大党独有难题的探讨，目前学术界尚未有人涉及，具有一定新意；第六章对以自我革命破解"六个如何始终"的大党独有难题进行了专题探讨，进一步深化了习近平总书记将解决大党独有难题作为党的自我革命的主攻方向这一最新论断的研究。

本书对大党独有难题的研究，首先是对习近平总书记关于大党独有难题重要论述的学习领会，其次是建立在吸收借鉴学术界现有研究成果的基

---

① 于安龙：《大党独有难题：释义与析理》，《理论与改革》，2023年第4期。

础上,最后是各位作者发挥所长、分工合作的成果。从总体上看,本书还只是一个初步的阶段性研究成果,不足之处在所难免,希望以此抛砖引玉,为进一步推动大党独有难题研究不断走向深入贡献绵薄之力。

第一章

大党独有难题的学理阐释

　　党的二十大报告指出:"我们党作为世界上最大的马克思主义执政党,要始终赢得人民拥护、巩固长期执政地位,必须时刻保持解决大党独有难题的清醒和坚定。"①"大党独有难题"是中国共产党在不断推进全面从严治党基础上形成的一个重要政治话语和论断,表明其对共产党执政规律、自身建设规律的认识和把握日益深化。大党独有难题,是在特定历史条件和现实基础上逐步形成的,具有一定的过程性特点,而解决大党独有难题也需遵循规律、循序渐进,不可能一蹴而就。作为一个立党为公、执政为民的政党,中国共产党要实现长期执政必须着力解决大党独有难题。为此,需要深刻把握大党独有难题的内涵、特征等,以提高解决大党独有难题的科学性、有效性。

一、大党独有难题的概念剖析

　　"大党独有难题"重要论断实际上是由"大党""独有"和"难题"三个关键

---

　　① 习近平:《高举中国特色社会主义伟大旗帜　为全面建设社会主义现代化国家而团结奋斗——在中国共产党第二十次全国代表大会上的报告》,人民出版社,2022年,第63页。

词复合叠加所构成的,任何一个关键词在这一重要论断中都有着特定的意涵和指向。因此,深刻把握大党独有难题的内在意涵,必须紧紧围绕这三个关键词进行理解、认知和把握。

(一)大党独有难题要义在"大党"

"大党"是"大党独有难题"重要论断中的限定词和关键词,明确了这一重要论断的主体对象。何谓大党?从不同维度出发有不同的理解和认识,但有几个方面是人们普遍关注和一致认同的。

首先,人数众多、队伍庞大,这是一个政党成为大党的基本条件。党员数量是一个政党力量的重要构成要素,也是一个政党完成其历史使命的重要前提。通常而言,一个政党的党员数量越多,其影响力、战斗力自然就越大,当然,管党治党建设党的难度也会随之提高。目前,中国共产党已拥有9900多万名党员、500多万个基层党组织,成为世界第一大党,"把这么大的一个党管好很不容易,把这么大的一个党建设成为坚强的马克思主义执政党更不容易"①。这是大党独有难题的首要之义。

其次,成就卓著、影响巨大。政党是为实现特定政治目的,按照一定政治规范建立起来的政治组织,夺取政权、巩固政权或参与政权等是政党的主要目标。在这个过程中,政党的执政成就、执政绩效如何,是衡量其是否成为一个大党的重要因素。对于一些因精神懈怠、腐化堕落、脱离群众等导致自己黯然下台甚至解体覆亡的执政党,即便表面看来人多势众,但依然难言是具有强大影响力的大党。中国共产党不仅体量大、块头大,而且其执政成就十分突出、执政声誉日益提升,这是其能够成为百年大党的重要原因。

最后,襟怀远大、目标高远。大党之大,最根本、最重要的在于其格局大、担当大,即其不仅为本民族、本国家而谋利益、增福祉,更有着为人类解

---

① 习近平:《推进党的建设新的伟大工程要一以贯之》,《求是》,2019年第19期。

放事业而奋斗的自觉追求，这是一个政党具有强大力量的重要支撑。作为一个百年大党，中国共产党既矢志民族复兴，又崇尚世界大同，始终把推动共同发展、实现美美与共作为自己的重要使命，把中国梦与世界梦有机统一起来，具有其他政党难以比拟的远大理想目标和崇高道义追求。

综上所述，大党之"大"不仅表现在党员数量、队伍规模上，而更多地表现在其价值追求、使命担当等方面。如果一个政党只是体量大、块头大，并不必然代表其力量大、影响大，甚至可能会沦为难经风雨、不堪一击的"乌合之众"。相反，具有宏大理想、远大目标和博大襟怀的政党，才是真正的"大党"。

（二）大党独有难题本质在"独有"

在"大党独有难题"这一重要论断中，"独有"一词居于承前启后的位置，它上承"大党"，下启"难题"，发挥着桥梁和纽带的重要作用。在这里，"独有"一词至少具有两层含义。

一是强调其独特性或特殊性，表明这些难题并非普遍存在的，而是独一无二的，是其他政党不会面对的。从不同的参照系出发，"独特性"又可分为若干情况。具体言之，相对于小党而言，这是大党所"独有"的难题；相对于参政党或在野党而言，这是执政党所"独有"的难题；相对于资产阶级政党而言，这是无产阶级政党所"独有"的难题，等等。所以，"大党独有难题"的主体特指作为大党、执政党、无产阶级政党的中国共产党。当然，"独有"意涵的另外一个重要维度，即是在一个正处于社会主义初级阶段的大国、世界上最大的发展中国家执政掌权，其所遇到的难题是在其他小国或发达国家执政掌权的政党不会遇到的。"我们党是世界最大的执政党，领导着世界上人口最多的国家，如何掌好权、执好政，如何更好把14亿人民组织起来、动员起来全面建设社会主义现代化国家，是一个始终需要高度重视的重大课题。"①中国有其独特的国情、独特的历史文化、独特的发展道路等,在这样一个国家长期执政,其艰巨性、复杂性和挑战性是前所未有的。

二是强调其探索性或开创性。无论是从历史维度还是现实维度来说,大党独有难题都是其他政党不曾面对过的,或者即便面对也无力解决的。截至目前,尚没有任何一个大党能够有效解决诸如如何始终"不忘初心、牢记使命",如何始终统一思想、统一意志、统一行动等难题。也正因为如此,世界上的一些大党、虽然曾显赫一时,但因未能有效解决自身面对的各种难题和挑战,而逐步销声匿迹、分崩离析甚至没落衰亡,无法跳出历史周期率。这也就意味着,中国共产党在解决大党独有难题的过程中,没有前人成功经验可供参考借鉴,只能靠自己在实践中不断摸索。"我们是一个大党,领导的是一个大国,进行的是伟大的事业,绝不能犯战略性错误。"②因此,大党独有难题是中国共产党面对的特有困难和挑战,也必然会形成中国共产党所特有的解决问题的经验与智慧。

(三)大党独有难题核心在"难题"

所谓"难题",是相对于小问题、小困难而言的,意味着其本身难以解决。当然,难以解决并非是无法解决,而是需要找到正确的解决难题的方式方法、路径途径,确立科学的解决难题的思维思路。实际上,中国共产党所面对的"六个如何始终"等大党独有难题,并非其所遇困难和挑战的全部,而是其中较为重要、较为突出的难题。除"六个如何始终"外,中国共产党在一定时期内还存在着"四大考验""四种危险"以及其他一些风险考验,这些都会对党长期执政产生一定的影响。"我们是一个大国、大党,党和国家事业的复

---

① 习近平:《坚定不移走中国特色社会主义法治道路　为全面建设社会主义现代化国家提供有力法治保障》,《求是》,2021年第5期。
② 习近平:《更好把握和运用党的百年奋斗历史经验》,《求是》,2022年第13期。

杂性和艰巨性世所罕见。"①但是"六个如何始终"是中国共产党在长期执政道路上无法回避和必须啃下的"硬骨头"，是其必须面对和予以攻克的"娄山关""腊子口"。对于这些难题如果疏于解决、任其自然，就会使难题愈多愈"难"，甚至成为难以根除、回天乏术的痼疾重症。"如果我们党不能自己解决自身的矛盾和问题，长期积累下去，那就要发生我说过的霸王别姬的问题了，那就不是一般的被动，而是为时已晚了。"②

回顾世界政党兴衰浮沉的历史，一些大党之所以如同循环往复一般历经"其兴也勃焉，其亡也忽焉"的怪圈，一个重要的原因就在于它们对于自身存在的问题、面对的难题反应迟钝、应对缓慢、处理低效，从而使问题愈积愈多、难题愈演愈烈，最终走向衰落败亡。所以，必须高度重视解决大党独有难题的迫切性、必要性，以刀刃向内的巨大勇气、扶正祛邪的坚定信念和攻坚克难的坚强意志，推动大党独有难题及时有效地解决，不断清除党长期执政道路上的各种"拦路虎"和"绊脚石"。事实证明，一个政党在解决自身面临的挑战和难题的过程中，存在着一定的"用进废退"的特点，即越是勇于应对挑战、敢于攻克难题，就越会具有蓬勃生命力、强大战斗力，其应对挑战和攻克难题的能力也愈益提高；反之，如果一个政党怯于应对挑战、畏于攻克难题，就会使自身渐趋暮气沉沉、日薄西山，最终走向衰败消亡。对于中国共产党而言，及时有效地解决大党独有难题，是一个关系其前途命运和事业兴衰成败的根本性问题。

二、大党独有难题的科学内涵

在中国共产党第二十届中央纪律检查委员会第二次全体会议上，习近平

---

① 习近平：《论坚持党对一切工作的领导》，中央文献出版社，2019年，第116页。
② 习近平：《做焦裕禄式的县委书记》，中央文献出版社，2015年，第63页。

总书记强调:"全面从严治党永远在路上,要时刻保持解决大党独有难题的清醒和坚定"①,并深刻分析了大党独有难题的形成原因、主要表现和破解之道。作为一个百年大党,中国共产党面对和需要解决的大党独有难题包括如何始终"不忘初心、牢记使命",如何始终统一思想、统一意志、统一行动,如何始终具备强大的执政能力和领导水平,如何始终保持干事创业精神状态,如何始终能够及时发现和解决自身存在的问题,如何始终保持风清气正的政治生态等。

(一)如何始终"不忘初心、牢记使命"

初心使命是一个政党性质宗旨、价值追求的重要体现,不同政党因其阶级基础、指导思想等不同,存在着是否具有初心使命、能否永葆初心使命、葆有什么样的初心使命等方面的巨大差异。中国共产党是一个使命型政党,其初心使命是为中国人民谋幸福、为中华民族谋复兴,这是激励和支撑中国共产党干事创业、担当作为的根本动力。百余年来,正是在不断砥砺初心使命中,中国共产党取得了革命、建设和改革事业的辉煌成就,推动中华民族实现了从"站起来""富起来"到"强起来"的伟大飞跃,创造出了举世瞩目的卓著成就。中国共产党为什么能? 根本原因就在于其始终"不忘初心、牢记使命",紧紧围绕实现中华民族伟大复兴这一主题进行持续探索、不懈奋斗。然而,初心易得,始终难守。对于一个百年大党来说,走得越远、执政时间越长,就越会有忘记走过的路、走过的过去,忘记为什么出发的危险。因为一个政党的执政成就越大、执政效果越显著,就越容易出现志得意满、不思进取的情况,就越容易在一片喝彩声中迷失自我。正因为如此,《中共中央关于党的百年奋斗重大成就和历史经验的决议》强调:"全党要牢记中国共产党是什么、要干什么这个根本问题,把握历史发展大势,坚定理想信念,牢记

---

① 《习近平在二十届中央纪委二次全会上发表重要讲话强调 一刻不停推进全面从严治党 保障党的二十大决策部署贯彻落实》,《人民日报》,2023年1月10日。

初心使命。"①对于一个有着宏大理想、高远目标的执政党而言，如何行程万里而不忘来路，历尽千帆而不忘初心，是大党独有难题的首要之义。

（二）如何始终统一思想、统一意志、统一行动

拥有一定数量的党员，是一个政党具有强大战斗力的基础。但是党员数量越多，管党治党压力就越大、党员教育管理难度就越大。这是因为，随着党员规模越大、人数越多，其在思想认识上的差异性、多元性就越大，从而统一思想、凝聚共识的难度就越大。习近平总书记强调："社会多样化发展使人们思想多元化、复杂性的特征越来越明显，这必然增加党内统一思想的难度，我们党是一个大党，统一思想历来不易。"②对于一个政党来说，如果党内不能统一思想、统一意志、统一行动，党员各持己见、各行其是，或者言所欲言、为所欲为，那么这样的政党虽队伍庞大，但终究会沦为一盘散沙、乌合之众，如此一来就会严重影响其自身的凝聚力和统一性。中国共产党作为一个超大型政党，党员人数众多，组织结构复杂，要维护自身的执政地位，确保自身始终成为中国特色社会主义事业的领导核心，就必须保证党内团结统一、步调一致，使广大党员在思想上同频共振、在行动上同向同行，如此才能凝聚成强大合力，充分发挥出大党的独特优势。当然，对于一个拥有9900多万名党员的大党而言，要使广大党员心往一处想、智往一处谋、劲往一处使，其难度和挑战性是其他小党所难以比拟的，这也是大党独有难题的要义之一。"大也有大的难处，如何确保全党在共同思想理论基础上的高度集中统一尤其不易。"③百余年来，具有统一的思想、意志和行动，是中国共产党能够战胜各种艰难险阻、应对各种风险挑战的重要保障，也是其成为一个坚强

① 《中共中央关于党的百年奋斗重大成就和历史经验的决议》，人民出版社，2021年，第72页。
② 中共中央文献研究室编：《习近平关于全面从严治党论述摘编》，中央文献出版社，2016年，第7页。
③ 《习近平谈治国理政》（第四卷），外文出版社，2022年，第503页。

有力的领导核心的必然要求。

（三）如何始终具备强大的执政能力和领导水平

对于一个执政党而言，执政能力和领导水平的高低，直接决定了其执政地位是否稳固、执政根基是否厚实。可以说，执政能力和领导水平是一个执政党的核心竞争力，深刻影响着一个执政党的长久生命力。作为政党软实力的重要组成部分，具备强大的执政能力和领导水平，是一个执政党实现长久执政的基本条件和必备要素，也是其能够行稳致远、创造辉煌的根本保障。当然，执政能力和领导水平的提升并非一蹴而就的，而是在实践中逐步渐趋达成的。新中国成立以来七十多年的历史，实际上也是一个中国共产党的执政经验日益丰富、执政能力日益增强的过程，是一个在应对各种风险挑战中从建立政权到不断维护政权、巩固政权的过程。因此，从纵向来看，中国共产党的执政能力和领导水平是在动态发展中不断提升的；从横向来看，在世界政党政治舞台上，中国共产党的执政能力和领导水平也是位居前列、有着突出比较优势的，这也是形成"中国之治"与"西方之乱"显著对比的重要原因之一。然而强大的执政能力和领导水平并非一劳永逸的，也不是自然而然能够保持下去的。随着党执政掌权所面临的环境日趋复杂、形势日益严峻、任务更加繁重等，以及党内"四种危险""四大考验"在一段时期内的持续存在，给党的执政能力和领导水平带来了一定的挑战。所以，确保党始终具备强大的执政能力和领导水平，这既是党永葆强大生命力、战斗力的必然要求，也是党的事业发展的现实需要。

（四）如何始终保持干事创业精神状态

实现根基永固、基业长青，是任何一个执政党的追求和夙愿。但是影响一个执政党执政之路有多长、执政历程有多远，则是由多方面因素所共同决定的。其中，党员数量多少、规模大小等，固然是影响一个政党执政掌权的基础性因素,但一个政党具有什么样的精神状态,则是影响一个政党执政掌权的关键性因素。一个政党的块头大、规模大,并不必然意味着其力量大;相反,如果不能始终保持干事创业的精神状态和永久奋斗的精神品格,就会出现大而不强甚至外强中干的情况。苏共在拥有20万、200万、2000万党员时,分别夺取政权、保卫政权和失去政权的例子充分说明了这一点。但是对于一个长期执政的政党来说,始终保持干事创业精神状态并非易事。通常而言,在事业起步和初创阶段,由于环境恶劣、压力巨大,政党成员无不聚精会神、凝心聚力,表现出自强不息、艰苦奋斗的优良作风。然而在环境好转、地位稳固之后,就容易出现好逸恶劳、贪图享乐等问题,继而失去进取之心、奋斗动力,逐步由一个充满活力、富有生机的政党变得老态龙钟、疾病缠身。"一个政权建立起来后,要保持兴旺发达、长治久安是很不容易的。如果不自省、不警惕、不努力,再强大的政权都可能走到穷途末路。"①所以,作为一个百年大党,面对各种新形势、新任务、新挑战,如何始终保持昂扬向上、踔厉奋发的精神状态,勇于担当作为、干事创业,是中国共产党前进道路上面对的一大难题,也是其践行初心使命必须着力解决的一个重要问题。

(五)如何始终能够及时发现和解决自身存在的问题

对于一个政党而言,越是有着悠久的历史,就越难以永葆自身的先进性;越是处于长期执政的地位,就越容易出现精神懈怠、腐化堕落等问题。纵观世界政党发展史,因"养痈"而"遗患"、因"蚁穴"而"堤溃"的惨痛案例不胜枚举。因此,能否及时发现和有效解决自身存在的问题,就成为关系政党生死存亡、兴衰成败的根本性问题。换言之,不是任何一个政党都有能力及时发现和解决自身存在的问题。事实上,"及时发现和解决自身存在的问题"内在地包含着两个方面的问题,即"及时发现"和"及时解决",前者是后

---

① 习近平:《坚持和发展中国特色社会主义要一以贯之》,《求是》,2022年第18期。

者的前提,后者是前者的归宿。所谓"及时发现"指的是一种居安思危的忧患意识、防患未然的风险意识和自省律己的革新精神,而"及时解决"则是解决问题的能力和水平问题。二者是密切联系、前后衔接的有机整体,如果只是"及时发现"而未能"及时解决",则问题依然存在,甚至会愈演愈烈。作为一个有着卓著执政成就、显著执政绩效和较为广泛的执政实践、较为丰富的执政经验的马克思主义政党,中国共产党只有始终保持及时发现问题的高度警醒和及时解决问题的高超本领,才能革故立新、激浊扬清、扶正祛邪,使党永葆生机活力,不断巩固自身的执政地位、提高自身的执政能力,进而跳出历史周期率。可以说,从不讳疾忌医、回避问题,是中国共产党的鲜明品格和突出优势,在此基础上及时发现和解决问题,则是中国共产党管党治党、兴党强党必须具备的基本意识和能力。

(六)如何始终保持风清气正的政治生态

政治生态是一个国家或地区政治生活现状的集中反映,是党风、政风的集中体现,深刻影响着党员干部的价值取向和从政行为。良好政治生态是一个政党生存发展的重要支撑,也是一个政党的重要软实力。没有一个健康向上、风清气正的政治生态,就没有党内的和谐有序、团结统一,就没有一个优良的从政环境。一旦党内政治生态被污染和侵蚀,就会严重影响党内政治生活,破坏党内政治文化。可以说,风清气正的政治生态是中国共产党拥有强大凝聚力、战斗力的重要基础,是中国共产党始终生机盎然、朝气蓬勃的重要保障。习近平总书记指出:"严肃党内政治生活、净化党内政治生态,是党的建设中带有根本性、基础性的问题,关乎党的团结统一,关乎党的生死存亡。"①党内政治生态并非须臾形成的,而是在革命、建设和改革实践中经过了一个长期积累、潜移默化的过程。然而随着党的执政环境日趋复

---

① 中共中央文献研究室编:《习近平关于全面从严治党论述摘编》,中央文献出版社,2016年,第37页。

杂、执政挑战愈益严峻，尤其是受各种社会思潮、价值观念的冲击和影响以及社会转型期的深刻变革变化等，党内出现和存在着理想信念动摇、宗旨意识淡薄、精神懈怠、脱离群众等问题，直接破坏了党内政治生态。当然，始终维护和保持风清气正的政治生态并非易事。因为不断优化政治生态，实现干部清正、政府清廉、政治清明的目标，不仅需要有丰厚的政治资源、强大的政治能量，更需要有高强的政治能力、卓越的政治智慧。中国共产党虽然具备这样的条件和能力，但要在长期执政条件下维护和保持好风清气正的政治生态，仍面临着时代和社会环境变化发展等所带来的一些困难和挑战。

三、大党独有难题的形成原因

习近平总书记指出："我们党是世界上最大的政党，大就要有大的样子，同时大也有大的难处。"①中国共产党面对的大党独有难题有其特定的形成背景、基础和特点，是在历史与现实、内部与外部等各种因素相互影响、相互交织基础上逐步形成的，其中大党执政、大国执政、长期执政、一党执政等是大党独有难题形成的特定条件和重要基础。

（一）大党独有难题源自大党执政

大党独有难题，其修饰语和限定词为"大党"。当然，"大党"一词主要是从比较维度而言的，其比较对象是其他若干"小党"。即是说，中国共产党作为一个大党所面对的难题，是其他小党不曾也不会遇到的，这也是"独有"的重要内涵之一。需要明确的是，"大党"之"大"，至少包含三层含义。一是体量大、块头大。当前，中国共产党有9900多万名党员，是世界上第一大执政

---

① 习近平：《推进党的建设新的伟大工程要一以贯之》，《求是》，2019年第19期。

党,其党员人数、组织体系等都是超大规模的,由此所带来的组织、管理难度等显然不是只有几十万、几百万党员的政党所能比拟的。二是力量大、影响大。对于一个大党而言,其"大"不仅仅体现在党员数量和规模上,更体现在其力量和影响上。能否把数量之多转化为力量之大,是成为一个"大党"的关键。世界上不乏一些政党表面看来人多势众,但其内部组织松散、纪律松弛、思想松懈,因而难以成为一个具有强大战斗力、影响力的政党。与之不同,中国共产党是一个非常重视党员质量的政党,始终保持自身的先进性和纯洁性,是中国共产党的重要目标和追求。三是格局大、担当大。不同的政党因其性质宗旨、立场使命等的不同,而有着不同的格局和担当,这突出地表现在是为少数人谋利还是为多数人谋利。与其他政党不同,中国共产党是一个矢志民族复兴、胸怀千秋伟业、追求世界大同的政党,这种博大的胸襟、高远的目标,决定了其必然有着其他政党所不具备的大格局、大担当。

(二)大党独有难题源自大国执政

综观世界政党发展史,大国中也会孕育小党,小国中也可能产生大党,但"大党"与"大国"的耦合,则无疑会增加政党执政掌权的难度。中国共产党所面对的大党独有难题,在一定程度上源自中国的特殊国情。众所周知,中国是一个人口众多、幅员广阔的国家,但同时由于历史和现实各种因素的影响,基础较为薄弱、起点较为低下、不同地区和区域之间发展不平衡,在这样的条件下长期执政,其复杂性、艰巨性和挑战性是前所未有的,必然会面对许多小国执政难以想象的难题。新中国成立以来尤其是新时代以来,中国式现代化建设事业取得巨大成就,生产力发展水平得到了极大提高,中国逐步摆脱了贫穷落后,走向了繁荣富强。但是当前中国仍然处于并将长期处于社会主义初级阶段,这是当代中国的最大国情、最大实际。所以,中国共产党是在世界上人口最多、最大的发展中国家治国理政,"大党大国,既是我们办大事、建伟业的优势,也使我们治党治国面对很多独有难题"①。今天,我们已进入全面建成社会主义现代化国家的新征程,无论是从世界现代化发展史还是从世界社会主义运动史上来说,这都是带有很大探索性的新事业,其间既会面临很多新条件、新机遇,也必然会面临很多新困难、新挑战,这对中国共产党的执政能力、执政水平提出了更高的要求,也由此形成了大党独有难题。

(三)大党独有难题源自长期执政

长期执政是形成大党独有难题的重要原因,而实现长期执政又是解决大党独有难题的重要目标,所以二者是互为前提、互为因果的关系。大党独有难题是在长期执政条件下形成并日益凸显的,因为一般而言,一个政党执政时间越长,就越容易出现权力异化、腐败变质、脱离群众等问题,就越会对政权稳固带来不利影响。截至目前,中国共产党已有75年的连续执政史,这在世界政党发展史上是并不多见的。无论是原苏东地区社会主义国家的执政党,还是西方资产阶级国家的执政党,在经历了较长时期的连续执政后,都遭遇了一定的执政危机、执政挫折甚至是执政失败。事实表明,处于执政地位、占有执政资源的政党,其执政时间越长、掌权历史越久,潜在的危机就越大、面临的考验就越多。因此,如果没有居安思危的忧患意识、严以律己的自警自省、刀刃向内的自我革命等,是难以跳出历史周期率的。"我们党作为百年大党,如何永葆先进性和纯洁性、永葆青春活力,如何永远得到人民拥护和支持,如何实现长期执政,是我们必须回答好、解决好的一个根本性问题。"②能否在长期执政过程中及时有效地解决大党独有难题,在很大程度上决定着中国共产党的生命周期、执政周期有多长。所以,解决大党独有难

①　习近平:《在党的十九届七中全会第二次全体会议上的讲话》,《求是》,2022年第23期。
②　中共中央党史和文献研究院编:《十九大以来重要文献选编》(中),中央文献出版社,2021年,第118页。

题的关键，就是要消除影响党长期执政的各种潜在因素和现实挑战，不断夯实党长期执政的根基。

（四）大党独有难题源自一党执政

中国共产党领导的多党合作和政治协商制度，是中国特色社会主义制度优势的重要组成部分。在这一制度体系中，中国共产党是唯一的执政党，各民主党派则是参政党，是中国共产党的亲密友党。中国共产党的领导地位、执政地位是历史和人民的选择，是在长期革命、建设和改革实践中逐步形成和巩固的。承认并拥护中国共产党的执政地位，是中国新型政党制度的重要特点和根本保障。这一新型政党制度是立足中国现实土壤形成和发展起来的，它有效避免了西方政党制度下不同政党之间相互争斗、相互掣肘、相互拆台而导致的政治内耗、社会撕裂、矛盾激化等问题，在国家治理、社会治理方面具有广泛凝聚共识、科学高效决策等突出特点和优势。但是在一党执政条件下如何有效监督制约权力，使权力运行更加规范化、合理化，则是一大难题。"我们党全面领导、长期执政，面临的最大挑战是对权力的监督。"[①]这就需要不断完善党和国家监督制度，构建多主体协同、全要素集成的监督体系，既充分发挥群众监督、民主党派的民主监督等外部监督的作用，又要充分激发自我监督的动力和活力，实现他律与自律的有机结合。习近平总书记指出："自我监督是世界性难题，是国家治理的哥德巴赫猜想。"[②]事实上，权力监督特别是自我监督是人类政治发展的永恒课题，更是一党执政的政党需要面对的一大难题。

---

① 中共中央党史和文献研究院编：《十九大以来重要文献选编》（上），中央文献出版社，2019年，第191页。

② 习近平：《论坚持全面深化改革》，中央文献出版社，2018年，第384页。

四、大党独有难题的破解理路

如何解决大党独有难题既是一个理论新课题，也是一个实践新挑战。解决难题的对策、方法和路径等，既蕴含于党百余年来的管党治党的经验之中，也丰富发展于党不断解决大党独有难题的实践探索之中。所以，解决大党独有难题要坚持理论与实践、历史与现实的有机统一。

（一）理论指引：推进科学理论创新发展

习近平总书记指出："我们党作为百年大党，如何永葆先进性和纯洁性、永葆青春活力，如何永远得到人民拥护和支持，如何实现长期执政，是我们必须回答好、解决好的一个根本性问题。"[①]这深刻体现了中国共产党居安思危的忧患意识、自警自省的革新精神，以及对加强党的自身建设的战略性、前瞻性思考，但是对这些问题的探索和回答，不是一次完成、一步到位的，而是在实践中前后相继、递进完成的。在不同的历史时期，基于不同的时代条件、现实基础和发展水平等，对于如何解决大党独有难题的思考和认识也是不尽相同的。中国共产党自诞生之日起，就对如何永葆生机活力、始终走在时代前列进行了深入探索，围绕为什么要进行党的建设、怎样进行党的建设、建设一个什么样的党等问题，形成了一系列具有中国特色的无产阶级政党建设理论，成为中国化马克思主义的重要组成部分。这些重要理论成果，为解决大党独有难题奠定了理论基础和思想基础。在此过程中，以毛泽东、邓小平等为主要代表的中国共产党人，对如何建设一个强大的、富有活力的无产阶级政党所积累的丰富经验、所凝结的卓越智慧等，也为当前解决大党

---

① 中共中央党史和文献研究院、中央"不忘初心、牢记使命"主题教育领导小组办公室编：《习近平关于"不忘初心、牢记使命"论述摘编》，党建读物出版社、中央文献出版社，2019年，第178页。

独有难题提供了基本依据和遵循。

可以说,中国共产党人之所以在解决大党独有难题方面取得显著成果,归根到底是因为坚持运用马克思主义立场、观点和方法来分析和解决问题。作为人们认识世界、改造世界的科学真理,马克思主义为中国共产党人解决大党独有难题提供了根本指引。不仅如此,中国共产党人及时总结凝练在解决大党独有难题过程中形成的新认识、新经验,不断进行与时俱进的理论创新,极大推进了马克思主义中国化的发展,也日益丰富和拓展着马克思主义。当前,作为马克思主义中国化新的历史性飞跃的重要成果,习近平新时代中国特色社会主义思想蕴含着一系列对如何解决大党独有难题的科学回答,进一步深化了我们对共产党执政规律、党的自身建设规律的认识。习近平总书记关于解决大党独有难题的系列重要论述,是习近平新时代中国特色社会主义思想的重要组成部分,是中国化马克思主义党建学说发展的最新成果,是新时代全面加强党的领导和党的建设的行动指南。在新时代新征程中解决大党独有难题,必须坚持以习近平新时代中国特色社会主义思想为指导,把贯穿其中的科学世界观、方法论灵活运用于解决大党独有难题的具体实践中,不断探索新规律、总结新经验,进一步彰显习近平新时代中国特色社会主义思想的深厚真理力量和实践伟力。

(二)制度构建:建立健全"不忘初心、牢记使命"制度

中国共产党是什么、要干什么,这是一个需要全党始终牢记的根本问题。只有牢记这一根本问题,才能明确奋斗方向,激发奋斗动力。对于一个政党而言,最难的就是历经沧桑而初心不改、饱经风霜而斗志更坚。纵观古今中外,包括一些大党在内的无数政党之所以在长期执政过程中难以跳出治乱兴衰的历史周期率,从根本上说就是因为背离了初心、忘记了使命。不仅如此,一个政党执政时间越长、执政成就越大,就越容易出现信仰迷茫、精神迷失、思想变质的情况,"初心不会自然保质保鲜,稍不注意就可能蒙尘褪

色，久不滋养就会干涸枯萎，很容易走着走着就忘记了为什么要出发、要到哪里去，很容易走散了、走丢了"①。只有坚持"不忘初心、牢记使命"，才能有效克服长期执政下党员干部中容易出现的承平日久、精神懈怠的心态，始终保持革命者的大无畏奋斗精神。一以贯之地坚守初心使命是中国共产党在腥风血雨中能够一次次绝境重生，在攻坚克难中不断从胜利走向胜利的根本原因，也是中国共产党为什么能的重要答案。

解决大党独有难题，最根本的动力、最坚固的支撑就是中国共产党人的初心使命，为此必须建立健全"不忘初心、牢记使命"制度，形成规范化、系统化、常态化的长效机制，这是确保党在新时代新征程中始终充满蓬勃生机和旺盛活力的重大战略决策，也是解决大党独有难题的关键抓手和重要保障，"通过健全制度、完善机制，使'不忘初心、牢记使命'这个党的建设的永恒课题、党员干部的终身课题常抓常新"②。建立健全"不忘初心、牢记使命"制度，其目的是通过建章立制的形式，充分发挥制度的规范性作用和思想教育的引领性作用，确保全党遵守党章，恪守党的性质和宗旨，实现思想建党、理论强党、制度治党的有机统一，从而能够最大限度地激发制度的效能，为解决大党独有难题奠定坚实基础。此外，"不忘初心、牢记使命"制度在理论学习、党性教育、为民服务、激励担当等方面具有重要作用，能够有效防范各种影响党的先进性、弱化党的纯洁性的问题出现，极大激发广大党员干部解决大党独有难题的积极性、主动性。

（三）从严治党：坚定不移进行自我革命

解决大党独有难题需要内外协调、同频共振，才能形成强大合力，推动难题的有效解决。其中，外力固然重要，但内力才是最具有决定性的。中国

---

①　《习近平谈治国理政》（第三卷），外文出版社，2020年，第538页。
②　《习近平在上海考察时强调　深入学习贯彻党的十九届四中全会精神　提高社会主义现代化国际大都市治理能力和水平》，《光明日报》，2019年11月4日。

共产党历经百余年的不懈探索和奋斗,锤炼出了自我革命这一最鲜明的品格和最大的优势,这也是其与其他政党的显著区别之一。可以说,中国共产党的风华正茂之诀、基业长青之道就在于始终坚持全面从严治党,它之所以能历经千锤百炼而依然朝气蓬勃、饱受风浪考验而依然生机盎然,根本原因之一就在于勇于自我革命。当前,中国共产党已经有着百余年的发展史、七十多年的执政史,成长为一个有着光辉历程和巨大成就的马克思主义执政党,但越是如此,越要有"愈大愈惧,愈强愈恐"的谦虚谨慎和危机意识,时刻保持解决大党独有难题的清醒和坚定。唯有如此,才能不断巩固自身执政地位,有效维护自身执政安全。作为跳出历史周期率的积极探索者、开拓者,中国共产党在长期实践中找到了"民主新路"和"自我革命"两个答案。但是找到了两个答案并不意味着问题就自然而然地解决了,更不意味着我们已经永久性地跳出了历史周期率,"我常常提及毛泽东同志和黄炎培先生在延安的'窑洞对'。当年'窑洞对'的问题已经彻底解决了吗? 恐怕还没有"①。对于矢志民族复兴、胸怀千秋伟业的中国共产党而言,跳出历史周期率的"答案"虽然已经给出,但是"答题"仍在继续。大党独有难题就是中国共产党跳出历史周期率过程中难以回避的新挑战,也是必须作答好的新考卷。

纵观世界政党发展史,一些政党之所以无法跳出历史周期率,一个重要原因就在于它们未能以正确方式对待政党所得之"功",也未能以客观态度分析政党所遇之"失",缺乏永久奋斗的品格和自我革命的精神。当前,中国共产党的角色、地位等已发生巨大变化,在这种情况下,要避免这样一个百年大党变得老态龙钟、步履蹒跚、疾病缠身,始终保持解决难题的信心和能力,就必须坚定不移地进行自我革命,不断健全全面从严治党体系。"这么大一个党,处在执政地位、掌控执政资源,很容易在执政业绩光环的照耀下,山

---

① 中共中央文献研究室编:《习近平关于全面从严治党论述摘编》,中央文献出版社,2016年,第204页。

现忽略自身不足、忽视自身问题的现象，陷入'革别人命容易，革自己命难'的境地。……要兴党强党，保证党永葆生机活力，就必须实事求是认识和把握自己，以勇于自我革命精神打造和锤炼自己。"①实际上，解决大党独有难题本身就是一个激浊扬清、去腐生肌的过程，就是一个永葆自身先进性、纯洁性的过程，只有坚持自我革命，才能使党变得更加坚强有力、坚不可摧，彻底摆脱大党独有难题的困扰。

(四)政治建设：维护党的团结和集中统一领导

在一个政党的生存发展过程中，总会面对各种形式的难题，总要经受各种类型的考验，如果无法有效解决或应对这些难题、考验，那么就会有亡党之险、亡国之忧。这就需要政党保持内部的团结，保证集中统一领导，做到思想统一、行动一致，才能最大程度地凝聚共识、聚合力量。否则，政党是难以破解难题、走出困境的。"古往今来，世界上的大国崩溃或者衰败，其中一个普遍的原因就是中央权威丧失、国家无法集中统一。"②作为曾经有着巨大影响力的大党，苏共之所以顷刻垮台、分崩离析，一个重要的原因就在于其党内思想混乱、纪律松弛、组织涣散，导致苏共的执政能力严重衰退，政治领导徒有其名。事实证明，对于一个政党尤其是大党来说，如果不能有效维护党内的团结统一，允许党员言所欲言、行所欲行，就会严重损害政党的凝聚力、战斗力，使政党沦为一盘散沙、乌合之众。这样的政党是徒有其表、不堪一击的，更无法解决其自身所面对的各种难题和挑战。

中国共产党是一个有着严明政治纪律和政治规矩的政党，这也是其始终具有强大生命力的重要原因之一。中国共产党在其百余年发展中，也曾遇到过各种难题和考验，甚至是"灭顶之灾""覆党之险"，但因为其始终注重维护党内团结统一，贯彻民主集中制原则，以严密的组织、严明的纪律和严

---

① 习近平：《论坚持全面深化改革》，中央文献出版社，2018年，第327~328页。
② 习近平：《论坚持党对一切工作的领导》，中央文献出版社，2019年，第220页。

格的规矩立党兴党,使全党团结成"一块坚硬的钢铁",故而能够战胜各种艰难险阻、风险考验。中国共产党有没有足够的力量解决大党独有难题,关键要看能不能始终坚持党的全面领导、维护党中央权威。"治理好我们这个世界上最大的政党和人口最多的国家,必须坚持党的集中统一领导,维护党中央权威,确保党始终总揽全局、协调各方。"①党的十八大以来,习近平总书记提出了"以党的政治建设为统领""把党的政治建设摆在首位""党的政治建设是党的根本性建设"等一系列重大命题和重要论述,既是对党的长期建设经验的深刻总结,也为新时代全面从严治党指明了方向。党的政治建设的首要任务是保证全党服从中央,维护党中央权威和集中统一领导。解决大党独有难题的主体是中国共产党,只有坚持党的团结和集中统一领导,才能为大党独有难题的解决提供正确政治方向和根本政治保障。

(五)软硬兼施:纪律约束与精神激励相统一

一个政党是否具有强大的凝聚力、战斗力,主要取决于两个方面的因素,即是否具有严密的制度、严明的纪律,以及良好的政治文化、强大的精神支柱。前者提供"硬约束",后者提供"软约束",二者能够推动党内统一思想、统一意志、统一行动,增进党内的团结统一,从而共同构成和不断提升一个政党的综合实力。具体而言,以严密的制度、严密的纪律为核心的"硬约束",以其权威性和强制性规范党员干部的言行,侧重于强制外力和硬性底线;而以良好的政治文化、强大的精神支柱为核心的"软约束",侧重于内在激励和柔性约束,二者在功能效用上各有千秋且优势互补,是建设一个强大政党的两个基本支撑点。对于中国共产党解决大党独有难题来说,也必须兼顾"硬约束"和"软约束"两个方面,既让严密的制度、严密的纪律发挥"高压线""警戒线"的重要作用,又通过党内思想文化.精神谱系的涵养和哺育,

---

① 《习近平谈治国理政》(第四卷),外文出版社,2022年,第50页。

使党员干部筑牢信仰之基、补足精神之钙。新时代以来，中国共产党把加强纪律建设作为全面从严治党的重要着力点，把纪律建设纳入党的建设总体布局，坚持以严明的纪律管党治党，极大增强了全党的凝聚力、战斗力。"我们这么大一个政党，靠什么来管好自己的队伍？靠什么来战胜风险挑战？除了正确理论和路线方针政策外，必须靠严明规范和纪律。"①事实证明，只有坚持把纪律挺在前面，从根本上保证党的团结统一、捍卫党的先进性、纯洁性，才能牢牢掌握解决大党独有难题的主动权。

同"硬约束"相比，"软约束"不仅是不可或缺的，而且其更具有内聚力、支撑力，更易于产生持久而稳定的强大能量。新时代以来，中国共产党在强化制度建设、纪律建设的同时，也非常重视培育积极健康的党内政治文化、营造风清气正的党内政治生态，从政治信仰、政治观念、政治心理、政治意识等方面规范和引领广大党员干部，以使其树立正确的人生观、价值观、政绩观等。尤其是以伟大建党精神为源头的中国共产党人精神谱系的提出、建构和发展，为中国共产党立党兴党强党提供了丰厚滋养，同时也为其解决大党独有难题注入了强大精神力量。作为中国共产党百余年奋斗所凝结的精神成果，中国共产党人精神谱系中蕴含着的坚定理想、艰苦奋斗、英勇斗争、独立自主等伟大品格和精神元素，都是解决大党独有难题的重要精神因子，能够极大激发人们攻坚克难的内在动力，强固人们迎难而上、不畏险阻的精神支撑。所以，解决大党独有难题必须从中国共产党人精神谱系中汲取精神滋养、获取精神力量。

（六）内外协调：内向发力与外向发力相并重

习近平总书记指出："一百年来，党外靠发展人民民主、接受人民监督，内靠全面从严治党、推进自我革命，勇于坚持真理、修正错误，勇于刀刃向

---

① 中共中央纪律检查委员会、中共中央文献研究室编：《习近平关于严明党的纪律和规矩论述摘编》，中央文献出版社、中国方正出版社，2016年，第5页。

内、刮骨疗毒,保证了党长盛不衰、不断发展壮大。"①这里的"外靠"与"内靠",实际上也指明了中国共产党在跳出历史周期率过程中,"外在条件"与"内在因素"之间的有机统一性和不可分割性。这也就意味着,中国共产党要跳出历史周期率,实现长期执政,就必须做到"外靠"和"内靠"同时并重、协调一致。如果片面地依赖"外靠"或者"内靠",那么这样的力量是不全面的、支撑是不稳固的,自然成效就会难达预期。因此,要解决大党独有难题,"外靠"与"内靠"是缺一不可的,外源性动力与内源性动力是不可偏废的。解决大党独有难题首先需要中国共产党有破难信心、克难之策,坚定不移推进党的自我革命,健全全面从严治党体系,充分激发解决大党独有难题的内在动力。质言之,大党独有难题的解决需要以加强党的集中统一领导为首要前提,以推进党的建设为根本保障,在二者的紧密衔接、融通互动中实现。

　　解决大党独有难题,中国共产党是首要主体,但人民群众才是根本主体。从中国共产党与人民群众之间的关系来看,二者之间是生死相依、休戚与共的血肉联系。人民群众是中国共产党最坚实的生存之基和最大的力量源泉,中国共产党百余年来之所以能够不断地渡难关、破难题、开新局,最根本的原因就在于有人民群众的拥护和支持。大党独有难题的核心是"难题",意味着其本身不是轻而易举能够解决的。正因为其具有艰巨性、复杂性,所以才需要党群协同、内外联动,以汇聚解决大党独有难题的最大合力。人民群众是社会实践的主体,也是解决大党独有难题的主体。大党独有难题归根到底是中国共产党在长期执政过程中遇到的困难和挑战,是关乎中国共产党执政安全的重要影响因素,而要解决这些问题必须坚持人民主体地位,充分汲取人民群众中蕴藏的无穷智慧和力量。坚实的群众基础、磅礴的群众力量,是解决大党独有难题的必要条件。新时代以来,中国共产党始终坚持以人民为中心的发展理念,把不断满足人民日益增长的美好生活需

---

　　① 习近平:《全面从严治党探索出依靠党的自我革命跳出历史周期率的成功路径》,《求是》,2023年第3期。

要作为治国理政、执政掌权的根本出发点和落脚点，这也是其解决大党独有难题的根本出发点和落脚点。"我们不能关起门来搞自我革命，而要多听听人民群众意见，自觉接受人民群众监督。"①发扬人民民主，强化人民监督，健全人民当家作主制度，不断增强人民群众在解决大党独有难题过程中的参与感、获得感、幸福感等，才是解决大党独有难题的根本之道。

（七）常长并举：集中性与经常性教育相统筹

解决大党独有难题既是一场针对危及党的生命力的各种沉疴痼疾、疑难杂症的攻坚战，也是一场需要循序渐进、久久为功的持久战，因此，要把党内集中性教育和经常性教育有机结合起来。作为党的建设的基础性、战略性工程，加强党员教育管理对于激励党员干部"不忘初心、牢记使命"，增进党内团结统一，提高党的战斗力、凝聚力等方面有着重要意义和突出作用。一般而言，加强党员教育管理，推进党的自身建设，有集中性教育和经常性教育两种重要方式和形态。集中性教育往往是针对党内存在的一些突出的、专门性问题而展开的，具有阶段性、针对性和时效性等特点。新时代以来，中国共产党先后开展了群众路线教育实践活动、"三严三实"专题教育、"两学一做"学习教育、"不忘初心、牢记使命"主题教育、党史学习教育、学习贯彻习近平新时代中国特色社会主义思想主题教育、党纪学习教育等七次集中性党内教育，在提高党员干部思想素质、改进工作作风、密切党群关系，以及增强党的先进性、纯洁性等方面起到了重要作用，全面从严治党取得了显著成效，也为解决大党独有难题奠定了坚实基础。

但是包括大党独有难题在内，党内存在的一些突出问题通常是盘根错节、根深蒂固的，因此，难以一劳永逸、一蹴而就地予以解决，这就需要经常性、常态化教育的持续跟进，把集中性、专门性教育的成果拓展和延伸到党

---

① 《习近平谈治国理政》（第三卷），外文出版社，2020年，第533页。

的日常性、持续性教育工作中,使之成为惯例、立为制度、走向日常。同集中性教育相比,经常性教育具有系统性、长期性、稳定性等特点,是党的建设制度化、机制化的重要组成部分,是对集中性教育成果的进一步巩固和拓展。"群众最担心的是教育一阵风、雨过地皮湿,最盼望的是保持常态化、形成长效机制。我们要善始善终、善作善成,把全面从严治党要求真正落到实处。"①事实上,建设一个坚强有力的马克思主义执政党,驰而不息推进全面从严治党,既需要富有特色、针对性强的集中性学习教育,也需要细水长流、润物无声的经常性学习教育,以经常性教育引领集中性教育,把集中性教育融入经常性教育中,实现二者的科学承转和有效衔接,是党的建设的重要经验。解决如何始终"不忘初心、牢记使命",如何始终统一思想、统一意志、统一行动,如何始终保持干事创业精神状态等大党独有难题,既要通过分阶段、分层次、有重点的集中性教育来解决突出问题,又要通过经常性教育持续发力、久久为功,实现集中性教育与经常性教育的紧密衔接、双管齐下、相辅相成,从而不断增强解决大党独有难题的实效性。

五、大党独有难题的出场价值

作为中国共产党不断推进理论创新的重要成果,大党独有难题是党建话语体系中的新论断新表述,既有其特定的出场背景、出场逻辑,也有其重要的出场价值、出场影响,是中国共产党人对新时代党的建设规律认识不断深化的重要体现。

---

① 习近平:《在"不忘初心、牢记使命"主题教育总结大会上的讲话》,《求是》,2020年第13期。

（一）彰显中国共产党的政治清醒

考察世界各国政权或执政党兴衰浮沉的规律不难发现，一个政权的存在时间越长，就越容易出现精神懈怠、蜕化变质的情况；一个政党的执政成就越大，就越容易骄傲自满、居功自傲，从而导致党群关系疏离、执政根基动摇，这也是它们难以跳出历史周期率的重要原因。与其不同，当前中国共产党虽然已成为世界第一大党，有着辉煌的执政历程、卓著的执政成就，但中国共产党始终保持着居安思危的政治清醒和赶考答卷的谦虚谨慎。"对党的历史上走过的弯路、经历的曲折不能健忘失忆，对中外政治史上那些安于现状、死于安乐的深刻教训不能健忘失忆；对自身存在的问题不能反应迟钝，处理动作慢腾腾、软绵绵，最终人亡政息！"①事实证明，相对于建立政权、夺取政权而言，巩固和维护政权，实现长期执政，同样是一项艰巨的任务。提出并着力解决大党独有难题，体现了中国共产党常怀远虑的忧患意识、危机意识，以及跳出历史周期率的坚定决心。对于中国共产党而言，其已拥有一百余年的发展史、七十余年的执政史，但这并不意味着中国共产党的先进性就能一劳永逸地保持下去，其执政地位就能自然而然地得到巩固，更不意味着中国共产党就此获得了跳出历史周期率的终身免疫。相反，作为一个矢志民族复兴、胸怀千秋伟业的大党，中国共产党在前进道路上依然会面临包括大党独有难题在内的各种困难和挑战，需要其不断地去克服和应对。"世界上最可怕的敌人从来是自己。我们党取得了举世瞩目的成就，现在更需要'愈大愈惧，愈强愈恐'的态度。"②"大党独有难题"的出场，反映了中国共产党对人类社会发展规律、自身建设规律的深刻把握，对"建设什么样的长期执政的马克思主义政党、怎样建设长期执政的马克思主义政党"等重大时

---

① 习近平：《以史为鉴、开创未来 埋头苦干、勇毅前行》，《求是》，2022年第1期。
② 中共中央文献研究室编：《习近平关于全面从严治党论述摘编》，中央文献出版社，2016年，第8页。

代课题的深入探索,彰显了中国共产党"远见于未萌、避危于无形"的高明远识和"任重而行恭、功大而辞顺"的政治清醒。

(二)展现中国共产党的政党自信

纵观世界政党发展史,不乏一些大党因回避问题而酿成大祸,或者因讳疾忌医而一朝倾覆,最终黯然退出世界政党政治舞台的悲惨教训。事实证明,是否具有承认问题的勇气、直面难题的胆识,是影响一个政党生存发展、安身立命的重要因素。如果对自身存在的问题、面对的挑战等视而不见、回避否认,就会使问题愈积愈多、危机愈演愈烈,从而严重危及政党的生命力、战斗力。"如果管党不力、治党不严,人民群众反映强烈的党内突出问题得不到解决,那我们党迟早会失去执政资格,不可避免被历史淘汰。这决不是危言耸听。"①"大党独有难题"的出场,充分展现了中国共产党的大党风范和政党自信,显示了中国共产党对自身存在问题、面对难题的清醒认知和科学把握。善于发现问题、提出问题,固然表明中国共产党具有较强的问题意识,但更重要的是要有解决问题的能力、应对挑战的方法。习近平总书记在提出"大党独有难题"重要论断的同时,也指明了破解大党独有难题的方向和路径,如健全全面从严治党体系,加强党的作风建设、纪律建设,坚定不移推进反腐败斗争等,从而实现了发现问题的敏锐、正视问题的清醒、解决问题的自觉的有机统一。在这个过程中,发现问题、提出问题是前提,解决问题是目的,中国共产党不仅具有发现问题的自觉意识,更有解决问题的高超能力和有效方略,这也是"中国共产党为什么能"的答案之一。"只有严管严治,才能保持大党应有的风范,解决大党独有的难题。"②百余年来,中国共产党正是在及时发现问题、科学化解难题中发展壮大、日益兴盛的,这也是中国

---

① 中共中央文献研究室编:《习近平关于全面从严治党论述摘编》,中央文献出版社,2016年,第5页。

② 习近平:《为实现党的二十大确定的目标任务而团结奋斗》,《求是》,2023年第1期。

共产党能够破解大党独有难题的强大信心和底气之所在。

(三)激发中国共产党的斗争精神

敢于斗争、善于斗争是中国共产党的优良传统，也是其能够不断取得胜利的重要支撑。纵观中国共产党的百余年发展历程，它诞生于内忧外患、成长于艰难困苦、壮大于攻坚克难之中，斗争精神贯穿党的各个历史时期和全部实践活动。从一定程度上来说，中国共产党的百余年发展史，就是一部"苦难辉煌史"，也是一部"艰苦奋斗史""不懈斗争史"。"敢于斗争是我们党的鲜明品格。我们党依靠斗争走到今天，也必然要依靠斗争赢得未来。"①之所以重视斗争、依靠斗争，是因为它源于普遍存在的矛盾，矛盾的存在决定了斗争的存在，解决矛盾的过程就是斗争的过程。在一个政党的生存发展过程中，尽是坦平之途、全无矛盾问题是不可能的，也是不符合客观规律的，任何政党生存发展都不可避免地会遇到各种困难和挑战。大党独有难题就是中国共产党在当前和今后一段时期内面对的突出矛盾和严峻考验，只有依靠斗争才能真正解决问题，任何动摇妥协、临阵退缩都是无济于事的。大党独有难题不是轻而易举地能够解决的，更不可能自然而然地得以解决，而必须经过一个不懈斗争、持续斗争的过程。如果缺乏一定的斗争意识、斗争精神、斗争意志，就会失去解决大党独有难题的主动权。

当前，我们所面对的大党独有难题，无论是问题的复杂程度，还是解决问题的艰巨程度等，都是前所未有的。尤其是在"两个大局"相互交织、相互激荡的大格局、大背景下，解决大党独有难题面临着许多新形势、新挑战，更需要我们不断增强敢于斗争、善于斗争的能力本领，提高敢于斗争、善于斗争的艺术水平，以坚定的立场和原则、正确的策略和方法、高超的技能和技艺等，全面推进大党独有难题的解决。也就是说，大党独有难题之"难"是相

---

① 《习近平谈治国理政》(第四卷)，外文出版社，2022年，第80页。

对的,而不是绝对的。如果中国共产党人能够一以贯之地保持斗争精神、锤炼斗争品格、增强斗争本领,那么就会逐步使大党独有难题实现由"难"向"易"的转化;如果患上了恐惧症、"软骨病",大党独有难题就有可能演变为危及党的生命的顽瘴痼疾,甚至由此而病入膏肓。"解决这些难题,是实现新时代新征程党的使命任务必须迈过的一道坎,是全面从严治党适应新形势新要求必须啃下的硬骨头。"①解决大党独有难题固然有其艰巨性、复杂性,但正因为如此,才需要发扬斗争精神,通过强化斗争意识、把握斗争规律、讲究斗争艺术等来战胜困难、攻克难题。在党的二十大报告所提出的"三个务必"重要论断中,务必敢于斗争、善于斗争是其重要内涵和话语构成,这既是全面建设社会主义现代化国家必不可少的精神支撑,也是解决大党独有难题不可或缺的精神动力。事实表明,面对党内存在的突出难题、重大风险,任何动摇、妥协、退让等都是无济于事的,只有充分发扬党敢于斗争、善于斗争的优良传统,克服各种"软骨病""恐惧症",才是治本之策。"有没有强烈的自我革命精神,有没有自我净化的过硬特质,能不能坚持不懈同自身存在的问题和错误作斗争,就成为决定党兴衰成败的关键因素。"②新时代新征程上,我们所面对的机遇与挑战是前所未有的,包括大党独有难题在内的各种艰难险阻是层出不穷的。对此,既需要在发展中予以应对,更需要在斗争中予以解决。

(四)昭示中国共产党的强党所向

作为百年大党,中国共产党在长期探索过程中形成了跳出历史周期率的两个答案,即"民主新路"和"自我革命"。两个答案凝结着中国共产党跳

---

① 《习近平在二十届中央纪委二次全会上发表重要讲话强调　一刻不停推进全面从严治党　保障党的二十大决策部署贯彻落实》,《人民日报》,2023年1月10日。
② 中共中央党史和文献研究院编:《十八大以来重要文献选编》(下),中央文献出版社,2018年,第591页。

出历史周期率的经验和智慧，也蕴含着中国共产党兴党强党的法宝与密码。尤其是自我革命作为一种内因，是中国共产党区别于其他政党的显著标志，也是其最大优势。"我们党历经百年沧桑依然风华正茂，其奥秘就在于具有自我净化、自我完善、自我革新、自我提高的强大能力。……自我革命精神是党的执政能力的强大支撑，什么时候都不能丢。"①正是靠着自我革命，中国共产党才能不断革除自身病灶，祛除沉疴痼疾，提高自身免疫，永葆青春活力，确保自己成为一个日益强大的马克思主义执政党。同时，自我革命作为中国共产党的政治基因，既是与生俱来的，也是一以贯之的。无论党的执政历程有多远、生命周期有多长，自我革命都需毫不动摇地贯穿其中。这就意味着党的自我革命始终保持着"进行时"的状态和特点，而无鸣锣收兵之时。大党独有难题的生成充分说明，要使党一直走在时代前列、持续创造历史伟业，就必须始终坚持全面从严治党，不断把党的自我革命推向深入。"越是长期执政，越不能丢掉马克思主义政党的本色，越不能忘记党的初心使命，越不能丧失自我革命精神。"②事实上，解决大党独有难题并不是一个抽象孤立的命题，而是一个关涉党的历史、现实和未来，贯通理论与实践、连接党内与党外的复合命题和系统体系，根本上来说要靠从严管党治党，在自我革命中把党锤炼锻造得更加坚强有力，这也是兴党强党的内在所需、发展所向。

---

① 习近平：《用好红色资源　赓续红色血脉　努力创造无愧于历史和人民的新业绩》，《求是》，2021年第19期。

② 《习近平谈治国理政》（第三卷），外文出版社，2020年，第529页。

第二章

大党独有难题的主要表现

　　2023年1月9日,习近平总书记在二十届中央纪委第二次全体会议上的重要讲话中用"六个如何始终"科学回答了什么是大党独有难题,即如何始终"不忘初心、牢记使命",如何始终统一思想、统一意志、统一行动,如何始终具备强大的执政能力和领导水平,如何始终保持干事创业精神状态,如何始终能够及时发现和解决自身存在的问题,如何始终保持风清气正的政治生态。①这"六个如何始终"各有侧重,但内在统一,着眼于坚定理想信念,着力维护团结统一,紧扣提升领导能力,聚焦振奋精神状态,注重纠正错误偏差,强调做到激浊扬清。时刻保持解决大党独有难题的清醒和坚定,是实现新时代新征程党的使命任务必须迈过的一道坎,是全面从严治党适应新形势新要求必须啃下的硬骨头。

---

　　①　习近平:《论党的自我革命》,党建读物出版社、中国方正出版社、中央文献出版社,2023年,第352~353页。

一、如何始终"不忘初心、牢记使命"的难题

中国共产党自诞生之日起，就把为中国人民谋幸福、为中华民族谋复兴作为自己的初心使命，这是激励中国共产党人不断前进的根本动力。中国共产党100多年来所付出的一切努力、进行的一切斗争、作出的一切牺牲，都是为了人民幸福和民族复兴。中国特色社会主义进入新时代，中国共产党在历史这么长、规模这么大、执政这么久的条件下，如何始终"不忘初心、牢记使命"，就成为一项重大时代课题和大党独有难题。这是中国共产党面临的大党独有难题中首先要解决的难题，也是贯穿"六个如何始终"的根本性问题。

（一）难在始终抵御诱惑，永葆初心

当今世界百年未有之大变局加速演进，我国发展面临新的战略机遇、战略任务、战略环境、战略阶段、战略要求，需要应对的风险挑战、需要解决的矛盾问题，比以往更加错综复杂。伴随着改革开放，我国经济快速发展，社会财富大幅增长，人民追求富裕生活，尤其是对外开放使得西方文化中拜金主义、享乐主义、消费至上、理想虚无的腐朽因素亦乘虚而入，不可避免地带来消极影响。

当前，有人走着走着就忘记了为什么出发，忘记了共产主义远大理想和中国特色社会主义共同理想，忘记了我是谁、为了谁、依靠谁。例如，有的党员以党内反对派自居，丧失中国特色社会主义理想，甚至成为各种错误思潮的举旗人和代言人。有的党员身在党、心在外，利用手中权力，采取各种手段，为自己和亲友攫取非法财富……针对以上种种问题，习近平总书记分析

道："一些党员、干部出这样那样的问题,说到底是信仰迷茫、精神迷失。"①他形象地举例道："从那些落马领导干部的忏悔录中不难看到,他们都是理想信念先出了问题。有的是看到社会上阴暗面太多,对社会主义前途心生悲观而丢掉了理想信念;有的是人生不顺特别是仕途遇到挫折,对个人前途心生失望而丢掉了理想信念;有的是受亲情友情所累,违反原则办事而丢掉了理想信念……"②尤其是"从前些年和最近揭露出来的一些涉及领导干部的大案要案看,其犯罪情节之恶劣、涉案金额之巨大,都是触目惊心的,搞权钱交易、权色交易简直到了利令智昏、胆大包天的地步!"③这些党员领导干部都是由于理想信念不坚定和党规党纪意识淡薄,无法抵挡诱惑,走上了贪污腐败的道路。

以习近平同志为核心的党中央深刻认识到,对于党内理想信念缺失及由此引发的种种问题,决不能等闲视之。习近平总书记指出："在我们党员、干部队伍中,信仰缺失是一个需要引起高度重视的问题。在一些人那里,有的以批评和嘲讽马克思主义为'时尚'、为噱头;有的精神空虚,认为共产主义是虚无缥缈的幻想,'不问苍生问鬼神',热衷于算命看相、求神拜佛,迷信'气功大师';有的信念动摇,把配偶子女移民到国外、钱存在国外,给自己'留后路',随时准备'跳船';有的心为物役,信奉金钱至上、名利至上、享乐至上,心里没有任何敬畏,行为没有任何底线。"④为此,习近平总书记多次强调,理想信念是世界观和政治信仰在奋斗目标上的具体体现,理想信念就是中国共产党人精神上的"钙",是中国共产党人安身立命的根本,必须坚定理

---

①　中共中央党史和文献研究院、中央"不忘初心、牢记使命"主题教育领导小组办公室编:《习近平关于"不忘初心、牢记使命"论述摘编》,党建读物出版社、中央文献出版社,2019年,第73页。

②　中共中央党史和文献研究院、中央"不忘初心、牢记使命"主题教育领导小组办公室编:《习近平关于"不忘初心、牢记使命"论述摘编》,党建读物出版社、中央文献出版社,2019年,第84页。

③　中共中央纪律检查委员会、中共中央文献研究室编:《习近平关于党风廉政建设和反腐败斗争论述摘编》,中央文献出版社、中国方正出版社,2015年,第124页。

④　中共中央纪律检查委员会、中共中央文献研究室编:《习近平关于党风廉政建设和反腐败斗争论述摘编》,中央文献出版社、中国方正出版社,2015年,第17页。

想信念。如果丧失了理想信念，就会迷失奋斗目标和前进方向，就会失去精神支柱而自我瓦解。"理想信念动摇是最危险的动摇，理想信念滑坡是最危险的滑坡。"①

中国共产党要始终得到人民拥护和支持，书写中华民族千秋伟业，必须始终牢记初心和使命，坚决防范一切违背初心和使命、动摇党的根基的危险。因此，如何把对马克思主义的信仰、对社会主义和共产主义的信念作为毕生追求，在改造客观世界的同时不断改造主观世界，解决好世界观、人生观、价值观这个"总开关"问题，不断增强政治定力，自觉成为共产主义远大理想和中国特色社会主义共同理想的坚定信仰者和忠实实践者，就成为目前中国共产党所面临的一项重大课题和独有难题。

（二）难在始终常抓不懈，终身锤炼

为筑牢信仰之基、补足精神之钙、把稳思想之舵，贯彻"守初心、担使命，找差距、抓落实"的总要求，党的十九大决定，以县处级以上领导干部为重点，在全党开展"不忘初心、牢记使命"主题教育。从2019年5月底开始，主题教育在全党自上而下分两批展开，到11月底基本结束。在"不忘初心、牢记使命"主题教育中，以习近平同志为核心的党中央结合正在做的事情、聚焦解决党内存在的突出问题，部署了多个方面的专项整治，确保实现理论学习有收获、思想政治受洗礼、干事创业敢担当、为民服务解难题、清正廉洁作表率的目标任务。

广大党员、干部通过主题教育，迸发出极大的思想热情，也取得了显著成效。对此，习近平总书记指出："这次主题教育，既抓思想引导又抓行为规范，广大党员、干部对照党中央决策部署，对照党章党规，对照人民群众新期待，对照先进典型、身边榜样，找差距、摆问题，坚定了对马克思主义的信仰、

---

① 《关于新形势下党内政治生活的若干准则》，人民出版社，2016年，第6页。

对中国特色社会主义的信念。"①通过这次主题教育,广大党员、干部信仰之基更加牢固、精神之钙更加充足。在充分肯定主题教育取得显著成绩的同时,习近平总书记强调,我们也要清醒地看到存在的问题。例如,"有的领导干部理论学习不深、不透、不系统,学用脱节,运用党的创新理论推动工作的能力不足;有些问题的整改还没有到位,一些深层次矛盾和问题还没有从根本上破解;有的基层党组织建设还比较薄弱,联系服务党员、群众的机制还不够健全顺畅;有的地方仍然存在形式主义、官僚主义,急于求成、急功近利,增加基层负担,如此等等"②。针对这种情况,习近平总书记指出,各级党组织和广大党员、干部只有经常进行思想政治体检,不断叩问初心、守护初心,不断坚守使命、担当使命,才能始终做到初心如磐、使命在肩。他形象地说道:"党员、干部要经常重温党章,重温自己的入党誓言,重温革命烈士的家书。党章要放在床头,经常对照检查,看看自己做到了没有? 看看自己有没有违背初心的行为? 房间要经常打扫,镜子要经常擦拭。"③习近平总书记告诫广大党员、干部:"群众最担心的是教育一阵风、雨过地皮湿,最盼望的是保持常态化、形成长效机制。"④只有善始善终、善作善成,以常态化、机制化的形式,及时发现和纠正存在的问题,才能确保"不忘初心、牢记使命"的要求真正落到实处。

为推动"不忘初心、牢记使命"主题教育形成长效机制,2019年10月,党的十九届四中全会审议通过的《中共中央关于坚持和完善中国特色社会主义制度 推进国家治理体系和治理能力现代化若干重大问题的决定》(以下简称《决定》),提出建立"不忘初心、牢记使命"的制度,这是着力提高新时代党的建设质量的战略部署,是新征程上永葆党强大生机活力的制度创举。对

---

① 习近平:《在"不忘初心、牢记使命"主题教育总结大会上的讲话》,人民出版社,2020年,第2页。
② 习近平:《在"不忘初心、牢记使命"主题教育总结大会上的讲话》,人民出版社,2020年,第9页。
③ 习近平:《在"不忘初心、牢记使命"主题教育总结大会上的讲话》,人民出版社,2020年,第12页。
④ 中共中央党史和文献研究院编:《习近平关于力戒形式主义官僚主义重要论述选编》,中央文献出版社,2020年,第7页。

标《决定》关于建立"不忘初心、牢记使命"的制度，主要包含以下七个方面的内容：一是确保全体党员干部自觉学习党章、遵守党章、维护党章，使党章成为全党遵循；二是恪守党的性质和宗旨；三是坚持用共产主义远大理想和中国特色社会主义共同理想凝聚全党、团结人民；四是坚持用习近平新时代中国特色社会主义思想武装全党、教育人民、指导工作，真正掌握好新时代"不忘初心、牢记使命"的思想武器；五是不断锤炼党员干部忠诚干净担当的政治品格，促进全体党员干部的思想升华和精神洗礼；六是全面贯彻落实党的基本理论、基本路线和基本方略；七是持续推进党的理论创新、实践创新和制度创新，在创新创造中践行党的初心和使命。

总的来看，建立"不忘初心、牢记使命"的制度，有着明确的问题意识和目标导向，主要是从制度层面巩固深化"不忘初心、牢记使命"主题教育成果，探索建立科学规范、运行有效、务实管用的制度体系，确保"不忘初心、牢记使命"使命成为全体党员干部的终身课题，常抓不懈，用初心和使命锤炼党员干部忠诚干净担当的政治品格，推动形成全党践行初心使命的长效机制。

正如习近平总书记在"不忘初心、牢记使命"主题教育总结大会上的讲话中所强调的："不忘初心、牢记使命，必须作为加强党的建设的永恒课题和全体党员、干部的终身课题常抓不懈。"①应该看到，"在党长期执政条件下，各种弱化党的先进性、损害党的纯洁性的因素无时不有，各种违背初心和使命、动摇党的根基的危险无处不在，党内存在的思想不纯、政治不纯、组织不纯、作风不纯等突出问题尚未得到根本解决"②。无论是开展"不忘初心、牢记使命"的主题教育，还是在巩固主题教育成果的基础上建章立制，形成长效机制，加大落实推进力度，都需要常抓不懈、久久为功。

---

① 习近平：《在"不忘初心、牢记使命"主题教育总结大会上的讲话》，人民出版社，2020年，第10~11页。

② 习近平：《在"不忘初心、牢记使命"主题教育总结大会上的讲话》，人民出版社，2020年，第11页。

二、如何始终统一思想、统一意志、统一行动的难题

习近平总书记指出："保证党的团结统一是党的生命,也是我们党能成为百年大党、创造世纪伟业的关键所在。"①历史经验已反复证明,只要全党步调一致、团结统一,我们党就能无坚不摧,战胜一切艰难险阻和强大敌人,不断地从胜利走向胜利;反之,党和国家的事业就会遭受严重挫折。中国共产党肩负着领导14亿多人口的大国,带领全国各族人民实现强国建设、民族复兴这个艰巨任务,全党必须统一思想、统一意志、统一行动。

(一)难在思想多元,统一思想任务艰巨

思想上的统一是党的团结统一最深厚、最持久、最可靠的保证。习近平总书记指出:"回顾党的奋斗历程可以发现,我们党之所以能够不断历经艰难困苦创造新的辉煌,很重要的一条就是我们党始终重视思想建党、理论强党,坚持用科学理论武装广大党员、干部的头脑,使全党始终保持统一的思想、坚定的意志、强大的战斗力。"②

从思想上建党,保持全党思想上的统一,是中国共产党的优良传统和宝贵经验。新民主主义革命时期,毛泽东就高度重视思想建党,在《关于纠正党内的错误思想》中,他就指出了红四军"党内各种非无产阶级思想的表现、来源及其纠正的方法,号召同志们起来彻底地加以肃清"③。在100多年的发展历程中,中国共产党始终高度重视思想建党,以思想的统一保证全党行动

---

① 《习近平著作选读》(第二卷),人民出版社,2023年,第554页。
② 《习近平谈治国理政》(第二卷),外文出版社,2017年,第67页。
③ 中共中央文献研究室、中国井冈山干部学院编:《毛泽东江西革命斗争时期著作选编》,中央文献出版社,2010年,第50页。

的统一。邓小平指出："集中统一，最重要的是思想的统一。有了思想的统一，才有行动的统一。"①江泽民强调："全党政治思想上的统一、政治信念上的坚定，是全党组织上、行动上的统一和具有强大凝聚力、战斗力的前提和基础。而这种政治思想上的统一、政治信念上的坚定，只能建立在全党同志自觉用马克思主义理论武装思想的基础之上。"②胡锦涛指出："思想上的统一是全党步调一致的重要保证"③，"要凝聚力量、统一行动，一是要靠严密的组织，二是要靠统一的思想"④。

改革开放以来，随着我国发展内外环境发生深刻变化，所有制形式更加多样，社会阶层更加多样，社会思想观念也更加多样。特别是互联网等新兴媒体的发展又加剧了思想文化的纷纭激荡，社会思想观念和价值取向也更加复杂多样。社会思想的多元化必然反映到党内来，影响全党的团结统一。特别是"境内一些组织和个人不断变换手法，制造思想混乱"，"一些单位和党政干部政治敏感性、责任感不强，在重大意识形态问题上含含糊糊、遮遮掩掩，助长了错误思潮的扩散"。⑤因此，越是利益多元、思想多样，越要凝聚思想共识、汇聚强大力量，越要求夯实党的团结统一的思想基础。

习近平总书记指出："当今时代，社会思想观念和价值取向日趋活跃，主流的和非主流的同时并存，先进的和落后的相互交织，社会思潮纷纭激荡。"⑥尤其是"国内外各种敌对势力，总是企图让我们党改旗易帜、改名换姓，……企图让我们丢掉对马克思主义的信仰，丢掉对社会主义、共产主义的信念"⑦。这就更需要我们"下功夫去凝聚共识。要做好统一思想、凝聚共识的

---

① 《邓小平文选》（第一卷），人民出版社，1994年，第316页。
② 《江泽民文选》（第二卷），人民出版社，2006年，第285页。
③ 胡锦涛：《在庆祝中国共产党成立90周年大会上的讲话》，人民出版社，2011年，第11页。
④ 中共中央文献研究室编：《十七大以来重要文献选编》（上），中央文献出版社，2009年，第113页。
⑤ 中共中央党史和文献研究院编：《习近平关于防范风险挑战、应对突发事件论述摘编》，中央文献出版社，2020年，第38页。
⑥ 习近平：《论党的宣传思想工作》，中央文献出版社，2020年，第159页。
⑦ 习近平：《论党的宣传思想工作》，中央文献出版社，2020年，第149页。

工作"①。

对于中国共产党来说,"所谓思想上的统一,就是全体党员有着共同的理想信念,自觉坚持和运用马克思主义的立场、观点和方法,拥护党的路线、方针和政策,特别是能够自觉坚持和贯彻实事求是的马克思主义思想路线"②。新时代新征程,以习近平新时代中国特色社会主义思想统一认识、武装全党、教育人民是必须解决好的重大时代课题。

(二)难在规模庞大,统一意志难度加大

党员数量多、党的规模大,是党的战斗力生成的重要条件。但是党员规模庞大不等于力量强大。中国共产党要形成强大的凝聚力、战斗力、创造力,战胜前进道路上的一切敌人和严峻挑战,就必须解决好党在规模扩大的同时,统一全党意志的问题。

党的意志一般通过路线、方针和政策体现出来,实现党的领导就要确保全党的意志统一,即党的路线、方针和政策被得以不折不扣地贯彻执行。在这个过程中,必须有强有力的组织系统作为保证。中国共产党是按照马克思主义建党原则组织起来的一个大党。党组织自上而下分为三个层次,即党的中央组织、党的地方组织和党的基层组织,形成了严密的组织体系。这是世界上任何其他性质的政党都不具备的强大组织优势。中国共产党成立之初,虽然只是一个50多人的小团体,但对于组织党员、统一意志仍然提出了明确要求。《中国共产党第一个纲领》规定:"凡有党员五人以上的地方,应成立委员会","凡是党员不超过十人的地方委员会,应设书记一人;超过十人的应设财务委员、组织委员和宣传委员各一人;超过三十人的,应从委员

---

① 中共中央文献研究室编:《习近平关于全面深化改革论述摘编》,中央文献出版社,2014年,第45页。

② 汪信砚:《范式的追寻:作为范式的马克思主义哲学中国化研究》,人民出版社,2014年,第247页。

会的委员中选出一个执行委员会"。"委员会的党员人数超过五百,或同一地方设有五个委员会时,应由全国代表会议委派十人组成执行委员会。如上述要求不能实现,应成立临时中央执行委员会"。①总之,中国共产党要"比较别的组织更有组织性,更加严密,更加统一"②。

经过一百多年的组织发展,截至2023年12月31日,中国共产党党员总数为9918.5万名,现有基层党组织517.6万个,全面覆盖各个领域。据统计,全国共有党的各级地方委员会3199个。其中,省(区、市)委31个,市(州)委397个,县(市、区、旗)委2771个。全国9125个城市街道、29620个乡镇、119437个社区、488959个行政村已建立党组织,覆盖率均超过99.9%。全国共有机关基层党组织77.1万个,事业单位基层党组织99.7万个,企业基层党组织160万个,社会组织基层党组织18.3万个,基本实现应建尽建。③

组织成员的增加,组织规模的扩大,必然带来增强党组织的控制力、凝聚力、向心力的问题。习近平总书记指出,党的规模大了,一些人容易出现搞小山头、小圈子、小团伙现象,容易出现尾大不掉、自行其是问题,破坏党的团结统一,影响党的凝聚力、战斗力。例如,一些党员、干部组织观念薄弱、组织涣散现象突出,思想认识和行动上的"偏差""不整齐"等现象时有出现。习近平总书记形象地举例指出:"一段时间内,无视党中央权威的现象广泛存在,有些还很严重。有的立场不稳、丧失原则,在重大原则问题和大是大非面前立场摇摆、态度暧昧,没有同党中央保持高度一致;有的自以为是、胡言乱语,在重大政治问题上公开发表同党中央精神相违背的意见,对党中央大政方针说三道四;有的有令不行、有禁不止,在贯彻党的决议和党中央决策部署上搞上有政策下有对策,有的明明知道有问题,不但不抵制不

①　中共中央文献研究室、中央档案馆编:《建党以来重要文献选编(一九二一——一九四九)》(第一册),中央文献出版社,2011年,第2页。
②　《毛泽东文集》(第三卷),人民出版社,1996年,第336页。
③　中共中央组织部:《中国共产党党内统计公报》,《人民日报》,2024年7月1日。

报告,反而跻身其中、推波助澜,对党中央搞小动作;有的弄虚作假、欺上瞒下,事前不请示,事后不报告,或者只报成绩不报问题和缺点,向党中央打埋伏;有的自作主张、瞒天过海,对党中央决策部署打折扣、做选择、搞变通,致使党中央决策部署在贯彻执行中变形走样、落不了地;有的狂妄自大、阳奉阴违,把自己凌驾于党组织之上,把自己主政或分管的地方和部门当成'独立王国'、'私人领地',拥护党中央的口号喊得震天响,实际上却是公开或者变相贩卖私货,背着党中央另搞一套;有的野心膨胀、权欲熏心,在党内培植个人势力,搞各种非组织派别活动,甚至公开搞分裂党的政治勾当,同党中央对着干。"①这些问题在党内和社会上造成了恶劣影响,给党的事业造成严重损害。

欲筑室者,先治其基。基层党组织是中国共产党执政大厦的地基,地基固则大厦坚,地基松则大厦倾。加强新时代党员思想和基层组织建设,统一全党意志,通过党组织的活动和党员的先锋模范作用带领广大人民群众,正确地贯彻执行党的路线、方针和政策,是新时代党的建设必须解决好的重要难题。

(三)难在步调不一,统一行动尤为不易

行动上不统一的政党,必然是软弱无力的。马克思曾指出:"一步实际行动比一打纲领更重要。"②只有行动上统一的中国共产党,才能切实承担起建设社会主义现代化国家,实现中华民族伟大复兴的使命任务。

"上下同欲者胜。"全党从行动上向党中央看齐是中国共产党的光荣传统和独特优势。黄克诚曾回忆说:"那时候,不管在什么情况下,只要中央下个命令,党员都坚决地执行。抗战时期,毛主席就是用个电台,嘀嗒、嘀嗒地指挥我们。'嘀嗒、嘀嗒'就要无条件地执行。没有什么人来监督,也没有人

---

① 习近平:《论坚持党对一切工作的领导》,中央文献出版社,2019年,第182~183页。
② 《马克思恩格斯选集》(第三卷),人民出版社,2012年,第355页。

来批评、斗争，大家都自觉地执行延安的'嘀嗒、嘀嗒'。"①千军万马有令必行、有禁必止，攻如猛虎、守如泰山。正是由于有了建立在高度政治觉悟基础上的统一行动，将士们保持大无畏气概，有效应对前进道路上各种可以预料和难以预料的风险挑战，推动中国特色社会主义事业航船劈波斩浪、一往无前。

随着中国特色社会主义事业的全面推进，中国特色社会主义进入新时代。党的十八大以来，全党全国各族人民在以习近平同志为核心的党中央坚强领导下，团结一致，解决了许多过去想解决而没有解决的难题，办成了许多事关长远的大事要事，党和国家事业取得历史性成就、发生历史性变革，党的团结统一达到了新的高度。

但是党内仍然存在着不少对党的政策执行不力，挑战党中央权威，搞上有政策、下有对策，甚至阳奉阴违的做派，严重影响了党的凝聚力和战斗力。习近平总书记形象地指出："比如，一些地方和部门贯彻落实党中央决策部署不到位，要么简单化、'一刀切'，照抄照搬、上下一般粗，要么做选择、搞变通、打折扣，不顾大局、搞部门和地方保护主义"②；"有的工作拖沓敷衍，遇事推诿扯皮、回避矛盾和问题，一点点小事都要层层上报请示，看似讲规矩，实则不担当"③；有的"在党内搞团团伙伙、结党营私、拉帮结派、培植私人势力或者通过搞利益交换、为自己营造声势等活动捞取政治资本"④；更有甚者，"有的干部信奉拉帮结派的'圈子文化'，整体琢磨拉关系、找门路，分析某某是谁的人，某某是谁提拔的，该同谁搞搞关系、套套近乎"⑤。除此之外，还有

① 《邓颖超、黄克诚关于党风问题的讲话》，人民出版社，1981年，第25~26页。

② 习近平：《在学习贯彻习近平新时代中国特色社会主义思想主题教育工作会议上的讲话》，《求是》，2023年第9期。

③ 中共中央党史和文献研究院编：《习近平关于防范风险挑战、应对突发事件论述摘编》，中央文献出版社，2020年，第136页。

④ 中共中央文献研究室编：《十八大以来重要文献选编》（中），中央文献出版社，2016年，第741页。

⑤ 中共中央文献研究室编：《十八大以来重要文献选编》（上），中央文献出版社，2014年，第769~770页。

擅自对应当由党中央决定的重大决策问题作出决定和对外发表主张的,甚至"还专门挑那些党已经明确规定的政治原则来说事,口无遮拦,毫无顾忌,以显示自己所谓的'能耐'"①。这些问题如果得不到彻底解决,将对党的团结和集中统一带来极大危害。

针对这种情况,习近平总书记强调:"维护党中央权威和集中统一领导,要落实和体现到向党中央看齐的行动上。"②事实证明,一个政党、一个组织,能否最终实现整齐划一、团结统一,既表现在思想认识上,也展现在精神状态中,更体现在实际行动里。习近平总书记指出:"对党忠诚是具体的、实践的,不是空洞的口号,不能只停留在口头表态上,要体现在贯彻党中央决策部署的行动上,体现在履职尽责、做好本职工作的实效上,体现在日常言行上,自觉做到党中央提倡的坚决响应、党中央决定的坚决照办、党中央禁止的坚决不做,不讲条件、不搞变通,不掉队、不走偏,保证全党上下拧成一股绳,心往一处想,劲往一处使。"③全党坚定不移向党中央看齐,尤其要"在行动实践上讲维护党中央权威、执行党的政治路线、严格遵守党的政治纪律和政治规矩"④,确保在党的旗帜下团结成"一块坚硬的钢铁"。

三、如何始终具备强大的执政能力和领导水平的难题

中国共产党的领导是中国特色社会主义最本质的特征,是中国社会主

---

① 中共中央文献研究室编:《十八大以来重要文献选编》(上),中央文献出版社,2014年,第133页。

② 本报评论员:《维护党中央权威 向党中央看齐——二论学习贯彻习近平总书记在省部级专题研讨班上重要讲话》,《人民日报》,2017年2月15日。

③ 《习近平著作选读》(第二卷),人民出版社,2023年,第555页。

④ 习近平:《推进党的建设新的伟大工程要一以贯之》,《求是》,2019年第19期。

义制度的最大优势。东西南北中，党是领导一切的，是最高政治力量。当今世界正经历百年未有之大变局，我国正处于实现中华民族伟大复兴关键时期，形势环境变化之快、改革发展稳定任务之重、矛盾风险挑战之多，对中国共产党治国理政考验之大前所未有，对党员干部执政能力和领导水平的考验也是前所未有的。如何始终具备强大的执政能力和领导水平，事关党和国家长治久安，事关社会和谐稳定，是中国共产党新时代新征程必须解决的难题。

（一）难在繁重艰巨的使命任务

中国共产党的历史使命，就是要为中国人民谋幸福，为中华民族谋复兴。因此，中国共产党一经成立，就咬定青山不放松，为之接续奋斗、团结奋斗。

一百多年来，为了实现中华民族伟大复兴的历史使命，无论是弱小还是强大，无论是顺境还是逆境，中国共产党都初心不改、矢志不渝，团结带领人民历经千难万险，付出巨大牺牲，敢于面对曲折，勇于修正错误，攻克了一个又一个看似不可攻克的难关，创造了一个又一个彪炳史册的人间奇迹。今天，我们比历史上任何时期都更接近、更有信心和能力实现中华民族伟大复兴的目标，也肩负着比以往更加繁重艰巨的历史使命。党的二十大报告明确提出："从现在起，中国共产党的中心任务就是团结带领全国各族人民全面建成社会主义现代化强国、实现第二个百年奋斗目标，以中国式现代化全面推进中华民族伟大复兴。"①党的二十届三中全会提出："进一步全面深化改革的总目标是继续完善和发展中国特色社会主义制度，推进国家治理体系和治理能力现代化。"②这就要求我们必须"完整准确全面贯彻新发展理念，坚持稳中求进工作总基调，统筹推进'五位一体'总体布局、协调推进'四

---

①　习近平：《高举中国特色社会主义伟大旗帜　为全面建设社会主义现代化国家而团结奋斗——在中国共产党第二十次全国代表大会上的报告》，人民出版社，2022年，第21页。

②　《中共二十届三中全会在京举行》，《人民日报》，2024年7月19日。

个全面'战略布局,统筹国内国际两个大局,统筹发展和安全,着力推动高质量发展,进一步推动和谋划全面深化改革、扎实推进社会主义民主法治建设,不断加强宣传思想文化工作,切实抓好民生保障和生态环境保护,坚决维护国家安全和社会稳定,有力推进国防和军队建设,继续推进港澳工作和对台工作,深入推进中国特色大国外交,一以贯之推进全面从严治党"①。由此可见,随着党和国家事业越往前发展,对党的执政能力和领导水平的要求就越高。

新时代,我国发展领域不断拓宽、社会分工日趋复杂、国际国内联动更加紧密,对中国共产党领导经济社会发展的能力和水平提出了更高要求。无论是分析形势还是作出决策,无论是破解发展难题还是解决涉及群众利益的问题,都需要专业思维、专业素养、专业方法。那种习惯于拍脑袋决策、靠行政命令或超越法律法规制定特殊政策的做法,已经很难适应新形势新任务的需要。面对复杂形势和艰巨任务,我们要在危机中育先机、于变局中开新局,进一步完善党的领导方式和执政方式,提高党的执政能力和领导水平,增强干部队伍适应新时代中国特色社会主义发展要求的能力和水平。这是事关党和国家长治久安、事关中华民族伟大复兴事业的重大战略课题,是新时代中国共产党必须不断探索并努力回答好的大党独有难题。

(二)难在复杂多变的风险挑战

党的十八大以来,以习近平同志为核心的党中央对我国经济社会发展整体情况和内外部环境作出全面研判,指出:当前和今后一个时期,我国发展进入各种风险挑战不断积累甚至集中显露的时期,"我们面临的重大风险,既包括国内的经济、政治、意识形态、社会风险以及来自自然界的风险,

---

① 《中共二十届三中全会在京举行》,《人民日报》,2024年7月19日。

也包括国际经济、政治、军事风险等"①。同时，我们面临的各种复杂斗争不是短期的而是长期的，"至少要伴随我们实现第二个百年奋斗目标全过程"②。因此，中国共产党始终具备强大的执政能力和领导水平，是有效应对各种风险挑战紧迫任务的现实需要，也是坚定自信推进中华民族伟大复兴的客观要求。

党的十八大以来，我们掌握应对风险挑战的战略主动，对危及党的执政地位、国家政权稳定，危害国家核心利益、人民根本利益，有可能迟滞甚至打断中华民族伟大复兴进程的重大风险挑战，果断出手、坚决斗争，解决了许多长期想解决而没有解决的难题，办成了许多过去想办而没有办成的大事。进入新发展阶段，我国面临着复杂多变的发展和安全环境，各种可以预见和难以预见的风险因素明显增多，新的风险仍在发生。例如，政治上，"国际力量对比正在发生前所未有的积极变化，新兴市场国家和发展中国家群体性崛起正在改变全球政治经济版图，世界多极化和国际关系民主化大势难逆，以西方国家为主导的全球治理体系出现变革迹象，但争夺全球治理和国际规则制定主导权的较量十分激烈"③。经济上，"过去我们是低收入水平下的平均主义，改革开放后一部分地区、一部分人先富起来了，同时收入差距也逐步扩大，一些财富不当聚集给经济社会健康运行带来了风险挑战"④。"近年来，由于认识不足、监管缺位，我国一些领域出现资本无序扩张，肆意操

①　中共中央文献研究室编：《十八大以来重要文献选编》（中），中央文献出版社，2016年，第833页。

②　《习近平在中央党校（国家行政学院）中青年干部培训班开班式上发表重要讲话强调　发扬斗争精神增强斗争本领　为实现"两个一百年"奋斗目标而顽强奋斗》，《人民日报》，2019年9月4日。

③　中共中央党史和文献研究院编：《习近平关于防范风险挑战、应对突发事件论述摘编》，中央文献出版社，2020年，第55页。

④　《习近平著作选读》（第二卷），人民出版社，2023年，第574页。

纵,牟取暴利。"①"黑天鹅"②、"灰犀牛"③事件不断发生,等等。这些矛盾风险挑战源和矛盾风险挑战点是相互交织、相互作用的。如果防范不及、应对不力,就会传导、叠加、演变、升级,使小的矛盾风险挑战发展成大的矛盾风险挑战,局部的矛盾风险挑战发展成系统的矛盾风险挑战,国际上的矛盾风险挑战演变为国内的矛盾风险挑战,经济、文化、社会、生态领域的矛盾风险挑战转化为政治领域的矛盾风险挑战,最终危及党的执政地位和国家安全。

习近平总书记强调,我们必须"看到形势发展变化给我们带来的风险,从最坏处着眼,做最充分的准备,朝好的方向努力,争取最好的结果"④。首先,要强化风险意识,坚持底线思维。其次,要提高风险处置能力。习近平总书记指出:"领导干部要有草摇叶响知鹿过、松风一起知虎来、一叶易色而知天下秋的见微知著能力,对潜在的风险有科学预判,知道风险在哪里,表现形式是什么,发展趋势会怎样。"⑤无论是增强忧患意识,从最坏处着眼,有防范风险的先手,还是要积极谋求战略主动,提高防范风险挑战的能力,都对党的各级组织和广大党员干部特别是领导干部的执政能力和领导水平提出了新考验、新要求。

(三)难在世所罕见的执政考验

党的十八大以来,党和国家事业所面临的治国理政考验世所罕见。要确保中国共产党在世界形势深刻变化的历史进程中始终走在时代前列,在应对国内外各种风险和考验的历史进程中始终成为中国人民的主心骨,在

① 《习近平著作选读》(第二卷),人民出版社,2023年,第576页。
② 长时间以来,人们一直认为天鹅是白色的,黑色天鹅的发现颠覆了人们的观念。人们常用"黑天鹅"比喻发生概率很小而影响巨大的事件,这种事件通常会引起连锁负面反应并颠覆以往经验。
③ 灰犀牛看似体型笨重、行动迟缓,但突然袭来时人们往往猝不及防。人们常用"灰犀牛"比喻大概率且影响巨大的潜在危机,这种危机在爆发前已有种种迹象,但容易被人们所忽视,以致错失最好的处理或控制风险的时机,最后可能导致极其严重的后果。
④ 中共中央党史和文献研究院编:《习近平关于防范风险挑战、应对突发事件论述摘编》,中央文献出版社,2020年,第12页。
⑤ 《习近平著作选读》(第二卷),人民出版社,2023年,第258~259页。

坚持和发展中国特色社会主义的历史进程中始终成为坚强的领导核心，就要求中国共产党必须始终具备强大的执政能力和领导水平，有效应对诸多风险和考验。

新中国成立后，中国共产党面临的执政考验从未停止。新中国成立前夕，中国共产党的工作重心由农村转向城市。如何实现党的执政能力和领导水平与当时的社会主义革命和建设要求相适应，就成为摆在党和人民面前的一种全新考验。1949年3月，毛泽东在党的七届二中全会上指出，在取得新民主主义革命胜利后，中国共产党"必须用极大的努力去学会管理城市和建设城市。必须学会在城市中向帝国主义者、国民党、资产阶级作政治斗争、经济斗争和文化斗争，并向帝国主义者作外交斗争。既要学会同他们作公开的斗争，又要学会向他们作荫蔽的斗争。如果我们不去注意这些问题，不去学会同这些人作这些斗争，并在斗争中取得胜利，我们就不能维持政权，我们就会站不住脚，我们就会失败"①。正是在不断提升党的执政能力和领导水平的过程中，中国共产党团结带领中国人民不断从胜利走向胜利。

当前，随着世界多极化、经济全球化深入发展和文化多样化、社会信息化持续推进，中国共产党的执政环境和条件发生了深刻变化，党所面临的执政考验、改革开放考验、市场经济考验、外部环境考验也发生了深刻变化，对党长期执政能力和领导水平的要求也发生了深刻变化。例如，当前，"互联网是我们党面临的新的重要执政条件和执政考验"②，"我国经济大而不强问题依然突出，人均收入和人民生活水平更是同发达国家不可同日而语，我国经济实力转化为国际制度性权力依然需要付出艰苦努力"，"我国对外开放进入引进来和走出去更加均衡的阶段，我国对外开放从早期引进来为主转

---

① 中共中央文献研究室、中央档案馆编：《建党以来重要文献选编（一九二一——一九四九）》（第二十六册），中央文献出版社，2011年，第160页。
② 中央网络安全和信息化委员会办公室编：《习近平总书记关于网络强国的重要思想概论》，人民出版社，2023年，第11页。

为大进大出新格局,但与之相应的法律、咨询、金融、人才、风险管控、安全保障等都难以满足现实需要,支撑高水平开放和大规模走出去的体制和力量仍显薄弱"①,等等。

所有这些,都对中国共产党的执政智慧和艺术、执政胆魄和勇气,执政能力和水平提出了新的要求。习近平总书记指出:"我们中国共产党人能不能打仗,新中国的成立已经说明了;我们中国共产党人能不能搞建设搞发展,改革开放的推进也已经说明了;但是,我们中国共产党人能不能在日益复杂的国际国内环境下坚持住党的领导、坚持和发展中国特色社会主义,这个还需要我们一代一代共产党人继续作出回答。"②新时代,在"党面临的执政考验、改革开放考验、市场经济考验、外部环境考验将长期存在"③的历史条件下,中国共产党要总揽全局、协调各方,坚持科学执政、民主执政、依法执政,必须完善党的领导方式和执政方式,必须提高党的执政能力和领导水平,让党的领导更加适应实践、时代、人民的要求。

四、如何始终保持干事创业精神状态的难题

人无精神则不立,国无精神则不强。中国共产党不仅有着强大的理论优势、政治优势、组织优势、制度优势和密切联系群众的优势,而且有着理想信念支撑起来的强大精神优势。其中,中国共产党在一百余年的奋斗历程中所形成的不怕牺牲、敢于斗争、善于斗争、敢于担当的干事创业精神是支

---

① 中共中央党史和文献研究院编:《习近平关于防范风险挑战、应对突发事件论述摘编》,中央文献出版社,2020年,第56页。

② 中央网络安全和信息化委员会办公室编:《习近平总书记关于网络强国的重要思想概论》,人民出版社,2023年,第11页。

③ 习近平:《高举中国特色社会主义伟大旗帜　为全面建设社会主义现代化国家而团结奋斗——在中国共产党第二十次全国代表大会上的报告》,人民出版社,2022年,第64页。

撑党和人民克服一切艰难险阻，战胜一切风险挑战，建设社会主义现代化强国和实现中华民族伟大复兴的强大精神动力。如何始终保持干事创业精神状态，踔厉奋发、勇毅前行，是中国共产党新时代新征程必须解决的大党独有难题。

（一）难在始终保持干事创业的精神动力

中国共产党之所以历经百年而风华正茂、饱经磨难而生生不息，就是凭着一股革命加拼命的强大精神。干事创业精神是中国共产党在长期革命实践中由小变大、由弱变强，不断从胜利走向胜利，取得伟大成就的强大精神支撑，从建党之初就熔铸于中国共产党人的精神血脉之中。

1921年，中国共产党诞生于浙江嘉兴南湖。这是开天辟地的大事变。毛泽东指出："自从马克思主义产生以来的一百多年的时间内，只是在有了俄国布尔什维克领导十月革命、领导社会主义建设和战胜法西斯侵略的榜样的时候，才在世界范围内建立了和发展了新式的革命党。自从有了这样的革命党，世界革命的面目就起了变化了。这个变化是如此巨大，以至使老一辈的人们完全不能设想的变革，都轰轰烈烈地出现了。中国共产党就是依照苏联共产党的榜样建立起来和发展起来的一个党。自从有了中国共产党，中国革命的面目就焕然一新了。"①中国共产党成立后，不但中国人民有了主心骨，中国革命事业有了坚强的领导核心，中国人民在精神上也由被动转为主动。"中国共产党的先驱们创建了中国共产党，形成了坚持真理、坚守理想，践行初心、担当使命，不怕牺牲、英勇斗争，对党忠诚、不负人民的伟大建党精神，这是中国共产党的精神之源。"②一百多年来，中国共产党人始终保持建党时期干事创业的精神动力，不断光大与发扬伟大建党精神，以强烈担当和巨大勇气开展坚决斗争，不断从胜利走向胜利，使中华民族迎来了从

① 《毛泽东选集》（第四卷），人民出版社，1991年，第1357页。
② 习近平：《在庆祝中国共产党成立100周年大会上的讲话》，人民出版社，2021年，第8页。

站起来、富起来到强起来的伟大飞跃。

习近平总书记指出:"我们党诞生于国家内忧外患、民族危难之时,一出生就铭刻着斗争的烙印,一路走来就是在斗争中求得生存、获得发展、赢得胜利。"①社会主义中国发展到今天,取得的成就不是天上掉下来的,更不是别人恩赐施舍的,而是广大人民群众在党的领导下用勤劳、智慧、勇气干出来的! 在我们这么一个有着14亿多人口的国家,每个人出一份力就能汇聚成排山倒海的磅礴力量,每个人做成一件事、干好一件工作,党和国家事业就能向前推进一步。

习近平总书记强调:"功成名就时做到居安思危、保持创业初期那种励精图治的精神状态不容易,执掌政权后做到节俭内敛、敬终如始不容易,承平时期严以治吏、防奢戒腐不容易,重大变革关头顺乎潮流、顺应民心不容易。"②我们绝不能在承平日久、和平安逸的环境中逐渐丧失斗争精神、斗争意志,而是要牢记船到中流浪更急、人到半山路更陡,在新时代的伟大斗争中不断成长,努力培养和保持干事创业的斗争精神、坚韧的斗争意志、高超的斗争本领,做忠诚干净担当、敢于斗争、善于斗争、经得起大风大浪考验的战士。

当今世界正处于百年未有之大变局,中国共产党领导的伟大斗争、伟大工程、伟大事业、伟大梦想正在如火如荼进行,改革发展稳定任务艰巨繁重,对全党的精神状态也提出了更高的要求。习近平总书记敏锐地察觉到,中国共产党长期执政,党员干部中容易出现承平日久、精神懈怠的心态。"有的觉得现在已经可以好好喘口气、歇歇脚,做做安稳官、太平官了;有的觉得'船到码头车到站',不思进取、庸政懒政混日子;有的为个人打算多了,患得

---

① 习近平:《在"不忘初心、牢记使命"主题教育总结大会上的讲话》,人民出版社,2020年,第17页。

② 《习近平在学习贯彻党的十九大精神研讨班开班式上发表重要讲话》,新华社,2018年1月5日。

患失、不敢担当却贪图名利、享受；有的习惯当'传声筒'、'中转站'，遇到困难绕着走、碰到难题往上交，缺乏攻坚克难的锐气和斗志。"[1]"有的干事创业精气神不够，不担当、不作为，奉行'既不落后头，也不出风头'，怕决策失误，不敢拍板定事，干工作推诿拖延"[2]。这些问题如果不能得到及时解决，势必会影响到中国共产党对中国式现代化的领导，影响到中华民族伟大复兴战略全局。因而，如何始终保持建党之初的那股干劲和热情，引导广大党员干部保持良好精神状态，奋发有为、敢于担当，是中国共产党面临的一项长期而艰巨的任务。

（二）难在始终保持干事创业的过硬本领

马克思曾经指出："如果斗争只是在机会绝对有利的条件下才着手进行，那么创造世界历史未免就太容易了。"[3]只有保持过硬的干事创业本领才能保证党始终走在时代前列，战胜前进道路上的一切风险考验，始终成为全国人民的主心骨。如果党员干部能力不足、本领恐慌，在面对艰巨任务时就会出现畏首畏尾、惊慌失措的情况，就不能始终保持干事创业的精神状态。

毛泽东认为，本领恐慌是一切恐慌的根本，它比政治恐慌、经济恐慌更为可怕。早在延安时期，毛泽东就明确提出要克服"本领恐慌"的问题。他说："过去学的本领只有一点点，今天用一些，明天用一些，渐渐告罄了。好像一个铺子，本来东西不多，一卖就完，空空如也，再开下去就不成了，再开就一定要进货。我们干部的'进货'，就是学习本领，这是我们许多干部所迫切需要的。"[4]习近平总书记指出，我们主张在斗争的实践中，培育广大党员干部应对风险的能力和敢于斗争的本领。我们党"既要政治过硬，也要本领

①　习近平：《在党史学习教育动员大会上的讲话》，人民出版社，2021年，第20页。
②　中共中央党史和文献研究院编：《习近平关于防范风险挑战、应对突发事件论述摘编》，中央文献出版社，2020年，第132页。
③　《马克思恩格斯文集》（第十卷），人民出版社，2009年，第354页。
④　《毛泽东文集》（第二卷），人民出版社，1993年，第178页。

高强"①,大家要有知识不足、本领不足、能力不足的紧迫感,自觉加强学习、加强实践,永不自满,永不懈怠。

新时代新征程,干事创业需要在许多具有新的历史特点的伟大斗争中展开,一些党员干部在应对日常事务、例行公务的程序中还能驾轻就熟,但在应对来自多方面的风险挑战的重大斗争中,由于干事创业本领不足,就会表现得惊慌失措,在精神上打了败仗,严重影响党和国家事业的发展。习近平总书记深刻指出:全党同志"不能身子进了新时代,思想还停留在过去,看问题、作决策、做工作还是老观念、老套路、老办法。这样的话,不仅会跟不上时代、做不好工作,而且会贻误时机、耽误工作。这个问题必须引起全党同志特别是各级领导干部高度重视"②。可以预见,在今后的前进道路上,我们面临的风险考验只会越来越复杂,甚至会遇到难以想象的惊涛骇浪,关键看我们有没有克服它们、战胜它们、驾驭它们的本领。

温室里长不出参天大树,懈怠者干不成宏图伟业。当今世界正经历百年未有之大变局,处于实现中华民族伟大复兴战略全局的关键时期。党内外、国内外环境的深刻变化,对我们党的干事创业本领提出了许多新要求。党的十九大报告强调,要从八个方面增强执政本领,即:学习本领、政治领导本领、改革创新本领、科学发展本领、依法执政本领、群众工作本领、狠抓落实本领、驾驭风险本领,都必须着力强化。这八个方面的要求,充分反映了新时代推进中国特色社会主义事业,不断激发干事创业的激情和动力的必然要求,具有很强的针对性。广大党员干部只有不断提升学习能力和水平,克服本领不足、本领恐慌、本领落后的问题,增强适应新时代新形势的本领,才能始终确保全党保持干事创业的精神状态,才能时刻掌握应对风险挑战

---

① 习近平:《决胜全面建成小康社会　夺取新时代中国特色社会主义伟大胜利——在中国共产党第十九次全国代表大会上的报告》,人民出版社,2017年,第68页。

② 习近平:《在"不忘初心、牢记使命"主题教育总结大会上的讲话》,人民出版社,2020年,第14页。

的战略主动。

五、如何始终能够及时发现和
解决自身存在的问题的难题

中国共产党之所以历经百年而风华正茂,饱经磨难而生生不息,不是由于我们不犯错误,而是在于我们从不讳疾忌医,能够始终坚持真理,修正错误,勇于直面问题,勇于自我革命。如何始终能够及时发现和解决自身存在问题的难题,主要包含两方面:一是如何运用马克思主义的立场、观点和方法去发现、分析自身存在的问题,二是能够坚持真理,修正错误,敢于刀刃内向,在自我革命中解决问题。

(一)难在居安思危,时刻保持如履薄冰的谨慎态度

古人云:"危者,安其位者也;亡者,保其存者也;乱者,有其治者也。是故君子安而不忘危,存而不忘亡,治而不忘乱,是以身安而国家可保也。"①居安思危,是中华民族一种重要的精神特质,深深根植于中华优秀传统文化之中,也是中国共产党攻坚克难、推动伟大事业发展的重要精神动力。

增强忧患意识,做到居安思危,是中国共产党从历史兴替中得出的一条重要经验,也是治国治党必须始终坚持的一个重大原则。早在1945年7月,毛泽东在与访问延安的黄炎培等六位参政员交谈中,问黄炎培的感想怎样?黄炎培说:我生六十多年,耳闻的不说,所亲眼看到的,真所谓"其兴也浡焉","其亡也忽焉",一人,一家,一团体,一地方,乃至一国,不少单位都没有能跳出这周期率的支配力。一部历史,"政怠宦成"的也有,"人亡政息"的也

---

① 罗安宪主编:《周易》,人民出版社,2017年,第212页。

有,"求荣取辱"的也有,总之没有能跳出这周期率。中国共产党诸君从过去到现在,我略略了解的了,就是希望找出一条新路,来跳出这周期率的支配。毛泽东说:我们已经找到新路,我们能跳出这周期率。这条新路,就是民主。只有让人民来监督政府,政府才不敢松懈。只有人人起来负责,才不会人亡政息。①在新民主主义革命胜利前夕,毛泽东更是高瞻远瞩地向全党敲响了警钟:"因为胜利,党内的骄傲情绪,以功臣自居的情绪,停顿起来不求进步的情绪,贪图享乐不愿再过艰苦生活的情绪,可能生长。因为胜利,人民感谢我们,资产阶级也会出来捧场……可能有这样一些共产党人,他们是不曾被拿枪的敌人征服过的,他们在这些敌人面前不愧英雄的称号;但是经不起人们用糖衣裹着的炮弹的攻击,他们在糖弹面前要打败仗。"②毛泽东要求全党同志要居安思危,始终保持艰苦奋斗、奋发有为的优良作风,依靠顽强的斗争奋力实现新目标。

增强忧患意识,也是我们从世界大党的百年沉浮中所汲取的经验教训。苏联共产党曾经是执政达70余年之久的大党,在"东欧剧变"中亡党亡国。"东欧剧变"的原因有很多,例如内因和外因、共性原因和特殊原因等,国内外很多学者已经从不同角度作出了大量的分析。但是其中深层次的原因就是苏共没有及时发现和解决自身存在的问题。对此,中国共产党深刻认识到:"无产阶级政党夺取政权不容易,执掌好政权尤其是长期执掌好政权更不容易。党的执政地位不是与生俱来的,也不是一劳永逸的。"③我们必须居安思危,增强忧患意识,深刻汲取世界上一些执政党兴衰成败的经验教训,更加自觉地加强执政能力建设,始终为人民执好政、掌好权。

---

① 《毛泽东年谱(一八九三——一九四九)》(中卷),人民出版社、中央文献出版社,1993年,第609~610页。

② 中共中央文献研究室、中央档案馆编:《建党以来重要文献选编(一九二一——一九四九)》(第二十六册),中央文献出版社,2011年,第170页。

③ 中共中央文献研究室编:《十六大以来重要文献选编》(中),中央文献出版社,2006年,第273页。

习近平总书记指出，当前，我国正处于一个大有可为的历史机遇期，发展形势总的是好的，但前进道路不可能一帆风顺，越是取得成绩的时候，越是要有如履薄冰的谨慎，越是要有居安思危的忧患，绝不能犯战略性、颠覆性错误。特别是要看到，在新时代，我们党领导人民进行伟大社会革命，涵盖领域的广泛性、触及利益格局调整的深刻性、涉及矛盾和问题的尖锐性、突破体制机制障碍的艰巨性、进行伟大斗争形势的复杂性，都是前所未有的。习近平总书记在建党百年之际警醒全党："我们要居安思危，时刻警惕我们这个百年大党会不会变得老态龙钟、疾病缠身。对党的历史上走过的弯路、经历的曲折不能健忘失忆，对中外政治史上那些安于现状、死于安乐的深刻教训不能健忘失忆；对自身存在的问题不能反应迟钝，处理动作慢腾腾、软绵绵，最终人亡政息！"①新时代新征程，进一步增强忧患意识、责任意识，时刻保持越是艰险越是向前的英雄气概，是始终能够及时发现和解决自身存在的问题这一大党独有难题的内在要求。

（二）难在科学把握，清醒认识自身存在的问题

"君子之过也，如日月之食焉；过也，人皆见之；更也，人皆仰之。"②敢于直面问题、勇于修正错误，是中国共产党的显著特点和优势。列宁说过："公开承认错误，揭露犯错误的原因，分析产生错误的环境，仔细讨论改正错误的方法——这才是一个郑重的党的标志。"③回顾中国共产党的百余年奋斗史，在中国革命、建设和改革的每个历史关头，中国共产党总是勇敢地直面问题，善于分析问题产生的原因，在克服困难中不断成长。

1927年大革命失败后，中共中央在汉口召开紧急会议，强调："我们要指

① 《习近平著作选读》（第二卷），人民出版社，2023年，第561页。
② 罗安宪主编：《论语》，人民出版社，2017年，第143页。
③ 中国社会科学院马克思列宁主义毛泽东思想研究所编：《马克思恩格斯列宁斯大林毛泽东邓小平江泽民论工人阶级政党的先进性》，人民出版社，2003年，第210页。

出过去的错误,并须使此错误为大家所认识。"①中国共产党认真总结经验教训,纠正错误路线,转变战略策略,很快实现了由大革命的失败到土地革命战争的兴起。1935年初,中共中央召开遵义会议,并就第五次反"围剿"的失败进行总结。周恩来在会上就军事领导的战略战术问题,主动承担责任,作了诚恳的自我批评。纵观世界各国政党,真正像中国共产党这样能够始终如一正视自身问题,形成一整套自我约束的制度规范体系的,可以说少之又少。

　　进入新发展阶段,我国发展内外环境发生了深刻变化,面临许多新的重大问题。一方面,我国改革进入攻坚期和深水区,社会稳定进入风险期,各种一般矛盾和深层次矛盾交织叠加,一些重大问题敏感程度明显增大,处理不慎极易影响社会稳定。同时,人民群众的公平意识、民主意识、权利意识、法治意识不断增强,对促进社会公平正义、实现安居乐业的要求越来越高。另一方面,美国等西方国家加紧对我国实施西化、分化战略,两种社会制度、两种意识形态的较量更加激烈。不可否认的是,在发展社会主义市场经济条件下,商品交换原则必然会渗透到党内生活中来,这是不以人的意志为转移的。社会上各种各样的诱惑缠绕着党员、干部,"温水煮青蛙"现象就会产生。习近平总书记指出,随着"世情、国情、党情的深刻变化,精神懈怠危险、能力不足危险、脱离群众危险、消极腐败危险更加尖锐地摆在全党面前,党内脱离群众的现象大量存在,一些问题还相当严重,集中表现在形式主义、官僚主义、享乐主义和奢靡之风这'四风'上。"②中国共产党在中国这样一个有着14亿多人口的大国执政,面对十分复杂的国内外环境,肩负繁重的执政使命,要深入基层、深入实际,深入研究管党治党实践,通过纵向和横向的比较,进行去伪存真、由表及里的分析,正确把握掩盖在纷繁表面现象背后的

---

　　① 中共中央文献研究室、中央档案馆编:《建党以来重要文献选编(一九二一——一九四九)》(第四册),中央文献出版社,2011年,第386页。
　　② 《习近平在党的群众路线教育实践活动工作会议上的讲话》,人民网,2013年7月29日。

事物本质。一段时间内，"四风"问题越积累越多，党内和社会上规则越来越盛行，政治生态和社会环境受到污染，根子就在从严治党还没有做到位。

为此，中国共产党必须坚持自我革命，推进全面从严治党。习近平总书记指出："自我革命关键要有正视问题的自觉和刀刃向内的勇气。"[①]无论什么时候，问题总是客观存在的，怕就怕在对问题熟视无睹、视而不见，结果小问题就变成了大问题，小管涌就变为大塌方。各级党委必须以"君子检身，常若有过"的态度来检视发现自身的不足和短板，并进行由浅入深、由表及里的分析，做到知耻而后勇，知止而后定。

（三）难在刀刃向内，在克服不足中勇于自我革命

勇于自我革命是中国共产党最鲜明的政治品格和政治优势。自我革命即是要以刀刃向内、壮士断腕、刮骨疗毒的勇气，下大气力拔"烂树"、治"病树"、正"歪树"，勇于直面问题，敢于清除一切侵蚀党的健康肌体的病毒，敢于同一切弱化党的领导、动摇党的执政基础、违反党的政治纪律和政治规矩的行为作斗争，不断增强党在长期执政条件下自我净化[②]、自我完善[③]、自我革新[④]、自我提高[⑤]的能力。正是因为具备这种独有的政治品格和能力，中国共产党才能穿越百余年风风雨雨，多次在危难之际重新奋起、失误之后拨乱反正，成为打不倒、压不垮的马克思主义政党。

---

① 习近平：《更好把握和运用党的百年奋斗历史经验》，《求是》，2022年第13期。

② 自我净化，就是要过滤杂质、清除毒素、割除毒瘤，教育引导全党坚定理想信念宗旨，自觉抵御各种腐朽思想侵蚀，提高政治免疫力，同时聚焦突出问题，自觉向体内病灶开刀，清除一切侵蚀党的健康肌体的病毒。

③ 自我完善，就是要修复机体、健全机制、丰富功能，着眼于加强党的长期执政能力建设，着力补短板、强弱项，不断构建系统完备、科学规范、运行有效的制度体系，完善决策科学、执行坚决、监督有力的权力运行机制。

④ 自我革新，就是要与时俱进、自我超越，善于调动全党积极性、主动性、创造性，坚决破除一切不合时宜的思想观念和体制机制弊端，通过改革和制度创新压缩腐败现象生存空间和滋生土壤，营造风清气正的政治生态。

⑤ 自我提高，就是要有新本领、有新境界，永不僵化、永不停滞，在学习实践中砥砺品格、增长才干，全面增强执政本领，不断提升政治境界、思想境界、道德境界，永葆党的生机活力。

中国共产党之所以伟大，不在于不犯错误，而在于从不讳疾忌医，敢于直面问题，勇于自我革命。比如，中国共产党在指导思想上坚持真理修正错误，包括大革命失败后纠正陈独秀右倾机会主义错误，土地革命战争时期纠正"左"倾盲动主义错误和"左"倾冒险主义错误，延安时期彻底纠正王明"左"倾教条主义错误，等等。中国共产党勇于解决党内思想不纯、组织不纯、政治不纯、作风不纯等突出问题，如历史上的整风运动、"三反"运动等。再比如，中国共产党坚决惩治腐败，从新中国成立之初处理刘青山、张子善案件，到党的十八大以来"打虎""拍蝇""猎狐"，等等。中国共产党之所以勇于自我革命，是因为其从来不代表任何利益集团、任何权势团体、任何特权阶层的利益。

实践发展永无止境。旧的问题解决了，新的问题又会产生。我国改革发展稳定面临着许多躲不开绕不掉的深层次问题，中国共产党在管党治党的实践中也有许多顽固性、多发性的问题。当前，少数党员、干部自我革命精神淡化，安于现状，得过且过；有的检视问题能力退化，患得患失、讳疾忌医；有的批评能力弱化，明哲保身、装聋作哑；有的骄奢腐化，目中无纪甚至顶风违纪，违反党的纪律和中央八项规定精神问题屡禁不止。尤其是"七个有之"①问题，严重影响党的形象和威信、严重损害党群关系和干群关系。以习近平同志为核心的党中央针对党内存在的问题，尤其是"七个有之"的突出问题，提出了党的自我革命这一跳出治乱兴衰历史周期率的第二个答案。

2016年7月1日，习近平总书记在庆祝中国共产党成立95周年大会上，两次提及"自我革命"。他说："要以勇于自我革命的气魄、坚韧不拔的毅力推进改革"，"全党要以自我革命的政治勇气，着力解决党自身存在的突出问

---

①　习近平总书记把无视政治规矩和政治纪律的现象总结概括为"七个有之"，即一些人无视党的政治纪律和政治规矩，为了自己的所谓仕途，为了自己的所谓影响力，搞任人唯亲、排斥异己的有之，搞团团伙伙、拉帮结派的有之，搞匿名诬告、制造谣言的有之，搞收买人心、拉动选票的有之，搞封官许愿、弹冠相庆的有之，搞自行其是、阳奉阴违的有之，搞尾大不掉、妄议中央的也有之。

题"。①随着党的十八大以来中国共产党在全面从严治党上的伟大实践,勇于自我革命成为中国共产党最鲜明的品格。2017年2月13日,习近平总书记在省部级主要领导干部学习贯彻十八届六中全会精神专题研讨班开班式上强调:"勇于自我革命,是我们党最鲜明的品格,也是我们党最大的优势。""要兴党强党,保证党永葆生机活力,就必须实事求是认识和把握自己,以勇于自我革命精神打造和锤炼自己。"②党的十九届六中全会审议通过的《中共中央关于党的百年奋斗重大成就和历史经验的决议》,将"坚持自我革命"总结为中国共产党百年奋斗的十大宝贵经验之一。党的二十大报告指出:"经过不懈努力,党找到了自我革命这一跳出治乱兴衰历史周期率的第二个答案,自我净化、自我完善、自我革新、自我提高能力显著增强。""党的自我革命永远在路上,决不能有松劲歇脚、疲劳厌战的情绪,必须持之以恒推进全面从严治党,深入推进新时代党的建设新的伟大工程,以党的自我革命引领社会革命。"③这充分体现了自我革命对中国共产党的重要意义和重大价值。

习近平总书记指出,要以伟大自我革命引领伟大社会革命,以伟大社会革命促进伟大自我革命,要确保中国共产党在新时代坚持和发展中国特色社会主义的历史进程中始终成为坚强领导核心,就必须永葆自我革命精神,增强全面从严治党永远在路上的政治自觉,勇于刀刃向内,坚持不懈同自身存在的问题和错误作斗争。这也是破解新时代大党独有难题的关键所在。

---

① 习近平:《论中国共产党历史》,中央文献出版社,2021年,第129、133页。
② 《习近平著作选读》(第一卷),人民出版社,2023年,第576、578页。
③ 习近平:《高举中国特色社会主义伟大旗帜 为全面建设社会主义现代化国家而团结奋斗——在中国共产党第二十次全国代表大会上的报告》,人民出版社,2022年,第14、64页。

六、如何始终保持风清气正的政治生态的难题

习近平总书记将"如何始终保持风清气正的政治生态"列为中国共产党必须解决的独有难题之一,意在提醒全党,政治生态清明,党内风气正,从政环境就优良;政治生态污浊,就会人心涣散、弊病丛生,对党和国家的事业造成无法恢复的伤害。始终保持风清气正的政治生态是新时代全面从严治党的题中应有之义,是中国共产党提高战斗力、凝聚力和创造力的重要条件,是深入推进自我革命,引领社会革命的必然要求。

(一)难在始终坚守原则,保持风清气正的政治生态

中国共产党是中国工人阶级的先锋队,同时是中国人民和中华民族的先锋队,没有任何自己特殊的利益,从来不代表任何利益集团、任何权势团体、任何特权阶层,在党内决不允许存在形形色色的利益集团,这是保持党的先进性和纯洁性,保持风清气正的政治生态根本之所在。

政治生态既是党风、政风、社会风气的综合体现,也是党员干部党性、觉悟、作风的综合体现。保持风清气正的政治生态是中国共产党优良的政治传统和独特优势,是中国共产党始终赢得人民群众衷心拥护,不断取得革命、建设和改革胜利的重要保证,是中国共产党区别于其他非马克思主义政党的鲜明标志。

毛泽东曾以"延安作风"打败"西安作风"这样一句话来说明共产党与国民党逐鹿中原、取得胜利的奥秘。其中,"延安作风"指的是中国共产党的作风,最为大众所熟知的是延安的"十个没有":一、没有贪官污吏;二、没有土豪劣绅;三、没有赌博;四、没有娼妓;五、没有小老婆;六、没有叫花子;七、没有结党营私之徒;八、没有萎靡不振之风;九、没有人吃摩擦饭;十、没有人发

国难财。反观"西安作风"，就是国民党的作风。据黄炎培描述："现在国民党党员的全体，大多数是腐化，次多数是恶化，再次多数是软化，余则不问党事的消极化。说到精锐的党员，直是凤毛麟角，求之不得"；"盖以国民党的各级党部，数年来，因为领导人的不良，在各地方实是引起人民的反感不少"。①"延安作风"和"西安作风"的巨大反差，使许多有识之士认识到，中国革命的希望在延安。同时，中国共产党人也从正反两方面经验进一步认识到，党内政治生态对于党的团结统一和加强党的全面领导地位的重要作用。

新形势下，党内政治生态总体是好的。但是一个时期以来，党内政治生活中出现了一些突出问题：在一些党员、干部包括高级干部中，理想信念不坚定、对党不忠诚、纪律松弛、脱离群众、独断专行，自由主义、好人主义、宗派主义等不同程度存在，形式主义、官僚主义、享乐主义和奢靡之风问题突出，任人唯亲、跑官要官、买官卖官、拉票贿选现象屡禁不止，滥用权力、贪污受贿、腐化堕落、违法乱纪等现象滋生蔓延。这些问题，严重侵蚀党的思想道德基础，严重破坏党的团结和集中统一，严重损害党内政治生态和党的形象，严重影响党和人民事业发展。

针对这些问题，习近平总书记强调，要解决党内存在的种种难题，必须营造一个良好从政环境，也就是要有一个好的政治生态。2013年1月，习近平总书记在十八届中央纪委二次全会上提出"净化政治生态"这个重大命题。习近平总书记指出："改进工作作风，就是要净化政治生态，营造廉洁从政的良好环境。"②2016年10月，党的十八届六中全会进一步明确要求："全党同志紧密团结在以习近平同志为核心的党中央周围，全面深入贯彻本次全会精神，牢固树立政治意识、大局意识、核心意识、看齐意识，坚定不移维护党中央权威和党中央集中统一领导，继续推进全面从严治党，共同营造风清气正

---

① 孙佐齐、平凡、杨公达：《关于党部组织简单化》，《时代公论》（第13号），1932年6月。
② 中共中央纪律检查委员会、中共中央文献研究室编：《习近平关于党风廉政建设和反腐败斗争论述摘编》，中央文献出版社、中国方正出版社，2015年，第6页。

的政治生态,确保党团结带领人民不断开创中国特色社会主义事业新局面。"①党内政治生态是党的建设的"题中应有之义"和"基础工程"。2018年6月30日,习近平总书记在主持十九届中央政治局第六次集体学习时,把"涵养政治生态"作为加强党的政治建设的一个重要内容。2019年1月,《中共中央关于加强党的政治建设的意见》明确了"全面净化党内政治生态"和营造"风清气正的良好政治生态"的顶层设计和战略要求,提出"加强党的政治建设,必须把营造风清气正的政治生态作为基础性、经常性工作"②。党的二十大报告强调,要"增强党内政治生活政治性、时代性、原则性、战斗性,用好批评和自我批评武器,持续净化党内政治生态"③。习近平总书记在党的二十届中央纪委二次全会上指出,如何始终保持风清气正的政治生态是中国共产党必须解决的大党独有难题之一。

(二)难在直面风险挑战,营造风清气正的政治生态

政治生态和自然生态一样,稍不注意就很容易受到污染,一旦出现问题,再想恢复就要付出沉重的代价。习近平总书记多次在重要场合,讲事实、摆道理,剖析良好政治生态的极端重要性,深刻阐述了营造风清气正的政治生态的艰巨性、复杂性、长期性。

政治生态被污染,对党的健康肌体伤害极大。习近平总书记指出,政治生态污浊,就会滋生权欲熏心、阳奉阴违、结党营私、团团伙伙、拉帮结派等一系列问题,侵蚀党的思想道德基础。2016年10月,党的十八届六中全会通过的《关于新形势下党内政治生活的若干准则》,指出了一个时期以来党内政治生活出现的突出问题,这些问题都是严重损害党内政治生态的突出问

---

①　《中国共产党第十八届中央委员会第六次全体会议公报》,《人民日报》,2016年10月28日。

②　《中共中央关于加强党的政治建设的意见》,人民出版社,2019年,第17页。

③　习近平:《高举中国特色社会主义伟大旗帜　为全面建设社会主义现代化国家而团结奋斗——在中国共产党第二十次全国代表大会上的报告》,人民出版社,2022年,第65页。

题，是党内政治生态的"污染源"。其中，腐败是最大的"污染源"。从近年来被查处的案件中，我们可以清晰地看到，腐败分子往往集政治蜕变、经济贪婪、生活腐化、作风专横于一身，政治腐败与经济腐败上下勾结、利益交织，容易形成"连锁式""塌方式"腐败，严重污染了政治生态，严重损害了党的形象，党员干部和人民群众深受其害、深恶痛绝。

党的十八大以来，以习近平同志为核心的党中央在推进全面从严治党中，大力弘扬新风正气、涤荡歪风邪气，全面净化党内政治生态。为了彻底消除党内政治生态的"污染源"，中国共产党秉持"凡腐必反，除恶务尽"的原则，坚持"老虎""苍蝇"一起打，以永远在路上的坚定和执着，坚决把反腐败斗争进行到底。习近平总书记一再强调，在深入推进反腐败斗争的过程中，必须坚持发现一起查处一起，发现多少查处多少、不定指标、上不封顶，凡腐必反，除恶务尽。党的十八大以来，通过深入推进反腐倡廉斗争，党内政治生活气象一新，党内政治生态明显好转。

习近平总书记指出，在充分肯定成绩的同时，也要清醒地认识到，新时代中国共产党面临的"四大考验"和"四种危险"是长期而复杂的、尖锐而严峻的，党内存在的政治不纯、思想不纯、组织不纯、作风不纯等突出问题尚未得到根本解决，影响党内政治生活、政治生态的消极因素尚未根除。①如不能长期坚持净化党内政治生态，彻底消除党内政治生态的"污染源"，一有风吹草动，这些问题就会死灰复燃、卷土重来，不仅恶化政治生态，更会严重损害党心民心。因此，我们必须直面风险挑战，持之以恒反腐肃纪，才能营造良好的政治生态。为贯彻这一要求，《中共中央关于加强党的政治建设的意见》对新时代净化党内政治生态作出了全面部署。《中共中央关于加强党的政治建设的意见》分别从严肃党内政治生活、严明党的政治纪律和政治规矩、发展积极健康的党内政治文化、突出政治标准选人用人、永葆清正廉洁

---

① 《习近平在"不忘初心、牢记使命"主题教育总结大会上的讲话》，新华网，2020年1月8日。

的政治本色等五个方面作出部署,为严肃党内政治生活、净化党内政治生态提供了基本遵循。

全面从严治党永远在路上。党的十八大以来,中国共产党推进全面从严治党特别是开展反腐败斗争取得了压倒性的胜利,但也要清醒地认识到当前形势与良好的政治生态的形成还有一定距离,营造风清气正的良好政治生态仍然是中国共产党面临的重要任务和挑战。正如习近平总书记所说,净化政治生态绝非一朝一夕之功,"必须作为党的政治建设的基础性、经常性工作,浚其源、涵其林,养正气、固根本,锲而不舍、久久为功。"①

总之,时刻保持解决大党独有难题的清醒和坚定,是新时代新征程推进全面从严治党的鲜明印记。习近平总书记从党的初心使命、团结统一、执政能力和领导水平、干事创业精神状态、发现和解决自身问题的能力、政治生态等六个方面概括了新时代中国共产党所面对的大党独有难题的主要表现,为新时代推进党的自我革命指明了主攻方向。解决这些难题是确保党不变质、不变色、不变味的必然要求,是确保党始终走在时代前列,永远成为中国人民的主心骨、中国特色社会主义事业的领导核心的必要前提,是以中国式现代化全面推进中华民族伟大复兴的题中应有之义。

---

① 《增强推进党的政治建设的自觉性和坚定性》,《求是》,2019年第14期。

第三章

时刻保持解决大党独有难题的清醒和坚定

党的二十大报告指出："我们党作为世界上最大的马克思主义执政党，要始终赢得人民拥护、巩固长期执政地位，必须时刻保持解决大党独有难题的清醒和坚定。"①习近平总书记关于"时刻保持解决大党独有难题的清醒和坚定"的重要论断，是新时代新征程对中国共产党提出的重大政治要求，是中国共产党把握历史主动、创造历史伟业的重要法宝。能不能做到时刻保持解决大党独有难题的清醒和坚定，关系到中国共产党能不能回答好"建设什么样的长期执政的马克思主义政党、怎样建设长期执政的马克思主义政党"这一重大时代课题。要做到时刻保持解决大党独有难题的"清醒"和"坚定"，首先要不断涵养政治眼光、始终把准政治方向、持续提升政治能力，深刻领悟"两个确立"的决定性意义、坚决做到"两个维护"，切实提高政治判断力、政治领悟力、政治执行力。同时，还要以增强问题意识、坚持问题导向时刻保持政治"清醒"，以勇于自我革命、从严管党治党时刻保持政治"坚定"，进而跳出治乱兴衰的历史周期率，解决中国共产党在新的赶考之路上面临的大党独有难题。

---

① 习近平：《高举中国特色社会主义伟大旗帜　为全面建设社会主义现代化国家而团结奋斗——在中国共产党第二十次全国代表大会上的报告》，人民出版社，2022年，第63页。

一、时刻保持"清醒"和"坚定"的基本要求

党的十八大以来,以习近平同志为核心的党中央把握新时代党的建设工作发生的历史性变化,提出要加强党的政治建设并将其放在党的建设的首位。旗帜鲜明讲政治,是马克思主义政党的根本性特征,是中国共产党在面对大党独有难题时能时刻保持清醒和坚定的前提。中国共产党解决大党独有难题的关键在于深刻领悟"两个确立"的决定性意义、坚决做到"两个维护"。"两个大局"的加速演进使得大党独有难题变得更加凸显,这更要求党要切实提高政治判断力、政治领悟力、政治执行力,时刻保持政治清醒和坚定。

(一)涵养政治眼光、把准政治方向、提升政治能力

旗帜鲜明讲政治是马克思主义执政党建设的根本要求,是时刻保持解决大党独有难题清醒和坚定的前提。大党独有难题的提出、应对和解决都离不开旗帜鲜明讲政治这一一以贯之的政治优势。中国共产党所拥有的长远政治眼光、坚持的正确政治方向和发挥的强大政治能力,是解决大党独有难题的重要因素。

1.大党独有难题的提出需要拥有长远的政治眼光

大党独有难题的提出是中国共产党以长远政治眼光对世情、国情、党情所作的重大研判,既蕴含世界大党在其发展过程中存在的普遍性难题,也内含马克思主义政党在其发展过程中经历的特殊性难题,同时还包含中国共产党在其执政兴国历程中面临的独特性难题。

首先,新时代中国共产党人政治眼光之长远体现在对世界大党发展过程中存在的普遍性难题的考察上。世界大党指的是世界范围内组织大、执政久、影响强的政党。世界大党中普遍存在着组织大却向心力不强、执政久

却战斗力减退、影响强却纠错力下降的问题。组织大却向心力不强之于印度国大党；执政久却战斗力减退之于日本自民党；影响强却纠错力下降之于墨西哥革命制度党。大党独有难题的提出表明中国共产党人要从世界政党政治发展历程中汲取养分，体现了其借鉴吸收世界政党政治发展经验教训的长远政治眼光。

其次，新时代中国共产党人政治眼光之长远体现在对马克思主义政党发展过程中经历的特殊性难题的认识上。苏联共产党作为世界上第一个马克思主义执政党，开启了世界无产阶级社会主义革命的时代。在其影响之下，世界上的马克思主义政党数量不断增加，但这些马克思主义政党在其发展过程中都经历了一些特殊性难题。主要表现在其内部受自身历史条件限制与外部受资本主义政党反对抵制两个方面。中国共产党经过自身不懈努力已成为走过百年历程、拥有9900多万党员的世界第一大党。中国共产党取得如此巨大成就并不意味着这些特殊性难题就消失了。大党独有难题的提出体现了中国共产党居安思危、未雨绸缪的长远政治眼光。

最后，新时代中国共产党人政治眼光之长远体现在中国共产党对在执政兴国历程中面临的独特性难题的把握上。中国共产党的成立是中国历史上开天辟地的大事变，没有中国共产党就没有新中国，中国共产党的百年历史就是一部不懈奋斗史、不怕牺牲史、理论探索史、为民造福史、自身建设史。中国的独有国情与中国共产党的独有党情相互交织，共同决定了中国共产党在执政兴国历程中必然面临独特性难题。立足强国建设、民族复兴的新征程，面对实现长期执政的时代课题，大党独有难题的提出更突出展现了中国共产党长远的政治眼光。

2.大党独有难题的应对需要坚持正确的政治方向

早在新民主主义革命时期，毛泽东就指出："在革命中未有革命党领错了路而革命不失败的。"①政治方向是党生存发展第一位的问题,事关党的前途命运和事业兴衰成败。中国特色社会主义进入新时代以来,习近平总书记也指出:"如果在方向问题上出现偏离,就会犯颠覆性错误。"②应对大党独有难题需要中国共产党结合具体党情,遵循政党治理规律、共产党执政规律、马克思主义政党建设规律,始终坚定不移地坚持正确的政治方向。

首先,应对大党独有难题要坚持以初心使命和理想信念来引领正确的政治方向。中国共产党是中国无产阶级的先锋队,同时也是中国人民和中华民族的先锋队,党的最高理想是实现共产主义。习近平总书记指出:"对我们这样一个长期执政的党而言,没有比忘记初心使命、脱离群众更大的危险。"③中国共产党的初心使命既来源于对中国具体实际的考察,同时也蕴含着实现共产主义这一马克思主义政党所追求的终极价值目标的要求,充分地体现了民族视野与世界视野的统一、价值尺度和真理尺度的统一。因此,站在实现第二个百年奋斗目标的新征程上,中国共产党必须坚持以永葆初心使命来引领正确的政治前进方向,纠正偏离正确前行方向的思想和行为,来破解阻碍自身实现长期执政的难题。

其次,应对大党独有难题要坚持以马克思主义中国化时代化的最新理论成果来引领正确的政治方向。任何政党在其发展过程中都会面临一系列管党治党的难题。能不能从容应对和正确解决这些问题的关键就在于政党的指导思想能否直面这些问题,进而提出破解之策。中国共产党是以马克思主义为指导的政党,同时也是将马克思主义与本国具体实际相结合、不断推进马克思主义中国化时代化的政党。面对管党治党的新形势新变化,中国共产党从理论上继承和发展马克思主义关于无产阶级政党建设的思想,系统吸收中国化马克思主义党的建设理论体系的丰富思想,提出了破解大

① 《毛泽东选集》(第一卷),人民出版社,1991年,第3页。
② 《习近平著作选读》(第二卷),人民出版社,2023年,第182页。
③ 《习近平谈治国理政》(第四卷),外文出版社,2022年,第63页。

党独有难题的重大政治任务。应对大党独有难题需要科学理论的强大指引，同时在解决大党独有难题的过程之中需要不断丰富和发展科学理论，归根到底就是要坚持以马克思主义中国化时代化的最新理论成果来引领应对大党独有难题的正确政治方向。

最后，应对大党独有难题要以坚持和加强党的全面领导来引领正确的政治方向。习近平总书记指出："在长期执政条件下，各种弱化党的先进性、损害党的纯洁性的因素无时不有，各种违背初心和使命、动摇党的根基的危险无处不在，如果不严加防范、及时整治，久而久之，必将积重难返，小问题就会变成大问题、小管涌就会沦为大塌方。"①坚持和加强党的全面领导是面对各种形式难题、经受各种类型挑战、保证党团结统一的宝贵经验和重要法宝。党的十八大以来，以习近平同志为核心的党中央着眼凝聚全党共识、聚合全党力量、提出坚持和加强党的全面领导的重大政治论断，管党治党宽松软状况得到根本扭转，风清气正的党内政治生态不断形成，党在革命性锻造中更加坚强有力。新时代管党治党的成功实践已经深刻昭示了在新时代新征程上必须以坚持和加强党的全面领导来引领应对大党独有难题的正确政治方向。

3.大党独有难题的解决需要发挥强大的政治能力

大党独有难题是中国共产党在实现长期执政过程中必然要也必须解决的关键问题。解决大党独有难题绝不是轻轻松松、敲锣打鼓就能实现的，需要全党必须做好付出更为艰巨、更为艰苦努力的心理准备，进一步发挥党在革命、建设和改革中形成的强大政治能力来克服前进路上的风险挑战。

其一，中国共产党有把握大局的强大政治能力。中国共产党具有强大政治能力的前提和基础，主要体现在把握方向、把握大势、把握全局上。把握方向，就是把握正确的政治方向，这是至关重要的。把握大势，就是不断

---

① 中共中央党史和文献研究院编：《习近平新时代中国特色社会主义思想学习论丛》(第五辑)，中央文献出版社，2020年，第95~96页。

适应新时代新发展新变化。把握全局,就是要自觉站在政治大局上想问题、办事情,科学认识大局、全面把握大局、坚决服从大局,确保局部服从全局。新时代中国共产党从方向目标、时间、空间三个维度诠释了其强大的把握方向、把握大势、把握全局的政治能力,为解决大党独有难题注入强大的前进力量。

其二,中国共产党有防范风险的强大政治能力。习近平总书记指出:"我们党一步步走过来,很重要的一条就是不断总结经验、提高本领,不断提高应对风险、迎接挑战、化险为夷的能力水平。"①历史和实践都已证明,中国共产党是风雨来袭时中国人民最可靠的主心骨。大党独有难题也体现在中国共产党前进道路上要面对的风险挑战,解决大党独有难题就要求在新形势下勇于和善于应对各种风险挑战,提高党的执政本领。

其三,中国共产党有坚持真理的强大政治能力。"砍头不要紧,只要主义真。"无论弱小或强大,经历百年峥嵘的中国共产党从未动摇过对共产主义理想、社会主义信念的坚守,完成了近代以来各种政治力量不可能完成的艰巨任务。习近平总书记在庆祝中国共产党成立100周年大会上首次提出了伟大建党精神,"坚持真理、坚守理想"居于其首位。面对解决大党独有难题的新任务、面对从严管党治党的新形势、面对跳出历史周期率的新挑战,需要中国共产党继续提高坚持真理的政治定力、永葆发展真理的政治能力。

其四,中国共产党有修正错误的强大政治能力。人都会犯错误,政党同样也不例外。一个政党的伟大之处并不在于其不犯错误,而是体现其在错误面前抱有什么样的态度,是逃避错误或是被错误吓倒? 还是"公开承认错误,揭露犯错误的原因,分析产生错误的环境,仔细讨论改正错误的方法"②? 中国共产党的百年历程既是领导中国革命、建设和改革取得伟大成就的历程,也是不断纠错的历程。在纠正错误的过程中,中国共产党以其自身高超

① 《习近平著作选读》(第二卷),人民出版社,2023年,第422页。
② 列宁:《共产主义运动中的"左派"幼稚病》,人民出版社,2016年,第39页。

的政治智慧和强大的政治勇气,改正自己的错误,得到人民的敬仰。中国共产党在解决大党独有难题的过程中也必然持续发挥修正错误的强大政治能力,以此实现长期执政。

(二)深刻领悟"两个确立"的决定性意义,坚决做到"两个维护"

中国特色社会主义新时代取得的伟大成就,证明了坚决维护习近平总书记党中央的核心、全党的核心地位,维护党中央权威和集中统一领导,是党和国家前途命运所系,是全国各族人民根本利益所在。党的十九届六中全会通过的《中共中央关于党的百年奋斗重大成就和历史经验的决议》明确指出:"党确立习近平同志党中央的核心、全党的核心地位,确立习近平新时代中国特色社会主义思想的指导地位,反映了全党全军全国各族人民共同心愿,对新时代党和国家事业发展、对推进中华民族伟大复兴历史进程具有决定性意义。"①深刻领悟"两个确立"的决定性意义,坚决做到"两个维护",是时刻保持解决大党独有难题清醒和坚定的关键。

1.关键在于坚持党中央权威和集中统一领导

历史已经深刻表明:风雨来袭时党的坚强领导、党中央的权威是最坚实的靠山。习近平总书记指出:"要治理好我们这个大党、治理好我们这个大国,保证党的团结和集中统一至关重要,维护党中央权威至关重要。"②坚持党中央权威和集中统一领导,是时刻保持解决大党独有难题的清醒和坚定的关键,是将这种清醒和坚定转化为实际行动的关键步骤和核心环节。

马克思主义经典作家在领导国际共产主义运动实践中强调,必须将维护无产阶级政党权威性视为政治建设的首要任务和重要组织原则。马克思和恩格斯在起草《共产主义者同盟章程》时提出:"必须宣誓无条件地服从同盟的决议。"始终坚持党的全面领导,确保党发挥总揽全局、协调各方的领导

---

① 《中共中央关于党的百年奋斗重大成就和历史经验的决议》,人民出版社,2021年,第26页。
② 《习近平著作选读》(第一卷),人民出版社,2023年,第549页。

核心作用,是中国共产党人的光荣传统,也是党的建设宝贵的历史经验。[①]
党的十八大以来,以习近平同志为核心的党中央突出党的政治建设的极端
重要性,提出"维护党中央权威和集中统一领导"这一重大命题,进一步丰富
和发展了马克思主义权威观的基本内涵,成为新时代党的政治建设的重大
成果和宝贵经验。

坚持党中央权威和集中统一领导,是中国共产党时刻保持解决大党独
有难题的清醒和坚定的关键。一方面,起着集中统一领导作用的党中央在
解决大党独有难题上的清醒和坚定,为全党在保持解决大党独有难题上的
清醒和坚定提供正确指引。另一方面,全党在解决大党独有难题上的清醒
和坚定,集中体现在党中央在解决大党独有难题的清醒和坚定上。正如
习近平总书记所说:"治理好我们这个世界上最大的政党和人口最多的国
家,必须坚持党的全面领导特别是党中央集中统一领导。"[②]新时代新征程,
要始终坚持维护党中央权威和集中统一领导,才能时刻保持解决大党独有
难题的清醒和坚定,实现党的长期执政。

2.关键在于有习近平总书记掌舵领航

从理论逻辑来看,马克思主义政党必须有自己坚强有力的领导核心来
实现自身的发展目标。从历史逻辑来看,党的事业兴旺发达离不开一代又
一代党的领导核心的正确领导。从实践逻辑来看,进入新时代以来,习近平
总书记从党的政治建设、思想建设、组织建设、作风建设、纪律建设、制度建
设、反腐败斗争等各个方面,将马克思主义执政党建设的理论和实践提高到
一个崭新境界。

1949年3月23日,毛泽东从西柏坡出发的那天上午,深情地说:"今天是
进京的日子,不睡觉也高兴啊! 今天是进京'赶考'嘛,进京'赶考'去,精神

---

　①　肖贵清:《以正确的党史观汲取百年征程中的奋斗伟力——习近平总书记关于党的历史重
要论述的精神要义与理论旨归》,《湖南科技大学学报》(社会科学版),2021年第3期。
　②　《中共中央关于党的百年奋斗重大成就和历史经验的决议》,人民出版社,2021年,第65页。

不好怎么行呀?"①时至今日,中国共产党仍然走在"赶考"之路上。解决大党独有难题就是"赶考"之路上非常重要也必须回答好的考题。因此,习近平总书记又以"三个务必"即务必"不忘初心、牢记使命",务必谦虚谨慎、艰苦奋斗,务必敢于斗争、善于斗争,来告诫全党要做好"答卷人",并在总结中国共产党百年奋斗历程的基础上,提出中国共产党已经通过努力找到跳出历史周期率的第二个答案——自我革命。实践充分证明,确立习近平总书记党中央的核心、全党的核心地位是国之所需、民之所盼,是党心和民心的同频共振,有习近平总书记的掌舵领航是全党时刻保持解决大党独有难题清醒和坚定的关键中的关键。

3.关键在于有习近平新时代中国特色社会主义思想科学指引

党的二十大报告深刻指出:"中国共产党为什么能,中国特色社会主义为什么好,归根到底是马克思主义行,是中国化时代化的马克思主义行。"②坚持马克思主义中国化时代化的创新理论指引,是中国共产党开辟伟大道路、创造伟大事业、取得伟大成就的根本所在。

习近平新时代中国特色社会主义思想是马克思主义中国化时代化的最新理论成果,是当代中国的马克思主义、二十一世纪的马克思主义,实现了马克思主义中国化新的飞跃。这一思想内容十分丰富、内涵十分深刻、意义十分深远,是马克思主义同中国具体实际相结合、同中华优秀传统文化相结合的理论成果。这一思想为建设什么样的长期执政的马克思主义政党、怎样建设长期执政的马克思主义政党这一重大时代课题奠定了理论基础,为解决大党独有难题指明了前进方向、提供了根本遵循。这一思想蕴含着丰富的党的建设思想,既继承了马克思主义经典作家关于无产阶级政党如何

---

① 陈毓述、陈丽华:《开国前夜——毛泽东在西柏坡的风云岁月》,中共党史出版社,2003年,第317页。

② 习近平:《高举中国特色社会主义伟大旗帜　为全面建设社会主义现代化国家而团结奋斗——在中国共产党第二十次全国代表大会上的报告》,人民出版社,2022年,第16页。

保持自身先进性和纯洁性的基本思想,同时也发展了以毛泽东、邓小平等为主要代表的中国共产党人关于马克思主义无产阶级政党建设的重要思想,实现了理论与实践的统一、历史与现实的统一。

习近平新时代中国特色社会主义思想是中国共产党和中国人民的实践经验的理论结晶,同时也必然随着实践的不断发展而不断地充实丰富。统筹中华民族伟大复兴战略全局和世界百年未有之大变局,面对新时代世情、国情、党情的深刻变化,要求中国共产党必须时刻保持解决大党独有难题的清醒和坚定,不断总结推进中国共产党的建设中的新实践、新经验和新理论,不断丰富发展习近平新时代中国特色社会主义思想。

(三)切实提高政治判断力、政治领悟力、政治执行力

切实提高政治判断力、政治领悟力、政治执行力,明确了全面从严治党的标准、内容和要求,解决了新时代党的政治建设怎么想、怎么看、怎么干的重要问题,是履行政治使命的根本前提和提高政治能力的努力方向。时刻保持解决大党独有难题的清醒和坚定,就要求全党必须以提高科学的政治判断力、精准的政治领悟力、坚决的政治执行力来统一思想、统一意志、统一行动。

1.以提高政治判断力来统一思想

政治判断力是从政治上科学把握形势变化、精准识别现象本质、清醒明辨行为是非、有效抵御风险挑战的能力。①提高政治判断力是新时代加强党的政治建设的必要条件,是提高政治领悟力、政治执行力的前提和基础。提高政治判断力才能确保"思想不迷航",才能形成正确的思想认识。

党的十八大以来,以习近平同志为核心的党中央深刻把握国内国际形势的变化,统筹中华民族伟大复兴战略全局和世界百年未有之大变局,站在

---

① 《习近平谈治国理政》(第四卷),外文出版社,2022年,第44页。

党和国家事业发展全局的高度看问题和想办法，明确指出要时刻保持解决大党独有难题的清醒和坚定。对此，从政治上要提高对"时与势"的洞察能力、对"事与实"的辨识能力以及对"是与非"的判定能力，归根到底就是通过提高政治判断力来统一思想。①习近平总书记强调："社会多样化发展使人们思想多元化、复杂性的特征越来越明显，这必然增加党内统一思想的难度，我们党是一个大党，统一思想历来不易。"②作为拥有9900多万党员的大党，如果所有党员能心往一处想，思想上同频共振，通过统一思想达到高度的团结和统一，那么将凝聚成强大的思想合力。这样，中国共产党必然会在时刻保持解决大党独有难题的清醒和坚定上，彰显思想定力、丰富思想创造和提供理论创新。

2.以提高政治领悟力来统一意志

政治领悟力是从政治上快速准确领会、悟透把握、融会贯通党中央的精神以及党的路线、方针、政策的能力。提高政治领悟力是新时代加强党的政治建设的应有之义，是提高政治判断力、政治执行力的表现和核心。提高政治领悟力才能确保"意志坚如铁"，才能与党中央的意志与精神保持高度一致。

党中央精神和党的路线、方针、政策，是党中央关于改革发展稳定、内政外交国防、治国治党治军等治国理政问题的战略形势、价值目标、重要命题、突出问题所作出的系统研判和全面谋划。党中央的系统研判和全面谋划是治国理政的现实指导，是开展具体工作的重要指引和依据。只有通过提高政治判断力来统一意志，通过全面理解党中央关注什么、强调什么、要求什么，才能确保全党方向不偏、重心不移、思路不乱、意志不散。解决大党独有

---

　　①　陶立业、陈永力：《论领导干部的政治判断力、政治领悟力、政治执行力》，《世界社会主义研究》，2023年第2期。

　　②　中共中央文献研究室编：《习近平关于全面从严治党论述摘编》，中央文献出版社，2016年，第7页。

难题更需要全体党员在党中央的精神下达到全党意志的高度统一,通过统一全党意志来时刻保持解决大党独有难题的清醒和坚定,以保证全党围绕长期执政的目标不断努力。

3.以提高政治执行力来统一行动

政治执行力是从政治上坚决贯彻落实党中央意志和任务要求的能力。提高政治执行力是新时代加强党的政治建设的实践要求,是提高政治判断力、政治领悟力的旨归和目的。提高政治执行力才能确保"行动不动摇",才能勇于担当、敢于探索、善于创新,才能开辟事业发展的新天地。

习近平总书记指出:"如果党中央没有权威,党的理论和路线方针政策可以随意不执行,大家各自为政、各行其是,想干什么就干什么,想不干什么就不干什么,党就会变成一盘散沙,就会成为自行其是的'私人俱乐部',党的领导就会成为一句空话。"①作为党的意志和国家意志的执行者,全体党员干部必须始终增强"四个意识",自觉在思想上、政治上、行动上同党中央保持高度一致,确保党中央一锤定音的权威。解决大党独有难题,时刻保持清醒和坚定,要以提高政治执行力为实践指向,将党中央的系列决策部署落到实处,以伟大自我革命引领伟大社会革命。做好这一点,中国共产党就能在全面建设社会主义现代化国家的新征程上向人民交出满意的答卷,就能在实现中华民族伟大复兴的新征程上不断提高党的组织力、战斗力、凝聚力,就能走好新时代的赶考之路。

二、时刻保持解决大党独有难题的"清醒"

增强问题意识、坚持问题导向,是贯穿于习近平新时代中国特色社会主

---

① 中共中央党史和文献研究院编:《习近平关于全面从严治党论述摘编(2021年版)》,中央文献出版社,2021年,第117页。

义思想的世界观和方法论之一，是马克思主义中国化时代化理论成果中内在的实践品格。增强问题意识是理论创新的生长点，坚持问题导向是推动实践发展的重要原则。时刻保持解决大党独有难题的"清醒"，势必要增强问题意识、坚持问题导向，做到在政治上、思想上、战略上、行动上的绝对清醒，以此更好地回答好中国之问、世界之问、时代之问、人民之问。

（一）用党的创新理论武装全党

增强问题意识、坚持问题导向，首先要求中国共产党要清醒地认识、科学地回答时代课题。新时代提出新课题，新课题催生新理论，新理论引领新实践。时刻保持解决大党独有难题的清醒，就要面向时代的发展，回答新的时代课题，用党的创新理论、用马克思主义中国化时代化的最新成果，即习近平新时代中国特色社会主义思想来武装全党、指导实践。

1.解决大党独有难题是回答时代课题的重要方面

时代课题是每个时代突出矛盾问题的集中表达，是每个时代主要矛盾的集中反映。每个时代都有其自身的时代课题。新民主主义革命时期，中国共产党面临的时代课题是如何推翻帝国主义、封建主义和官僚资本主义压在中国人民和中华民族头上的"三座大山"，实现民族独立和人民解放。社会主义革命和建设时期，中国共产党面临的时代课题是如何实现从新民主主义到社会主义的转变，并在确立社会主义制度的基础上怎样进行社会主义建设。改革开放和社会主义现代化建设新时期，中国共产党面临的时代课题是如何继续探索在中国建设社会主义的正确道路，如何解放和发展社会生产力，使人民摆脱贫困、尽快富裕起来。党的十八大以来，以习近平同志为核心的党中央带领全国各族人民团结奋斗，取得历史性成就、发生历史性变革，中国特色社会主义进入新时代。新时代的中国共产党需要面对新的时代课题，就是如何实现第一个百年奋斗目标，并在此基础上开启实现第二个百年奋斗目标新征程、实现中华民族伟大复兴。综合来说，新时代的时代课题包括新时代"坚持和发展什么样的中国特色社会主义、怎样坚持和发展中国特色社会主义","建设什么样的社会主义现代化强国、怎样建设社会主义现代化强国","建设什么样的长期执政的马克思主义政党、怎样建设长期执政的马克思主义政党"三个重要方面。

建设什么样的长期执政的马克思主义政党、怎样建设长期执政的马克思主义政党,是推进强国建设、民族复兴对中国共产党自身建设提出的重要任务,是中国共产党必须回答的关于自身长远发展的时代课题。正如习近平总书记所说:"我们党作为百年大党,如何永葆先进性和纯洁性、永葆青春活力,如何永远得到人民拥护和支持,如何实现长期执政,是我们必须回答好、解决好的一个根本性问题。"①长期执政的实质,就是要不断解决前进路上党面临的大党独有难题。解决大党独有难题是回答时代课题的一个极其重要方面,直接关系到中国共产党的政治领导力的巩固、思想引领力的彰显、群众组织力的增强、社会号召力的提升。靡不有初,鲜克有终。有着百年辉煌历史的中国共产党,如何防止因骄傲而产生自满的情绪、如何抵制安于现状的不良作风、如何克服官僚主义习气,是大党独有难题的现实表现,也是时代课题的缩影。

2.习近平新时代中国特色社会主义思想是党的最新理论成果

新的时代课题是理论创新的逻辑起点和动力源泉。理论创新和实践创新是相互依存、相互促进的,实践没有止境,理论创新也没有止境。推进实践基础上的理论创新,就是要不断开辟马克思主义中国化时代化新境界。

习近平新时代中国特色社会主义思想是中国共产党的最新理论成果,是马克思主义中国化时代化的最新理论成果,是当代中国的马克思主义、二十一世纪的马克思主义。党的十八大以来,中国共产党团结带领人民取得了全方位、开创性的成就,解决了许多长期想解决而没有解决的难题,办成

---

① 中共中央党史和文献研究院编:《十九大以来重要文献选编》(中),中央文献出版社,2021年,第118页。

了许多过去想办而没有办成的大事。习近平总书记紧紧围绕"坚持和发展中国特色社会主义""建设社会主义现代化强国"和"建设长期执政的马克思主义政党"的重大时代课题谋篇布局,把马克思主义基本原理同中国具体实际相结合,同中华优秀传统文化相结合,把握时代新趋势,回答实践新要求,顺应人民新期待,提出了一系列治国理政的新理念、新思想、新战略,创立了习近平新时代中国特色社会主义思想。习近平新时代中国特色社会主义思想内涵丰富,涉及新时代坚持和发展中国特色社会主义的总目标、总任务、总体布局、战略布局、发展方向、发展方式、发展动力、战略步骤、外部条件、政治保证等诸多方面,其中"建设长期执政的马克思主义政党"的思想是其重要的组成部分之一。

习近平总书记指出:"如果我们党不能自己解决自身的矛盾和问题,长期积累下去,那就要发生我说过的霸王别姬的问题了,那就不是一般的被动,而是为时已晚了。"①习近平总书记着眼管党治党一度宽松软带来的党内消极腐败等现象,着眼党内政治生态出现的严重问题,着眼党的创造力、凝聚力、战斗力的削弱,着眼党群干群关系的损害,着眼"七个有之"等严重问题,提出"全面从严治党"的伟大举措。习近平总书记关于党的建设的重要思想极大丰富了习近平新时代中国特色社会主义思想,同时也为中国共产党清醒认识大党独有难题、坚定解决大党独有难题,进而实现长期执政提供了理论遵循和科学指引。

3.加强理论武装是解决大党独有难题的先决条件

在中国革命、建设和改革的各个阶段,中国共产党始终不断加强党的自身建设。毛泽东曾把"建设一个全国范围的、广大群众性的、思想上政治上组织上完全巩固的布尔什维克化的中国共产党"称为"伟大的工程",并将党

---

① 中共中央文献研究室编:《习近平关于全面从严治党论述摘编》,中央文献出版社,2016年,第30~31页。

的建设同统一战线、武装斗争一起称为"三个法宝"①。1962年,邓小平明确指出:"我们还有一个传统,就是有一套健全的党的生活制度。特别是遵义会议以后,在毛泽东同志领导下,我们党建立了一套健全的党的生活制度。比如民主集中制;……这些都是毛泽东同志一贯提倡的,是我们的党规党法。"②1980年8月,邓小平的《党和国家领导制度的改革》发表后,中国共产党对党内法规制度重要性体系性的认识更加深入。江泽民也曾明确指出:"要全面规划、精心设计,在民主集中制、基层党组织建设、干部的培养选拔等方面进一步建立科学的规章制度,形成适应新的历史时期所要求的新机制新规范。"③胡锦涛强调:"要适应新形势新任务的要求,加强以党章为核心的党内法规制度体系建设,提高制度建设的质量和水平。"④中国共产党自身建设的伟大实践与丰富经验,为习近平总书记关于党的建设的重要思想的生成提供了实践基础。

　　解决大党独有难题,首先就需要用习近平新时代中国特色社会主义思想特别是习近平总书记关于党的建设的重要思想武装全党。习近平总书记关于党的建设的重要思想是中国共产党百年自身建设实践经验的理论化、系统化、体系化的总结。这一思想继承和发展了马克思主义党建学说,借鉴和吸收了党在百年自身建设史中积累的宝贵经验,遵循中国共产党自身建设规律与新时代国家及社会发展规律,既着眼构建科学规范的制度体系、又注重于体系内在的逻辑自洽,从而为解决大党独有难题提供了重要理论基础和思想指引。

　　①　《毛泽东选集》(第二卷),人民出版社,1991年,第606页。
　　②　中共中央文献研究室编:《建国以来重要文献选编》(第15册),中央文献出版社,2011年,第127页。
　　③　《江泽民文选》(第一卷),人民出版社,2006年,第410页。
　　④　中共中央文献研究室编:《十六大以来重要文献选编》(下),中央文献出版社,2008年,第181页。

（二）永葆进京赶考的谨慎姿态

增强问题意识、坚持问题导向，内在要求中国共产党永葆"进京赶考"的清醒和谨慎。松劲歇脚、疲劳厌战是中国共产党在全国执政后面临的最大威胁和挑战。时刻保持解决大党独有难题的清醒，就要摒弃松劲歇脚的想法、消除疲劳厌战的情绪，铭记党史上的"甲申对""窑洞对""赶考对"，牢记"三个务必"，走好新时代的"赶考"之路。

1.取得的成就越大就越不能"松劲歇脚""疲劳厌战"

纵观世界政党的发展历程，取得很大成就、获得巨大成功的政党有之，但在取得巨大的成就后就"松劲歇脚"的政党有之，获得巨大的成功后就"疲劳厌战"的政党有之。"松气歇脚""疲劳厌战"使得曾经辉煌一时的政党走向危险的深渊。苏联共产党的经验教训是极其沉重且惨痛的。尽管苏联亡党亡国的原因是多方面的，但不可否认的是"松劲歇脚""疲劳厌战"是其中之一。习近平总书记明确指出："苏共拥有20万党员时夺取了政权，拥有200万党员时打败了希特勒，而拥有近2000万党员时却失去了政权。"①在苏联共产党的领导下，苏联社会主义建设取得了巨大成就，彰显了社会主义制度的优越性。但是随着成就的越来越大，苏联共产党逐渐抛弃了马克思主义信仰和共产主义信念、放纵贪污腐败现象发展，甚至在没有动一枪一卒的情况下拱手让出了政权，最后葬送了苏联、葬送了辛辛苦苦建立起来的社会主义事业。

中国特色社会主义进入新时代，世情、国情特别是党情发生了深刻变化。习近平总书记站在党的事业发展全局的高度深刻指出："我们要居安思危，时刻警惕我们这个百年大党会不会变得老态龙钟、疾病缠身"，"对中外政治史上那些安于现状、死于安乐的深刻教训不能健忘失忆；对自身存在的

---

① 习近平：《推进党的建设新的伟大工程要一以贯之》，《求是》，2019年第19期。

问题不能反应迟钝,处理动作慢腾腾、软绵绵,最终人亡政息!"①习近平总书记的殷殷话语时刻告诫着走过百年历程、在百年艰苦奋斗中取得辉煌成就的中国共产党,取得的成就越大就越不能"松劲歇脚""疲劳厌战"。前进路上,中国共产党人只有摒弃松劲歇脚的想法、消除疲劳厌战的情绪,才能在"新的赶考之路"上取得更大、更辉煌的成就,才能彻底解决大党独有难题。

2.中国共产党的"赶考"只有"进行时"没有"完成时"

学史以明理、学史以增信、学史以崇德、学史以力行,党的历史对新时代中国共产党的接续奋斗有着重要的启示作用。新民主主义革命时期,毛泽东与党内外人士的几次对谈引人深思。1944年3月19日至22日,《新华日报》连载郭沫若为纪念大明王朝和大顺王朝灭亡300年所写的文章《甲申三百年祭》,深刻总结了李自成农民军占领北京后,被胜利冲昏头脑,最终从胜利走向失败的惨痛教训。在党的六届七中全会期间,毛泽东复信郭沫若:"你的《甲申三百年祭》,我们把它当作整风文件看待。小胜即骄傲,大胜更骄傲,一次又一次吃亏,如何避免此种毛病,实在值得注意。"②这就是著名的"甲申对"。1945年7月初,毛泽东与黄炎培在延安窑洞中长谈了一个下午。黄炎培说:"我生六十多年,耳闻的不说,所亲眼看到的,真所谓'其兴也浡焉','其亡也忽焉',一人、一家、一团体、一地方,乃至一国,不少单位都没有能跳出这周期率的支配力……"毛泽东明确回答道:"我们已经找到新路,我们能跳出这周期率。这条新路,就是民主。只有让人民来监督政府,政府才不敢松懈。只有人人起来负责,才不会人亡政息"。③从此"窑洞对"广为流传。1949年3月23日,中共中央离开西柏坡准备出发进北平,毛泽东将其比喻成"进京赶考"。周恩来回答说:"我们应当都能考试及格,不要退回来。"

---

① 《习近平谈治国理政》(第四卷),外文出版社,2022年,第544页。
② 《毛泽东书信选集》,人民出版社,1983年,第241页。
③ 中共中央文献研究室编:《毛泽东年谱(一八九三——一九四九)(修订本)》(中卷),中央文献出版社,2013年,第611页。

毛泽东接着说道："退回来就失败了。我们决不当李自成，我们都希望考个好成绩。"①这就是人们熟知的"赶考对"。"甲申对""窑洞对""赶考对"，本质上都是毛泽东对中国共产党即将迎来的全国范围内执政考验的历史观照与深刻思考。新生的政权能不能经受住考验，中国共产党能不能经受住考验，是毛泽东一直萦绕心中并为之不懈探索的问题。

2013年7月11日，习近平总书记来到西柏坡，语重心长地说道："党面临的'赶考'远未结束。"2021年是中国共产党成立100周年。党的百年奋斗从根本上改变了中国人民的前途命运，开辟了实现中华民族伟大复兴的正确道路，展示了马克思主义的强大生命力，深刻影响了世界历史进程，锻造了走在时代前列的中国共产党。②党的二十大报告明确指出，中国共产党已团结带领中国人民又踏上了实现第二个百年奋斗目标新的赶考之路。站在历史交汇的节点上，中国共产党要继续保持"赶考"的清醒和坚定，为实现第二个百年奋斗目标开启新的"赶考"。中国共产党的"赶考"只有"进行时"没有"完成时"。

3.永葆赶考姿态是解决大党独有难题的应有之义

解决大党独有难题内在要求中国共产党在新时代新征程上必须永葆赶考姿态。这是解决大党独有难题的应有之义，也是保持清醒和坚定的实然之举。

首先，永葆赶考姿态才能明晰大党之"大"。习近平总书记指出："我们党是世界上最大的政党，大就要有大的样子，同时大也有大的难处。"③从党员的数量来看，中国共产党的党员总数已经超过9900万人，因党员数量庞大而形成的组织管理体系也是十分庞大的，所带来的组织管理难度也是巨大

①　中共中央文献研究室编：《毛泽东年谱（一八九三——一九四九）（修订本）》（下卷），中央文献出版社，2013年，第470页。
②　《中共中央关于党的百年奋斗重大成就与历史经验的决议》，人民出版社，2021年，第62~64页。
③　习近平：《推进党的建设新的伟大工程要一以贯之》，《求是》，2019年第19期。

的。从理想目标来看,中国共产党自成立之日起就将共产主义作为自己的最终目标,一切奋斗都是致力于实现人自由而全面发展的伟大目标,这体现了中国共产党的格局之大。从使命担当来看,中国共产党是为中国人民谋幸福、为中华民族谋复兴的党,同时也是为世界人民谋大同的党。中国共产党的担当之大与其他政党形成鲜明差别。从实际行动来看,中国共产党具有强大的战斗力,始终保持自身的先进性和纯洁性,其影响力和组织力也是其他政党无法相比的。永葆赶考姿态就是要清楚认识到中国共产党"大"的优势和长处,始终保持"清醒"和"坚定",以"大"的优势和长处消除"大"所带来的问题和难处。

其次,永葆赶考姿态才能认识独有之"独"。中国共产党所面临的难题是独有的,这不仅因为中国共产党是世界第一大党,同时也因为中国共产党要在中国这样的特殊国情之下坚持解放和发展生产力,不断改革与生产力不相适应的生产关系、与经济基础不相适应的上层建筑,改善国家治理、维护国家稳定,实现以中国式现代化全面推进中华民族伟大复兴。中国共产党推进强国建设、民族复兴没有参照物、风向标与导航仪。中国共产党现在所推进的伟大事业已进展到"历史无人区",没有过往的经验可以借鉴,只能通过时刻保持赶考的谨慎姿态、时刻保持清醒和坚定,准确识变、科学应变、主动求变,于危机中育新机、于变局中开新局,才能打开事业发展的崭新天地。

最后,永葆赶考姿态才能面对难题之"难"。新时代中国共产党的建设目标是把党建设成为走在时代前列、人民衷心拥护、勇于自我革命、经得起各种风浪考验、朝气蓬勃的马克思主义政党。新时代新征程上,如何始终"不忘初心、牢记使命",如何始终统一思想、统一意志、统一行动,如何始终具备强大的执政能力和领导水平,如何始终保持干事创业的精神状态,如何始终能够及时发现和解决自身存在的问题,如何始终保持风清气正的政治生态,是难题之"难"的具体表现。这些难题都需要凭借"赶考"的谨慎姿态去面对、去解决。

（三）继续发扬昂扬的斗争精神

敢于斗争是党的事业始终立于不败之地的力量源泉，善于斗争是马克思主义政党的鲜明品格。增强问题意识、坚持问题导向，势必要求中国共产党继续发扬昂扬的斗争精神。时刻保持解决大党独有难题的清醒就要坚持历史主动精神，既要敢于斗争、又要善于斗争，做到敢于斗争的勇气与善于斗争的能力相统一，以斗争开辟事业发展新天地。

1. 中国共产党是具有顽强斗争精神和丰富斗争经验的党

习近平总书记指出："务必敢于斗争、善于斗争，坚定历史自信，增强历史主动，谱写新时代中国特色社会主义更加绚丽的华章。"①百余年来，中国共产党进行了坚决的斗争实践，培养了顽强的斗争精神，积累了丰富的斗争经验。新民主主义革命时期，为推翻"三座大山"，改变中国半殖民地半封建的社会性质，中国共产党以崇高的理想信念和顽强的斗争意志"进行空前的伟大斗争"，先后经过大革命、土地革命、抗日战争和解放战争，最终建立起了人民当家作主的新中国。在此过程中，中国共产党锻造了敢于斗争、善于斗争的政治品格，开启了中国历史的新纪元。社会主义革命和建设时期，面对国际上敌对势力封锁的艰难形势，中国共产党团结带领全国各族人民不怕困难、迎难而上，建立起社会主义制度，并稳步走上社会主义工业化道路，奠定了实现中华民族伟大复兴的根本政治前提和制度基础。改革开放和社会主义现代化建设新时期，中国共产党总结斗争经验、发扬斗争精神，坚持解放思想、实事求是的思想路线，通过敢于斗争、善于斗争，全面推进改革开放，开启了中国的"第二次革命"，克服诸多矛盾和问题，化解诸多风险和挑战，实现了中华民族和中国人民命运的伟大转折，迎来了从站起来到富起来的伟大飞跃。进入新时代以来，以习近平同志为核心的党中央站在新的

---

① 习近平：《高举中国特色社会主义伟大旗帜　为全面建设社会主义现代化国家而团结奋斗——在中国共产党第二十次全国代表大会上的报告》，人民出版社，2022年，第1~2页。

历史起点上,解决了许多长期想解决而没有解决的难题,办成了许多过去想办而没有办成的大事,打赢脱贫攻坚战,全面建成小康社会,开启了全面建成社会主义现代化强国的新征程。中国共产党新征程上斗争意志进一步增强,斗争能力进一步提升,依靠伟大斗争取得了新时代中国特色社会主义伟大成就。敢于斗争、善于斗争是中国共产党百年来取得巨大成就的重要法宝。

2.新时代新征程必须进行具有许多新的历史特点的伟大斗争

中国共产党百余年的历史,就是一部顽强的斗争史。历史深刻表明,不进行伟大斗争就无法建设伟大工程,就无法推进伟大事业,就无法实现伟大梦想。党的十八大以来,习近平总书记统筹中华民族伟大复兴战略全局和世界百年未有之大变局,统筹发展和安全两件大事,告诫全党:“中华民族伟大复兴不是轻轻松松、敲锣打鼓就能实现的,必须勇于进行具有许多新的历史特点的伟大斗争,准备付出更为艰巨、更为艰苦的努力。”[1]新时代新征程上必须进行具有许多新的历史特点的伟大斗争,可以从以下四个角度把握[2]:

第一,新时代坚持和发展中国特色社会主义,既不走封闭僵化的老路,也不走改旗易帜的邪路,必须进行新的伟大斗争。中国共产党只有高举中国特色社会主义伟大旗帜,才能在新的历史方位上肩负起时代赋予的新的历史使命。中国特色社会主义是社会主义,而不是别的其他什么主义。[3]中国特色社会主义既要坚持科学社会主义基本原则,又要根据时代条件赋予其鲜明的中国特色,既不走封闭僵化的老路,也不走改旗易帜的邪路,充分彰显中国特色、中国风格、中国气派,坚决同那些质疑、污蔑和反对中国特色

① 习近平:《高举中国特色社会主义伟大旗帜　奋力谱写全面建设社会主义现代化国家崭新篇章》,《人民日报》,2022年7月28日。
② 辛向阳:《深刻把握“进行具有许多新的历史特点的伟大斗争”的时代意蕴》,《党的文献》,2022年第5期。
③ 习近平:《关于坚持和发展中国特色社会主义的几个问题》,《求是》,2019年第7期。

社会主义的言行作斗争。

第二，新时代新征程上全面建设社会主义现代化国家，面对严峻复杂的形势任务，应对化解各种风险挑战，必须进行新的伟大斗争。党的十九大对全面建成社会主义现代化强国作出新的战略部署，提出了新的"两步走"战略：第一步是从2020年到2035年，基本实现社会主义现代化；第二步是从2035年到21世纪中叶，把我国建成富强、民主、文明、和谐、美丽的社会主义现代化强国。[①]在全面建设社会主义现代化国家新征程上，我国发展既有机遇，又有挑战。制度优势显著、市场空间广阔、发展韧性强劲、社会大局稳定，这是我们的优势；同时也应该看到，我国发展不平衡不充分的问题仍然突出、重点领域和关键环节的改革任务仍然艰巨，社会治理还有弱项。中国共产党要充分认识到这些斗争的严峻复杂性，既要敢于斗争、又要善于斗争，坚持斗争的原则性与策略的灵活性相统一，把握时度效，以伟大斗争开辟现代化建设新局面。

第三，新时代推进党的建设新的伟大工程，不断进行党的自我革命，以伟大自我革命引领伟大社会革命，必须进行新的伟大斗争。党的十八大以来，中国共产党坚持全面从严管党治党，全面推进党的各方面建设，反腐败斗争取得压倒性胜利并全面巩固。但中国共产党面临的长期执政考验、改革开放考验、市场经济考验、外部环境考验仍将长期存在，精神懈怠危险、能力不足危险、脱离群众危险、消极腐败危险仍将长期存在。应对这些考验、消除这些危险，必须进行艰巨的复杂的斗争，以此刹住歪风邪气、改进工作作风、纠治顽瘴痼疾。

第四，在世界百年未有之大变局的背景下，把握世界历史发展大势，推动构建人类命运共同体，必须进行具有许多新历史特点的伟大斗争。当前，世界百年未有之大变局加速演进，世界之变、时代之变、历史之变前所未有，

---

① 习近平：《决胜全面建成小康社会　夺取新时代中国特色社会主义伟大胜利——在中国共产党第十九次全国代表大会上的报告》，人民出版社，2017年，第27~29页。

世界进入新的动荡变革期。中国共产党必须站在历史正确的一边、站在人民的一边、站在和平的一边,总结历史规律,把握历史大势,推动构建持久和平、普遍安全、共同繁荣、开放包容、清洁美丽的世界,推动构建人类命运共同体。这必定是一项长期、复杂、艰巨的历史任务,前进路上必然会充满各种困难和挑战,只有勇于斗争,并且善于斗争,久久为功,才能不断书写人类历史发展的崭新篇章。

3.保持斗争精神是解决大党独有难题的重要法宝

中国共产党在过去的一百多年里通过斗争取得了辉煌成就,历史已经印证了保持斗争精神的重要性。在新的赶考之路上,中国共产党同样也需要保持斗争精神来解决面临的大党独有难题,实现长期执政。

一方面,保持斗争精神昭示了解决大党独有难题的精神动力。习近平总书记深刻指出:"许多党员、干部没有经历过生死考验,缺乏严峻斗争和艰苦环境的磨砺,容易追求安逸享乐而意志消沉、不思进取,容易在具有许多新的历史特点的伟大斗争面前慌了心神、乱了阵脚。"[①]靠这种创业精神不振、担当劲头不足的精神状态来解决大党独有难题是不行的。"保持和发展马克思主义政党的政治属性不是一件容易的事。"[②]靠这种政治敏锐下降、政治意识淡薄的精神状态来解决大党独有难题是不行的。"人民群众最痛恨腐败现象,腐败是我们党面临的最大威胁。"[③]靠这种违背初心使命、丧失理想信念的精神状态来解决大党独有难题是不行的。中国共产党是解决大党独有难题的主体力量,必须通过保持斗争精神来克服上述问题,才能强化全党的责任担当、提升全党的政治敏锐,无论何时何地何种情况都能始终坚守理

①　习近平:《论党的自我革命》,党建读物出版社、中国方正出版社、中央文献出版社,2023年,第353页。

②　中共中央党史和文献研究院编:《十九大以来重要文献选编》(上),中央文献出版社,2019年,第535页。

③　中共中央党史和文献研究院编:《十九大以来重要文献选编》(上),中央文献出版社,2019年,第47页。

想信念，时刻保持解决大党独有难题的清醒。

另一方面，保持斗争精神彰显了解决大党独有难题的决心意志。不代表任何集团利益、没有自己的特殊利益、始终将人民利益作为自己行动旨归的中国共产党有强大的决心意志去解决大党独有难题，进而实现长期执政的目标。党的十八大以来，以习近平同志为核心的党中央坚持党要管党、全面从严治党，坚持打铁必须自身硬，以"得罪千百人、不负十四亿"的清醒祛疴治乱，以坚持不懈"钉钉子精神"持续纠治"四风"，以"打虎""拍蝇""猎狐"的组合拳开展史无前例的反腐败斗争，中国共产党在革命性锻造中变得更加坚强有力。新时代党的建设伟大实践体现了其一脉相承并且与时俱进的斗争精神，体现了其深入推进新时代党的建设伟大工程的非凡定力，彰显了其解决大党独有难题的决心意志。

（四）打开事业发展的崭新局面

增强问题意识、坚持问题导向要求中国共产党要聚焦突出问题、直面困难挑战。因此，在突出的问题、困难和挑战面前，如何"逢山开路"、怎样"遇水搭桥"是打开事业发展的崭新局面的关键所在，是中国共产党人政治担当和干事创业能力的集中体现，同时也是时刻保持解决大党独有难题清醒的现实体现。

1. 中国共产党在实现长期执政的道路上不会一帆风顺

习近平总书记曾明确指出："十九大以来的五年，是极不寻常、极不平凡的五年。党中央统筹中华民族伟大复兴战略全局和世界百年未有之大变局……以奋发有为的精神把新时代中国特色社会主义不断推向前进。"[①]以习近平同志为核心的党中央对中国发展和全球局势做了深刻研判，凭借深邃的战略眼光、宽广的国际视野和强烈的使命担当，提出统筹"中华民族伟

---

① 习近平：《高举中国特色社会主义伟大旗帜　为全面建设社会主义现代化国家而团结奋斗——在中国共产党第二十次全国代表大会上的报告》，人民出版社，2022年，第2页。

大复兴战略全局"和"世界百年未有之大变局"的重大论断。

从中华民族伟大复兴战略全局来看,中国共产党是中国最高政治领导力量,中国共产党的领导是中国特色社会主义的最本质特征,是中国特色社会主义制度的最大优势。实现中华民族伟大复兴关键在党。从世界百年未有之大变局来看,经过中国共产党的百年努力,中国从国家蒙辱、人民蒙难、文明蒙尘的半殖民地半封建社会,成为已经站起来和富起来、迎来了强起来的世界大国,已经从"东亚病夫"日益走近世界舞台中央,发挥着世界和平建设者、全球发展贡献者、国际秩序维护者的重要作用。但同时也应清醒地认识到世界之变、时代之变、历史之变正以前所未有的方式展开,国内改革发展稳定任务艰巨繁重,国际上和平赤字、发展赤字、治理赤字、信任赤字、文明赤字有增无减。"世界怎么了? 我们怎么办? 人类社会向何处去?"是中国共产党在实现长期执政的路上必须回答的重大问题。中国共产党如何观察时代、把握时代、引领时代关系中华民族伟大复兴的目标能不能实现,决定着其能不能在时代风云激荡的今天站稳脚跟,决定着其能不能实现长期执政。"两个大局"相互交织必然预示着中国共产党在实现长期执政的道路上并不会一帆风顺。

2.前进路上危机与新机同在、变局与新局共存

当代中国正处于重要的战略机遇期。所谓"战略机遇期"就是指在国际国内与主客观条件的各种因素综合作用下,为国家或地区的经济、政治、文化创造良性互动,迅速提升综合国力和国际竞争力的一段和平时期。[①]党的十六大首次提出"战略机遇期"这一重大论断,明确指出:"二十一世纪头二十年,对我国来说,是一个必须紧紧抓住并且可以大有作为的重要战略机遇期。"[②]进入新时代以来,以习近平同志为核心的党中央准确把握党和国家发

---

① 冯留建、谢良卿:《中国共产党把握战略机遇的历史进程与基本经验》,《探求》,2023年第1期。
② 江泽民:《全面建设小康社会 开创中国特色社会主义事业新局面》,《人民日报》,2002年11月9日。

展的大势,指出:"综合分析国内外形势,当前和今后一个时期,我国发展仍然处于重要战略机遇期,但机遇和挑战都有新的发展变化。"①党的二十大报告指出:"我国发展进入战略机遇和风险挑战并存、不确定难预料因素增多的时期。"②中国所面临的重大战略机遇期不仅是中国人民和中华民族的战略机遇期,同时也是中国共产党所面临的战略机遇期。当前,国内外形势正在发生深刻复杂变化,我国发展仍处于重要战略机遇期,前景十分光明,挑战也十分严峻。③中国共产党在前进的道路上危机与新机同在、变局与新局共存。

中国共产党能不能打开事业发展的新局面,取决于能不能聚焦突出问题、直面困难挑战,于危机中育新机,于变局中开新局。坚持和加强党的全面领导、顺应时代发展潮流趋势、充分发挥历史主动精神、始终坚持以人民为中心,既是中国共产党百年以来把握战略机遇的基本经验,同时也是在前进路上需要做好的几项重要工作。这几项工作做得好,就会迎来新机初生、新局崭露的有利局面;反之,这几项工作做得不好,危机之难、变局之乱就会接踵而来。

3.聚焦突出问题是解决大党独有难题的有力抓手

聚焦突出问题是于危机中育新机、于变局中开新局的重要法宝,是在危机与新机同在、变局与新局共存的情况下解决大党独有难题的有力抓手。

首先,聚焦突出问题能找到解决大党独有难题的现实着力点。马克思明确指出:"问题就是时代的口号,是它表现自己精神状态的最实际的呼声。"④问题是时代的呼声和号角,是实践中不断涌现的新矛盾。马克思主义

---

① 习近平:《新发展阶段贯彻新发展理念 必然要求构建新发展格局》,《求是》,2022年第17期。

② 习近平:《高举中国特色社会主义伟大旗帜 为全面建设社会主义现代化国家而团结奋斗——在中国共产党第二十次全国代表大会上的报告》,人民出版社,2022年,第26页。

③ 习近平:《决胜全面建成小康社会 夺取新时代中国特色社会主义伟大胜利——在中国共产党第十九次全国代表大会上的报告》,人民出版社,2017年,第2页。

④ 《马克思恩格斯全集》(第40卷),人民出版社,1982年,第289~290页。

之所以被称为实践的理论,正是它直面和聚焦现实的突出问题。中国共产党解决大党独有难题的本质内涵就在于解决其自身不断出现的现实突出问题,并以这一系列突出问题为抓手推进党的建设,祛除自身的顽瘴痼疾,跳出治乱兴衰的历史周期率。发现突出问题、承认突出问题并解决突出问题,才能化"阻力"为"动力",找到解决大党独有难题的现实着力点,搞清工作思路进而取得新成效。

其次,聚焦突出问题能发现解决大党独有难题的全局关键点。中国共产党解决大党独有难题是一个系统工程,需要统筹全局、稳定步调、循序渐进,树立和强化系统思维,形成解决问题的整体思路。一般来说,问题之所以突出是因为其是全局系统里的主要矛盾或矛盾的主要方面。所以,抓住突出问题并加以解决就是找到了全局的关键点,就是找到了"纲举目张"之"纲"。正如习近平总书记所要求的,既要"强化系统观念,统筹处理好两难甚至多难问题,不能'按下葫芦起了瓢'"①,又要"带着问题深入调查研究,善于透过现象看本质,提高把握问题实质、把握矛盾规律的能力"②。聚焦解决大党独有难题的实践中反映出的问题,才能掌握全局的关键所在,达到综合性考量和针对性推进的有机统一。

最后,聚焦突出问题能把握解决大党独有难题的根本落脚点。中国共产党的一切牺牲奋斗,都是为了实现最广大人民群众的根本利益。一百多年来,中国共产党一直坚持从群众中来、到群众中去,把党的主张变成群众的自觉行动的根本工作路线。新时代以来,人民日益增长的美好生活需要变得尤为显著,对中国共产党的工作提出了新的要求。中国共产党在解决大党独有难题中所面临的突出问题,不仅仅是党自身问题的现实表达,同时

---

① 中共中央党史和文献研究院编:《习近平关于调查研究论述摘编》,党建读物出版社、中央文献出版社,2023年,第108~109页。

② 中共中央党史和文献研究院编:《习近平关于调查研究论述摘编》,党建读物出版社、中央文献出版社,2023年,第69页。

也是中国最广大人民群众对新时代中国共产党更高标准要求的集中体现。历史周期率归根到底是"人民周期率"，大党独有难题归根到底是中国共产党能不能通过自身建设始终坚持好、维护好、发展好中国最广大人民的根本利益的难题。新时代新征程上的中国共产党要始终以人民为中心，加强党的建设、推进党的事业、解决大党独有难题。

三、时刻保持解决大党独有难题的"坚定"

党的十八大以来，以习近平同志为核心的党中央，坚持党要管党、全面从严治党，全面消除管党治党宽松软的状况，推动新时代新征程上中国共产党的建设取得历史性成就、发生历史性变革。勇于自我革命、从严管党治党既是推进党的建设新的伟大工程实践中取得的宝贵经验总结，同时也是在全面建成社会主义现代化强国的新征程上时刻保持解决大党独有难题的坚定的重要抓手。勇于自我革命、从严管党治党，就需要党在制度、队伍、作风、行动上都要坚定，这是时刻保持解决大党独有难题的坚定的应有之义和实践路径。

（一）完善党的自我革命制度规范体系

党的制度建设是党的建设的主要载体和重要机制保障，贯穿于党的建设的各方面和全过程。不断完善党的自我革命制度规范体系，是党的二十大着眼坚定不移全面从严治党、着眼深入推进新时代党的建设新的伟大工程、着眼科学建设长期执政的马克思主义政党、着眼跳出治乱兴衰的历史周期率、着眼时刻保持解决大党独有难题的坚定而提出的重大战略部署和现实命题。

1. 自我革命是党找到的跳出历史周期率的第二个答案

习近平总书记指出："我们党历史这么长、规模这么大、执政这么久，如何跳出治乱兴衰的历史周期率？毛泽东同志在延安的窑洞里给出了第一个答案，这就是'只有让人民来监督政府，政府才不敢松懈'。经过百年奋斗特别是党的十八大以来新的实践，我们党又给出了第二个答案，这就是自我革命。"①正如习近平总书记所说："我们党为什么能够在现代中国各种政治力量的反复较量中脱颖而出？为什么能够始终走在时代前列、成为中国人民和中华民族的主心骨？根本原因在于我们党始终保持了自我革命精神，保持了承认并改正错误的勇气，一次次拿起手术刀来革除自身的病症，一次次靠自己解决了自身问题。"②

自我革命是中国共产党区别于其他任何政党的显著标志。一方面，自我革命是马克思主义唯物史观关于人民群众是历史创造者理论的延伸。习近平总书记明确指出："我们党没有任何自己特殊的利益，这是我们党敢于自我革命的勇气之源、底气所在。"③马克思主义唯物史观认为人民群众是历史的创造者，是社会历史的主体力量。接受马克思主义科学指导的无产阶级政党只能代表并且也必须代表最广大人民的根本利益。中国共产党自我革命的思想源于这一重要观点，其自我革命的理论与实践从根本上说是为了践行"为中国人民谋幸福"的执政初心和履行"为中华民族谋复兴"的执政使命。另一方面，自我革命贯穿于中国共产党百余年来不断加强自身建设的过程之中。毛泽东高度重视党的自身建设特别是反腐倡廉建设，并从其长期性出发，提出了"务必使同志们继续地保持谦虚、谨慎、不骄、不躁的作风，务必使同志们继续地保持艰苦奋斗的作风"④的要求。邓小平指出：

①　《习近平谈治国理政》（第四卷），外文出版社，2022年，第541页。
②　习近平：《论坚持全面深化改革》，中央文献出版社，2018年，第326页。
③　习近平：《以史为鉴、开创未来 埋头苦干、勇毅前行》，《求是》，2022年第1期。
④　《毛泽东选集》（第四卷），人民出版社，1991年，第1438~1439页。

"要有群众监督制度，让群众和党员监督干部，特别是领导干部"①，并提出要以管党治党的有力举措切实保障"人民监督"民主制度的落实。江泽民在党的十四届四中全会上把党的建设提升至"新的伟大工程"高度。胡锦涛高度重视党的执政能力建设和党的先进性、纯洁性建设。中国共产党的第三个历史决议也将自我革命总结为中国共产党百年奋斗取得的宝贵历史经验之一。

2.完善党的自我革命制度规范体系的崭新命题

坚持自我革命是中国共产党总结百年奋斗历程得出来的一条重要经验。党的二十大报告首次提出了"完善党的自我革命制度规范体系"这一崭新命题，这是深入推进新时代党的建设新的伟大工程的重大战略部署，是全党时刻保持解决大党独有难题的坚定的制度支撑，是解决大党独有难题的实践路径。

党的自我革命制度规范体系是以党章为根本、以民主集中制原则为核心，约束自我革命主体、规范自我革命行为、监督自我革命工作的制度规范的总和。完善党的自我革命制度规范体系的目标在于更好发挥中国共产党的制度优势，并推动制度优势向治理效能转化，推进党和国家事业跨越式发展。②

党的自我革命制度规范体系具有其内在的逻辑。一方面，完善自我革命制度规范体系既是马克思主义建党学说的内在要求，又是自我革命的法治要求和制度保障，也是保持马克思主义政党的先进性和纯洁性、实现共产主义崇高使命的必然要求，同时还是对共产党自身建设规律的准确判断和科学把握。另一方面，自我革命制度规范体系是百年大党制度建设的经验总结。党的自我革命制度规范经历了从自发探索到自主推进、从重视制度

---

① 《邓小平文选》（第二卷），人民出版社，1994年，第332页。
② 王明春：《新时代完善党的自我革命制度规范体系的价值基础、内涵结构与功能导向》，《广西社会科学》，2023年第8期。

要素建设到重视制度体系建构的演进历程,实现了从单个制度创设到制度碎片化发展,再到制度体系化完善的跨越式发展。①党的十八大以来,以习近平同志为核心的党中央在总结经验的基础上,推进党的建设逐步走向制度化、规范化、程序化,初步构建起党的自我革命制度规范体系,实现了刀刃向内、刮骨疗毒、壮士断腕的自我革命精神与制度化、程序化、长效化的自我革命制度规范体系的有机统一。只有将二者有机结合,中国共产党才能巩固长期执政地位,真正做到始终保持解决大党独有难题的坚定。

3. 解决大党独有难题离不开坚实有力的制度支撑

解决大党独有难题离不开制度作为支撑。完善党的自我革命制度规范体系是中国共产党为解决大党独有难题进行的创造性探索、取得的战略性成果。

首先,完善党的自我革命制度规范体系丰富了党内法规制度体系,为中国共产党解决大党独有难题奠定了制度基础。新时代十年是党的历史上制度建设成果最丰硕、制度笼子最严密、制度执行最严格的时期。党中央举全党之力、集全党之智,坚持全方位、立体式推进党内法规制度建设,党内法规制度体系建设取得了重大进展,实现了坚持加强党的全面领导有制可循、从严管党治党有规可依。党内法规制度体系是中国共产党破解大党独有难题的基础性制度。完善党的自我革命制度规范体系是党内法规制度体系的重要组成部分,是新时代中国共产党对如何实现长期执政这一世界性难题在制度上的探索与破解。

其次,完善党的自我革命制度规范体系提升了自我革命成功经验,为中国共产党解决大党独有难题提供了制度创新。党的二十大明确提出"完善党的自我革命制度规范体系"的崭新命题,其目的在于将党自我革命的成功经验加以总结提升,实现自我革命的制度化、规范化、体系化。党的自我革

---

① 臧秀玲、金英存:《党的自我革命制度规范体系的生成机理、结构功能与完善进路》,《南昌大学学报》(人文社会科学版),2023年第5期。

命遵循以理论创新指导实践发展、以实践发展推进制度构建、以制度构建促进实践改进、以实践改进推动理论完善的逻辑闭环，经实践反复验证后的经验对于推动理论发展和制度完善起着关键性作用。①中国共产党以科学的态度、周密的逻辑、体系化的方式不断推进党的自我革命，为以制度化方式解决大党独有难题注入成功经验。

最后，完善党的自我革命制度规范体系昭示了管党治党的战略定力，为中国共产党解决大党独有难题提供了制度保障。中国共产党持之以恒推进全面从严管党治党的战略定力体现在其自我革命的精神上、自我革命的实践上，以及在此基础上形成的自我革命制度规范体系上。破解大党独有难题是完善党的自我革命制度规范体系的方向和旨归，完善党的自我革命制度规范体系是中国共产党以制度方式破解大党独有难题的坚定的重要体现。这充分体现了中国共产党把自身建设成为始终走在时代前列的马克思主义执政党的坚定意志和决心。

(二)锻造忠诚干净担当的高素质干部队伍

政治路线确定之后，干部就是决定的因素。②只有锻造一支忠诚干净担当的高素质干部队伍，才能把党的政治优势和组织优势不断转化为制胜优势，在新的赶考之路上创造新的历史伟业，时刻保持解决大党独有难题的坚定不移。

1.高素质干部队伍事关党和国家事业兴旺发达、长治久安

全面建设社会主义现代化国家，需要一支政治过硬、适应新时代需求、具备领导现代化建设能力的干部工作队伍。干部是党的路线方针政策的执行者，肩负着领导人民进行社会主义现代化建设的重任。高素质的干部队伍事关党和国家事业的兴旺发达和长治久安，事关中华民族伟大复兴目标

---

① 禹竹蕊：《完善党的自我革命制度规范体系的重大意义》，《广西社会科学》，2023年第8期。
② 《毛泽东选集》(第二卷)，人民出版社，1991年，第526页。

的顺利实现。

一方面,建设高素质的干部队伍符合马克思主义干部队伍建设思想。马克思和恩格斯在系统总结巴黎公社的经验时首次提出"人民公仆"的概念,并以此形成了"人民公仆"思想。马克思不仅提出"人民公仆"的宗旨在于为人民服务,而且提出要通过选举、撤换、监督、管理以及与工人保持同等经济报酬等措施防止干部腐败和特权问题。①马克思主义干部队伍建设思想特别是"人民公仆"思想是中国共产党建设高素质干部队伍的逻辑起点。中国共产党始终将这一思想作为建设使命型政党、建设高素质干部队伍的理论指导。党的十八大以来,以习近平同志为核心的党中央将干部队伍建设放在全局的重要位置,科学推进新时代党的干部队伍建设,朝着建成堪当民族复兴重任的高素质干部队伍不断努力。

另一方面,建设高素质的干部队伍是中国共产党不断提高自身战斗力的重要保证。中国共产党是有强大战斗力的马克思主义政党。一百多年来,中国共产党围绕不同时期的中心任务,与时俱进地加强干部队伍建设。新民主主义革命时期与社会主义革命和建设时期,毛泽东坚持"才德兼备""任人唯贤"的干部标准和干部路线,倡导"知人善任""五湖四海"的方针,为党的革命和建设事业奠定了坚实的人才基础。改革开放和社会主义现代化建设新时期,邓小平提出"革命化、年轻化、知识化、专业化"的干部方针,废除事实上存在的领导干部任期终身制,为社会主义现代化建设事业提供强大的人才支撑。中国特色社会主义进入新时代以后,习近平总书记在新的起点上推进干部队伍建设,着力祛除理想信念弱化的顽瘴痼疾,大力净化党内政治生态,全党精神面貌焕然一新。建设高素质的干部队伍是以中国式现代化全面推进中华民族伟大复兴的内在要求,更是中国共产党提高自身战斗力的重要保证。

---

① 《马克思恩格斯选集》(第三卷),人民出版社,2012年,第141页。

2.始终坚持新时代好干部标准

新时代以来,习近平总书记着眼于党的干部队伍建设,提出了信念坚定、为民服务、勤政务实、敢于担当、清正廉洁的新时代好干部标准①,提出要锻造忠诚干净担当的高素质干部队伍的目标,为新时代选人用人定下规矩。

新时代好干部标准的五点要求是一个相互联系的有机整体,既注重"德"的标准,又注重"才"的能力,实现了政治标准和专业能力的高度辩证统一。具体而言,信念坚定是好干部的立身之本和党性之根;为民服务是好干部的为政之道和成事之基;勤政务实是好干部的工作之责和履职之要;敢于担当是好干部的信念之矢和使命之的;清正廉洁是好干部的政治之色和正气之源。②新时代好干部标准为加强党的干部队伍建设提出了新的目标和要求。"忠诚、干净、担当"则是对新时代好干部标准的丰富发展和具体表达。"忠诚"是为政之魂,要做到忠诚于党和人民,筑牢理想信念根基,为党和人民的事业拼搏奉献,坚决贯彻执行党的基本理论、基本路线、基本纲领,在大是大非面前始终保持头脑清醒和立场坚定;"干净"是立身之本,要真正做到权为民所用、利为民所谋,真正做到公正用权、依法用权、为民用权、廉洁用权,拧紧世界观、人生观、价值观的"总开关",带头执行廉洁从政各项规定,清清白白做人、干干净净做事;"担当"是履职之要,要脚踏实地、努力工作,要在面对矛盾时敢于迎难而上、面对危机时敢于挺身而出、面对失误时敢于承担责任、面对歪风邪气时敢于坚决斗争。

党的二十大报告明确提出要"建设堪当民族复兴重任的高素质干部队伍"的重大政治任务。在强国建设、民族复兴的征途上,要坚持新时代好干部标准,锻造忠诚干净担当的高素质干部队伍,完成党的二十大提出的重大

---

① 习近平:《建设一支宏大高素质干部队伍　确保党始终成为坚强领导核心》,《人民日报》,2013年6月30日。

② 何璐:《新时代党的干部队伍建设的实践探索、鲜明特征与优化路径》,《西部学刊》,2023年第19期。

政治任务,进而实现大党独有难题的解决。

3.解决大党独有难题离不开选人用人的关键因素

选人用人对于中国共产党事业的兴衰成败具有重要作用。干部队伍出色,党的政策就会得到深入贯彻落实,党的工作就会蒸蒸日上。解决大党独有难题作为中国共产党面临的重大政治任务和历史任务,必须坚持新时代好干部标准,锻造忠诚干净担当的高素质干部队伍,把好选人用人关。

其一,解决大党独有难题要不断强化选人用人的鲜明导向。新时代好干部标准为中国共产党全体党员明确了目标要求和行为标准,鲜明体现了党的干部队伍建设思想的与时俱进,为新时代干部队伍建设工作提供了根本遵循。大党独有难题的复杂性与艰巨性,要求中国共产党必须不断从五湖四海吸收人才,使德才兼备的优秀干部成为新时代干部队伍的主力军和生力军。

其二,解决大党独有难题要完善干部选拔任用的科学体系。习近平总书记明确强调:"用人得当,首先要知人。"①要根据习近平总书记的要求,构建系统完备、科学规范、有效管用、简便易行的干部选拔任用制度机制,推进领导干部能上能下、促进领导干部担当作为。科学的干部选拔任用机制为党注入了源源不断的新鲜血液,为解决大党独有难题注入了源源不断的动力。

其三,解决大党独有难题要扭转"四唯"观念对选人用人的不利影响。党的十八大以来,党中央纠正了唯票、唯分、唯生产总值、唯年龄等选人用人的错误偏向,选拔任用干部的岗位匹配度和专业对口度得到明显提升。坚持把专业的事交给专业的人来做,才能进一步保证党在各个领域内对大党独有难题进行更有针对性的解决。

其四,解决大党独有难题要坚持把严格要求和关心爱护结合起来。习近平总书记十分关心干部的培养和成长,明确提出要使日常监督与党员领

---

①　中共中央宣传部:《习近平总书记系列重要讲话读本》,学习出版社、人民出版社,2014年,第163页。

导干部如影随形、不留空当,同时也要认真落实"三个区分开来"①,使党员领导干部的干事创业氛围更加友好。被激发出极大干事创业活力和极强学习提升动力的高素质干部队伍,必将在解决大党独有难题的过程中不断发挥自身更大的积极性、主动性、创造性。

(三)坚持党性党风党纪一起抓

党的作风是指在党的活动中表现出来的态度和行为,是党的性质、宗旨和世界观在党的活动中的表现,是关系党的生死存亡的重大问题。坚持党性党风党纪一起抓是中国共产党生生不息、久经复杂考验而百炼成钢的奥秘所在。时刻保持解决大党独有难题的坚定,必须坚持党性党风党纪一起抓。

1.党性、党风、党纪是有机统一的整体

党的二十大报告指出:"坚持党性党风党纪一起抓,从思想上固本培元,提高党性觉悟,增强拒腐防变能力,涵养富贵不能淫、贫贱不能移、威武不能屈的浩然正气。"②党性是根本,是党员干部立身、立业、立言、立德的基石,是党员的立场问题,决定一个人如何的是品行,决定一名党员如何的是党性。党风是表现,是党性的外在表现,是党群关系的外在表现,是党的形象和素质的外在表现。党纪是保障,是全面从严治党的重要保障,是党的事业的重要保障,其中具有决定性地位的是党的政治纪律。党性、党风、党纪是有机统一的整体,是马克思主义政党建设的重要方面,是管党治党系统观念的重要体现。

---

① "三个区分开来"是指:把干部在推进改革中因缺乏经验、先行先试出现的失误和错误,同明知故犯的违纪违法行为区分开来;把上级尚无明确限制的探索性试验中的失误和错误,同上级明令禁止后依然我行我素的违纪违法行为区分开来;把为推动发展的无意过失,同为谋取私利的违纪违法行为区分开来。

② 习近平:《高举中国特色社会主义伟大旗帜　为全面建设社会主义现代化国家而团结奋斗——在中国共产党第二十次全国代表大会上的报告》,人民出版社,2022年,第68~69页。

坚强的党性、良好的党风、严明的党纪是中国共产党区别于其他政党的鲜明特点。中国共产党自成立之日起,就把党性、党风、党纪摆在了突出位置。从党性来看,中国共产党在延安时期创造性地以整风运动形式开展党性教育,为马克思主义政党的党性教育提供了具有中国特色的新方法,是党性教育的成功典范。从党风来看,毛泽东在党的七大上基于对党的历史经验的总结,提出了中国共产党的三大优良作风即"理论和实践相结合的作风,和人民群众紧密地联系在一起的作风以及自我批评的作风"①。从党纪来看,从建党之日起,中国共产党就已经意识到了纪律的重要性,并在党的二大修订的党章中将"纪律"单独成章。中国共产党坚持从党性、党风、党纪出发,不断推进自身的发展和完善,以伟大自我革命引领伟大社会革命,取得了新民主主义革命、社会主义革命和建设、改革开放和社会主义现代化建设、新时代中国特色社会主义建设的伟大成就。正是因为具有坚强的党性、良好的党风、严明的党纪,中国共产党才始终展现出勃勃生机,不断战胜前进道路上的风险挑战,不断从胜利走向新的胜利。

2.坚持党性党风党纪一起抓是党不断取得新胜利的成功经验

中国共产党之所以从小到大、从弱到强、从胜利走向新的胜利,其中一个重要因素就在于坚持党性党风党纪一起抓。这可以从两个方面看:

一方面,从理论上看,坚持党性党风党纪一起抓符合马克思主义政党的建设规律。马克思和恩格斯在《共产党宣言》中明确提出:"共产党人是各国工人政党中最坚决的、始终起推动作用的部分。"②同时,马克思和恩格斯在建党实践中也旗帜鲜明地同各种错误思潮作斗争。列宁也十分重视党性、党风、党纪建设,明确提出:"我们的任务是要维护我们党的坚定性、彻底性和纯洁性。我们应当努力把党员的称号和作用提高,提高,再提高。"③"无产

① 《毛泽东选集》(第三卷),人民出版社,1991年,第1094页。
② 《马克思恩格斯选集》(第一卷),人民出版社,2012年,第413页。
③ 《列宁全集》(第七卷),人民出版社,2013年,第272页。

阶级实现无条件的集中和极严格的纪律，是战胜资产阶级的基本条件之一。"①中国共产党作为接受马克思列宁主义指导的党，也必然十分重视党性、党风、党纪的问题，坚持党性党风党纪一起抓深化了对共产党建设规律和执政规律的认识。

另一方面，从实践上看，坚持党性、党风、党纪一起抓，是新时代推进党的建设新的伟大工程的实践经验。党的十八大以来，以习近平同志为核心的党中央先后开展了党的群众路线教育实践活动、"三严三实"专题教育、"两学一做"学习教育、"不忘初心、牢记使命"主题教育、党史学习教育、学习贯彻习近平新时代中国特色社会主义思想主题教育、党纪学习教育等一系列党内集中教育，以筑牢共产党人的信仰之基、补足共产党人的精神之钙；在整顿作风上，党中央坚持以上率下落实"八项规定"，以钉钉子精神纠治"四风"，多次研究部署作风建设的有关问题，筑牢党的执政基础；在严明纪律上，中国共产党坚持纪严于法、执纪执法贯通，创造性提出了监督执纪"四种形态"②，形成了比较完善的党内法规制度体系。经过以习近平同志为核心的党中央不懈努力，通过党性、党风、党纪一起抓，中国共产党解决了自身建设中的许多新问题，在新时代推进党的建设过程中形成了许多重要经验，党在革命性锻造中更加坚强有力。

3.解决大党独有难题离不开切实有效的成功经验

中国共产党在解决大党独有难题的过程中要坚持党性党风党纪一起抓这一成功经验，既要突出党性原则，又要发扬优良作风，还要严守党规党纪。

其一，解决大党独有难题要加强思想建设以突出党性原则。习近平总

---

① 《列宁选集》(第四卷)，人民出版社，2012年，第135页。

② 《中国共产党党内监督条例》第七条强调：党内监督必须把纪律挺在前面，运用监督执纪"四种形态"：经常开展批评和自我批评，及时进行谈话提醒、批评教育、责令检查、诫勉，让"红红脸、出出汗"成为常态；党纪轻处分、组织调整成为违纪处理的大多数；党纪重处分、重大职务调整的成为少数；严重违纪涉嫌犯罪追究刑事责任的成为极少数。

书记曾指出："党内存在的一些突出问题,从根源上说都是思想上的问题。"①
党的思想理论是推进工作的科学指引,是党实践经验的科学总结。思想建
设是党的基础性建设,是坚强党性的重要基础。思想上的清醒决定了政治
上的坚定、决定了党性上的坚定。中国共产党解决大党独有难题最基础的
就是要从思想入手,从思想上固本培元,以思想建设突出党性原则。这样才
能经得起大风大浪甚至惊涛骇浪的考验,解决大党独有难题才有思想保障、
理想支持和信念支撑。

其二,解决大党独有难题要坚持人民至上以继续弘扬党的优良作风。
作风建设的核心问题是保持党同人民群众的血肉联系。民心是最大的政
治,正义是最强的力量。中国共产党的最大政治优势是密切联系群众,执政
后的最大危险是脱离群众。②解决大党独有难题不仅要靠中国共产党的自
身努力,还要充分发挥人民群众的巨大力量。想问题、作决策、办事情,都要
为了群众、依靠群众。要走好新时代党的群众路线,深入实际、深入基层、深
入群众,党的工作成效最终也要靠人民群众去评价。中国共产党必须坚持
人民至上,弘扬党的优良作风,团结全党全国各族人民,朝着解决大党独有
难题、实现长期执政的目标共同努力。

其三,解决大党独有难题要严守党规党纪、全面加强党的纪律建设。
习近平总书记指出："我们党是靠革命理想和铁的纪律组织起来的马克思主
义政党,纪律严明是党的光荣传统和独特优势。"③严守党规党纪、全面加强
纪律建设是中国共产党推进自我革命的重要途径,是推进大党独有难题解
决的重要方面。从解决大党独有难题的角度出发,中国共产党必须强化政
治纪律和政治规矩,健全党和国家监督体系,推动制度优势更好地转化为治

① 中共中央党史和文献研究院编:《十九大以来重要文献选编》(中),中央文献出版社,2021
年,第114页。
② 《中共中央关于党的百年奋斗重大成就和历史经验的决议》,人民出版社,2021年,第66页。
③ 习近平:《论坚持党对一切工作的领导》,中央文献出版社,2019年,第16页。

理效能。

（四）一体推进不敢腐、不能腐、不想腐

不敢腐、不能腐、不想腐是相互依存、相互促进的有机整体，一体推进不敢腐、不能腐、不想腐是新时代全面从严治党的重要方略。时刻保持解决大党独有难题的坚定，要求中国共产党在实际行动上要勇于刀刃向内、刮骨疗毒，强化不敢腐的震慑、扎牢不能腐的笼子、构筑不想腐的堤坝，切实打好新时代党风廉政建设和反腐败斗争这场主动战、攻坚战、持久战。

1.腐败问题关系人心向背、关系党的执政基础

习近平总书记在党的二十大报告中指出："中国共产党领导人民打江山、守江山，守的是人民的心。"①腐败是损害党的生命力和战斗力的毒瘤，同时也是影响党和人民保持血肉联系的最大因素。腐败问题关系人心向背，关系中国共产党能不能破解自身建设中遇到的难题，关系中国共产党能不能实现长期执政。

从理论逻辑来看，马克思主义廉政观是新时代反腐败斗争的理论渊源。马克思主义政党作为由先进的无产阶级分子组成的政党，是没有任何的私利可言的。列宁曾指出："政治上有教养的人是不会贪污受贿的。"②自觉抵制腐败是作为共产党员的最基本的标准，是共产党先进性和纯洁性的重要体现。从历史逻辑来看，中国共产党历史上反腐败的经验是新时代反腐败斗争的历史借鉴。毛泽东继承和发展了马克思主义廉政观，强调："共产党是为民族、为人民谋利益的政党，它本身决无私利可图。"③毛泽东在党的七届二中全会上告诫全党："可能有这样一些共产党人，他们是不曾被拿枪的

---

① 习近平：《高举中国特色社会主义伟大旗帜　为全面建设社会主义现代化国家而团结奋斗——在中国共产党第二十次全国代表大会上的报告》，人民出版社，2022年，第46页。

② 《列宁选集》（第四卷），人民出版社，2012年，第588页。

③ 《毛泽东选集》（第三卷），人民出版社，1991年，第809页。

敌人征服过的,他们在这些敌人面前不愧英雄的称号;但是经不起人们用糖衣裹着的炮弹的攻击,他们在糖弹面前要打败仗。我们必须预防这种情况。"①从实践逻辑来看,党的十八大以来,以习近平同志为核心的党中央以壮士断腕的决心和勇气推进全面从严治党,以"咬定青山不放松"的姿态推进反腐败斗争,取得反腐败斗争的压倒性胜利并全面巩固,消除了党内存在的严重政治隐患。新时代反腐败斗争的实践是党进行自我革命的真实写照。历史和实践都已经深刻证明:执政党如果放松管党治党的要求、任由党内腐败问题滋长,最终就会逐渐脱离人民,甚至被人民所抛弃。

2.强化不敢腐的震慑、扎牢不能腐的笼子、增强不想腐的自觉

党的二十大报告指出:"只要存在腐败问题产生的土壤和条件,反腐败斗争就一刻不能停,必须永远吹冲锋号。坚持不敢腐、不能腐、不想腐一体推进,同时发力、同向发力、综合发力。以零容忍态度反腐惩恶,更加有力遏制增量,更加有效清除存量。"②坚持不敢腐、不能腐、不想腐一体推进是习近平总书记在新时代党的反腐败斗争实践中总结出来的重要经验,是中国共产党关于马克思主义反腐败理论的创造性系统化表达。一体推进不敢腐、不能腐、不想腐,就是要强化不敢腐的震慑效能、扎牢不能腐的制度笼子、增强不想腐的思想自觉。

习近平总书记在十九届中央纪委四次全会上强调:"不敢腐、不能腐、不想腐是相互依存、相互促进的有机整体,必须统筹联动,增强总体效果。"③首先,不敢腐是不能腐、不想腐的前提。大力惩治贪污腐败在于突出其警示作用,起到惩前毖后、治病救人的作用。没有强大威慑的反贪污腐败行为,党的长期执政就是"空架子"。其次,不能腐是不敢腐、不想腐的关键。腐败问

① 《毛泽东选集》(第四卷),人民出版社,1991年,第1438页。
② 习近平:《高举中国特色社会主义伟大旗帜 为全面建设社会主义现代化国家而团结奋斗——在中国共产党第二十次全国代表大会上的报告》,人民出版社,2022年,第69页。
③ 中共中央党史和文献研究院编:《十九大以来重要文献选编》(中),中央文献出版社,2021年,第388页。

题的根绝要诉诸反贪污腐败的制度机制建设。制度不完善、管理不严格，就会导致贪污腐败问题屡禁不止。同时，因为法规制度的生命力在于执行，所以完整准确全面贯彻反贪污腐败的举措与建立完善反贪污腐败的制度机制处于同等重要地位。最后，不想腐是不敢腐、不能腐的根本。习近平总书记指出："一个人能否廉洁自律，最大的诱惑是自己，最难战胜的敌人也是自己。一个人战胜不了自己，制度设计得再缜密，也会'法令滋彰，盗贼多有'。"①全体共产党员务必要通过坚持初心使命、加强党性淬炼、建立精神防线等方式从根本上消除贪污腐败的观念想法，实现从"不敢腐""不能腐"到"不想腐"的思想升华。中国共产党在反腐败斗争过程中，不断克服大党独有难题，展现了中国反腐败策略的科学性，开辟了独具中国特色的反腐败之路，形成了中国特色反腐败理论体系。

3.解决大党独有难题离不开拒腐防变的实践行动

腐败问题是中国共产党面临的最大难题之一，反腐败斗争是中国共产党进行的最彻底的自我革命。中国共产党要通过拒腐防变的实践行动，塑造风清气正的政治生态，以实际行动推进大党独有难题的解决。

首先，铲除腐败滋生的土壤，解决大党独有难题才有前提条件。大党独有难题中最重要的方面就是腐败问题，大党独有难题中其他的问题都与腐败问题有着千丝万缕的联系。中国共产党要通过驰而不息推进反腐败斗争，来铲除贪污腐败滋生的土壤，维持党组织的肌体健康，提高党的执政绩效，以此为解决大党独有难题提供必要的前提条件。

其次，推进拒腐防变的实践，解决大党独有难题才有现实基础。推进拒腐防变的实践的关键在于将权力关进制度的笼子里，使公权力在阳光下运行，以此达到提高国家治理现代化水平的目的。通过反腐败斗争实践的深入，真正遏制腐败现象的发生，才能提升国家治理现代化水平，从而为解决

---

① 习近平：《办公厅工作要做到"五个坚持"》，《秘书工作》，2014年第6期。

大党独有难题奠定坚实的政治基础和治理基础。

最后，形成清正廉洁的风气，解决大党独有难题才有持续动力。党的十八大以来，以习近平同志为核心的党中央推进反腐败斗争，伟大成就之一就是在党内形成了浓郁的反腐败氛围，使广大党员干部逐渐产生抵制腐败的"免疫力"。浓郁的反腐败氛围促进了党内清正廉洁的政治风气形成，赋予了解决大党独有难题的中国共产党持续前行的动力。

党的第三个历史决议指出："腐败是党长期执政的最大威胁，反腐败是一场输不起也决不能输的重大政治斗争。"①新时代的反腐败斗争实现了由量变到质变的发展。中国共产党在这场输不起也决不能输的反腐败斗争伟大实践中取得了重大成就，展现了中国共产党铲除腐败的坚定决心。同样，新时代新征程上，中国共产党解决大党独有难题也要有这种坚定的信心、决心和行动，以此实现党的长期执政目标，跳出治乱兴衰的历史周期率。

---

① 《中共中央关于党的百年奋斗重大成就和历史经验的决议》，人民出版社，2021年，第32页。

第四章

破解大党独有难题的历史经验

中国共产党是当今世界最大的执政党和马克思主义政党,但并非与生俱来的大党。在建党之初和大革命时期、土地革命战争时期,中国共产党的党员人数较少、活动范围较小、总体影响不足,还称不上大党。但在全民族抗战爆发后不久,由于抗日民族统一战线的建立,中国共产党的党员人数激增、活动范围明显扩大、内外影响提升,迅速成为大党,正如1939年10月毛泽东在《共产党人》发刊词中明确指出的那样:抗日民族统一战线的阶段,"党的组织已经从狭小的圈子中走了出来,变成了全国性的大党"[1]。抗战胜利后不久,中国共产党夺取全国政权,成为在发展中大国长期执政的党。

中国共产党夺取政权不容易,其执政地位并非一蹴而就;长期执政更不容易,其执政地位不是一劳永逸的。有鉴于此,党的二十大报告首次提出,中国共产党"作为世界上最大的马克思主义执政党","必须时刻保持解决大党独有难题的清醒和坚定"。[2]习近平总书记指出,这是中国共产党"对新时

---

① 《毛泽东选集》(第二卷),人民出版社,1991年,第612页。
② 习近平:《高举中国特色社会主义伟大旗帜 为全面建设社会主义现代化国家而团结奋斗——在中国共产党第二十次全国代表大会上的报告》,人民出版社,2022年,第63页。

代新征程全面从严治党提出的新的重大命题"①。党的二十大闭幕后不久，习近平总书记在二十届中央纪委二次全会上的讲话中，进一步阐释"大党"内涵，指出中国共产党"是在马克思主义建党学说指导下、按照民主集中制原则建立起来的世界最大政党，在世界上人口最多的国家长期执政，历史久、人数多、规模大"；从新时代新征程党的社会革命和自我革命的双重视角，强调解决"大党独有难题"的意义；着重阐述需要解决的"六个如何始终"难题，指明与之对应的"六个必须"对策，提醒全党"解决大党独有难题必然是一个长期而艰巨的过程"②。2023年12月，习近平总书记在纪念毛泽东同志诞辰130周年座谈会上的讲话中，从中国共产党和中国式现代化之间领导和被领导的关系角度强调："只有时刻保持解决大党独有难题的清醒和坚定，把党建设得更加坚强有力，才能确保中国式现代化劈波斩浪、行稳致远。"③不久，习近平总书记在中共二十届中央纪委三次全会上的讲话中强调，在深入推进党的自我革命实践中，"以解决大党独有难题为主攻方向"④。中国共产党不仅是世界上最大的马克思主义执政党，而且是组织严密、纪律严明的最大执政党，具有百年以上历史，在世界上人口最多的社会主义国家长期执政，是"领导一切"的"最高政治领导力量"⑤，因此在指导思想、规模力量、组织纪律、自身历史、执政时间、领导地位等方面具有诸多特性。不仅如此，全民族抗战爆发以来，特别是新中国成立后，中国共产党在解决大党独有难题的历程中还积累起丰富的历史经验。迄今学界主要探讨大党独有难题的内涵、成因、地位和对策，尚未系统归纳相关历史经验。我们认为，中国

---

① 习近平：《论党的自我革命》，党建读物出版社、中国方正出版社、中央文献出版社，2023年，第351~352页。
② 习近平：《论党的自我革命》，党建读物出版社、中国方正出版社、中央文献出版社，2023年，第354页。
③ 习近平：《在纪念毛泽东同志诞辰130周年座谈会上的讲话》，人民出版社，2023年，第20页。
④ 《习近平在二十届中央纪委三次全会上发表重要讲话强调 深入推进党的自我革命 坚决打赢反腐败斗争攻坚战持久战》，《人民日报》，2024年1月9日。
⑤ 《中国共产党章程》，人民出版社，2022年，第23页。

共产党在新时代新征程若要破解大党独有难题，必须汲取下列历史经验。①

一、从特定历史方位出发探寻大党独有难题成因

准确把握中国共产党所处的特定历史方位，是探寻大党独有难题生成原因的前提和基础。全民族抗战爆发以来，特别是新中国成立以来，中国共产党始终坚持在特定历史方位中探寻大党独有难题成因。

（一）审视世界大势对大党独有难题的影响

中国共产党的诞生，中国人民抗日战争的胜利，新中国的成立，改革开放的实行，都是顺应世界大势的结果。

习近平总书记指出，十月革命一声炮响，给我们送来了马克思列宁主义，这就是当时的世界大势；中国共产党从这个世界大势中产生出来，走在了时代前列。②他强调，自己之所以在党的十九大报告第二部分一开始就提到十月革命这一重大历史事件，"就是为了宣示十月革命对中国共产党诞生和发展所产生的历史影响"③。李大钊、毛泽东、董必武等中国先进分子顺应十月革命后的世界大势，经过反复比较和鉴别，选择了马克思列宁主义，成为中国早期马克思主义者；在马克思列宁主义传播过程中，中国共产党应运而生，致力于完成两大历史任务、实现党的初心使命，成为中国人民和中华民族前进的主心骨。

中国人民抗日战争史是世界反法西斯战争史的重要组成部分，分为局

---

① 本章的部分内容作为阶段性研究成果发表在《天津大学学报》（社会科学版），2024年第6期，特此说明并致谢。

② 习近平：《论中国共产党历史》，中央文献出版社，2021年，第18页。

③ 习近平：《坚持和发展中国特色社会主义要一以贯之》，《求是》，2022年第18期。

部抗战和全民族抗战(或称全国性抗战)两个阶段。1931年的九一八事变是中国人民局部抗战的起点,并揭开了世界反法西斯战争的序幕;1937年的七七事变则是全民族抗战的开端。抗战时期的中国共产党历史,是中国人民抗日战争史特别是全国性抗战史的重要组成部分。七七事变后次日,中共中央发出《为日军进攻卢沟桥通电》,提出"只有全民族实行抗战,才是我们的出路!"[1]同年9月,第二次国共合作与抗日民族统一战线初步形成。习近平总书记指出,抗战时期,中国共产党从世界反法西斯战争和中国人民抗日救亡强烈愿望的大势出发,促成抗日民族统一战线,并最终团结带领人民赢得抗战胜利。[2]在全民族抗战阶段,中国共产党领导八路军、新四军等人民武装开辟敌后战场,同国民党政府主导的正面战场相互策应,在战略上共同牵制日伪军和沦陷区,成为全民族抗战的"中流砥柱",并克服了在抗战时期面临的大党独有难题。

习近平总书记指出,中华人民共和国的成立,也是顺应时代大潮的产物。当时,社会主义苏联发展壮大,东欧成为社会主义的天下,亚非拉被压迫民族的解放运动风起云涌,确实有"东风压倒西风"的气象,新中国就是沐浴着这个东风诞生的,也是借助这个东风站住了脚的。[3]一是社会主义苏联发展壮大。从1941年6月纳粹德国突袭苏联至1944年6月美英等国盟军开辟欧洲第二战场,苏德战场是世界反法西斯战争的欧洲陆地主战场;从1944年6月至1945年5月德国投降,苏军与盟军一道击败德军;1945年8月苏联对日宣战并出兵中国东北,加速日本法西斯的溃败。从二战结束到新中国成立前,苏联基本恢复遭受战争重创的国民经济,并成功试爆原子弹。战后初期,苏军驻扎在东起朝鲜和中国东北,西至德国和奥地利的欧亚广阔地

---

① 中共中央党史研究室、中央档案馆编:《建党以来重要文献选编(一九二一——一九四九)》(第十四册),中央文献出版社,2011年,第356页。
② 习近平:《在党史学习教育动员大会上的讲话》,人民出版社,2021年,第13~14页。
③ 习近平:《论中国共产党历史》,中央文献出版社,2021年,第18页。

带,成为一支重要的军事政治力量,对东欧人民民主国家和朝鲜民主主义人民共和国的建立以及中国新民主主义革命的胜利产生了巨大影响。二是东欧出现一系列人民民主国家。从二战末期到战后初期,在东欧的苏占区出现波兰、捷克斯洛伐克、匈牙利、罗马尼亚、保加利亚和德意志民主共和国等人民民主国家,在苏军影响的非苏占区出现南斯拉夫和阿尔巴尼亚等人民民主国家,这八个国家基本连为一体,使整个东欧成为社会主义的天下。三是亚非拉被压迫民族的解放运动风起云涌。二战期间,荷兰政府流亡,法国战败投降,英国困守孤岛,美国在太平洋战争爆发时一度溃败,英法荷美在远东的殖民地也被日本占领,意大利战败投降,欧美殖民主义势力受到沉重打击;二战后,朝鲜摆脱日本殖民统治而获得独立地位,台湾摆脱日本殖民统治而回归中国。1945年,越南民主共和国和印度尼西亚共和国宣告独立,1946年,菲律宾宣布独立,1947年,印度和巴基斯坦独立,1948年,巴以分治和朝韩建国。二战后初期,原殖民地半殖民地的民族解放运动成为不可阻挡的历史潮流。20世纪40年代后期至50年代前中期,中国共产党顺应了上述世界大势,通过解放战争建立了新中国,并努力克服在新中国成立初期面临的大党独有难题。

改革开放初期,邓小平指出:"根据对世界大势的这些分析,以及对我们周围环境的分析,我们改变了原来认为战争的危险很迫近的看法。""在较长时间内不发生大规模的世界战争是有可能的,维护世界和平是有希望的"。①习近平总书记在回顾邓小平关于时代主题的论述与改革开放历史性决策时强调:由于对世界大势作出了准确判断,中国共产党确立了和平与发展是时代主题的认识,才有了党和国家工作中心的转移,才有了改革开放新时期的开启。②习近平总书记概括了中国共产党作出改革开放历史性决策的主要原因,即三点"深刻反思"和四个"基于",即主要取决于中国共产党对

① 《邓小平文选》(第三卷),人民出版社,1993年,第127页。
② 习近平:《论中国共产党历史》,中央文献出版社,2021年,第18~19页。

"文化大革命"、中国发展落后、国际形势的三点深刻反思①,是基于对党和国家前途命运的深刻把握,基于对社会主义革命和建设实践的深刻总结,基于对时代潮流的深刻洞察,基于对人民群众期盼和需要的深刻体悟。②对国际形势的深刻反思和对时代潮流的深刻洞察,就是中国共产党对世界大势的准确判断。20世纪70年代末80年代初,中国共产党准确判断并顺应了上述世界大势,开启了改革开放的历史进程,并努力克服改革开放初期面临的大党独有难题。

以上几个重大事件,除中国共产党诞生之外,均为中国共产党首先审视世界大势对大党独有难题的影响,继而顺应世界大势、克服大党独有难题的逻辑结果。

(二)思索发展阶段对大党独有难题的影响

新民主主义革命时期,中国共产党逐步认识到中国革命必须经过新民主主义革命这个历史阶段,在此基础上提出了中国革命的任务和战略策略,领导人民取得了革命胜利。新中国成立之初,中国共产党深刻认识到,从新民主主义社会进入社会主义社会需要经历一个过渡阶段,由此形成了党在过渡时期的总路线,胜利完成了社会主义革命任务,进入了社会主义建设阶段。改革开放以后,中国共产党深刻总结世界社会主义特别是我国社会主义建设正反两方面经验,作出我国正处于并将长期处于社会主义初级阶段的重大判断,并据此提出了党的基本路线,开辟了改革开放和社会主义现代化建设的崭新局面。邓小平对意大利共产党领导人说:"社会主义本身是共产主义的初级阶段,而我们中国又处在社会主义的初级阶段,就是不发达的阶段。"③

---

① 习近平:《论坚持全面深化改革》,中央文献出版社,2018年,第4页。
② 习近平:《在庆祝改革开放40周年大会上的讲话》,人民出版社,2018年,第3页。
③ 《邓小平文选》(第三卷),人民出版社,1993年,第252页。

中国特色社会主义进入新时代，我国社会主要矛盾已经发生转化，但我国仍处于并将长期处于社会主义初级阶段的基本国情没有变，我国是世界最大发展中国家的国际地位没有变。①习近平总书记指出："社会主义初级阶段是当代中国的最大国情、最大实际"，"不仅在经济建设中要始终立足初级阶段，而且在政治建设、文化建设、社会建设、生态文明建设中也要始终牢记初级阶段；不仅在经济总量低时要立足初级阶段，而且在经济总量提高后仍然要牢记初级阶段；不仅在谋划长远发展时要立足初级阶段，而且在日常工作中也要牢记初级阶段"。②但这个初级阶段"是一个动态、积极有为、始终洋溢着蓬勃生机活力的过程，是一个阶梯式递进、不断发展进步、日益接近质的飞跃的量的积累和发展变化的过程"③。正确认识党和人民事业所处的发展阶段，是中国共产党明确阶段性中心任务、制定路线方针政策的根本依据，也是中国共产党领导革命、建设、改革不断取得胜利的重要经验。

（三）在两大转变中把握四大考验和四种危险

习近平总书记指出，中国共产党历经革命、建设、改革，已经从领导人民为夺取全国政权而奋斗的党，成为领导人民掌握全国政权并长期执政的党；已经从受到外部封锁和实行计划经济条件下领导国家建设的党，成为对外开放和发展社会主义市场经济条件下领导国家建设的党。④这就是两大转变。

伴随两大转变的，则是四大考验和四种危险。历史和现实都表明，中国共产党在执政后比未执政时面临的考验复杂得多，在改革开放环境中比在

---

① 习近平：《决胜全面建成小康社会　夺取新时代中国特色社会主义伟大胜利——在中国共产党第十九次全国代表大会上的报告》，人民出版社，2017年，第12页。

② 习近平：《紧紧围绕坚持和发展中国特色社会主义　学习宣传贯彻党的十八大精神》，《人民日报》，2012年11月19日。

③ 习近平：《把握新发展阶段、贯彻新发展理念、构建新发展格局》，《求是》，2021年第9期。

④ 习近平：《论坚持全面深化改革》，中央文献出版社，2018年，第93页。

封闭半封闭、僵化半僵化环境中面临的考验复杂得多,在社会主义市场经济条件下比在计划经济条件下面临的考验复杂得多,在新中国成立后特别是改革开放以来面临的外部环境考验比改革开放前特别是新中国成立前的考验复杂得多,这就是四大考验。党的二十大报告重申,中国共产党面临的执政考验、改革开放考验、市场经济考验、外部环境考验将长期存在。[1]

　　四大考验与其他考验一道,共同造成四种危险。党的二十大报告重申,中国共产党面临的精神懈怠危险、能力不足危险、脱离群众危险、消极腐败危险将长期存在。[2]党的二十大闭幕后不久,习近平总书记在论述大党独有难题时具体分析了这四种危险:一是精神懈怠危险:许多党员、干部没有经历过生死考验,缺乏严峻斗争和艰苦环境的磨砺,容易追求安逸享乐而意志消沉、不思进取,容易在具有许多新的历史特点的伟大斗争面前慌了心神、乱了阵脚。二是能力不足危险:中国共产党长期执政,思维惯性、行为惰性客观存在,一些老观念、老套路、老办法容易相沿成习,队伍不断发展壮大也带来干部良莠并存、参差不齐。三是脱离群众危险:有人忘记了我是谁、为了谁、依靠谁,从而丧失了共产党人的本色。四是消极腐败危险:各种弱化党的先进性、损害党的纯洁性的因素无时不有,各种侵蚀党的肌体健康的病毒无处不在,如果不严加防范,久而久之必将积重难返。[3]

　　综上所述,全民族抗战爆发以来,中国人民抗日战争的胜利、新中国的成立、改革开放的实行,都是中国共产党审视并顺应世界大势的结果;党在不同历史时期思索国家的发展阶段,并尽力采取符合特定时期和阶段具体实际的路线、方针、政策;新中国成立后特别是改革开放以来,中国共产党坚

---

　　① 习近平:《高举中国特色社会主义伟大旗帜　为全面建设社会主义现代化国家而团结奋斗——在中国共产党第二十次全国代表大会上的报告》,人民出版社,2022年,第64页。

　　② 习近平:《高举中国特色社会主义伟大旗帜　为全面建设社会主义现代化国家而团结奋斗——在中国共产党第二十次全国代表大会上的报告》,人民出版社,2022年,第64页。

　　③ 习近平:《论党的自我革命》,党建读物出版社、中国方正出版社、中央文献出版社,2023年,第352~353页。

持自我革命和从严治党，在两大转变中积极应对四大考验和四种危险。世情特别是世界大势，国情特别是发展阶段，党情特别是先后出现的两大转变，就是中国共产党所处的特定历史方位。

二、研判主要矛盾、抓住中心任务以破解难题

矛盾是反映事物内部和事物之间对立统一关系的哲学范畴，在同一事物中往往不止一个，其中处于支配地位、对事物发展起决定性作用的矛盾就是主要矛盾。中心任务又称主要任务，其内容由主要矛盾决定，其目标在于解决主要矛盾。全民族抗战爆发以来，中国共产党始终坚持研判主要矛盾、抓住中心任务以破解大党独有难题。

（一）党的建设、主要矛盾和中心任务的关系

党的建设历来是为实现党的中心任务，进而解决社会主要矛盾而服务的。新民主主义革命时期，党的建设是为胜利开展武装斗争和壮大统一战线，取得全国政权服务的；新中国成立后，党的建设是为推进社会主义革命、建设和改革事业，实现党的执政使命服务的。

中国共产党一贯强调要根据不同历史阶段社会发展的主要矛盾确定中心任务，紧紧围绕各个历史时期的中心任务加强党的建设。党和人民事业能不能沿着正确方向前进，取决于我们能否准确认识和把握社会主要矛盾、确定中心任务。习近平总书记指出："什么时候社会主要矛盾和中心任务判断准确，党和人民事业就顺利发展，否则党和人民事业就会遭受挫折。"[1]百

---

[1] 《习近平在省部级主要领导干部学习贯彻党的十九届六中全会精神专题研讨班开班式上发表重要讲话强调 继续把党史总结学习教育宣传引向深入　更好把握和运用党的百年奋斗历史经验》，《人民日报》，2022年1月12日。

年党史特别是改革开放史表明,中国共产党善于抓住社会主要矛盾并据此确定中心任务;中国共产党在新民主主义革命时期、社会主义革命和建设时期的成功与挫折,在改革开放和社会主义现代化建设新时期取得的辉煌成就,特别是在党的十八大以来团结带领人民取得的历史性成就,是对习近平总书记上述论断的生动诠释。

(二)党的三个历史决议对主要矛盾和中心任务的判断

党的第一个历史决议并未出现"主要矛盾"字样,仅有一处写道"现代中国革命的基本矛盾",但并未阐释其内涵。决议提及"任务"共19次,但并未出现"中心任务"或其近义词"主要任务",而是以"革命(的)任务"或"直接任务"表达类似意思,强调"中国现阶段革命的任务是反帝反封建","以反帝反封建为直接任务"。①

党的第二个历史决议中,"主要矛盾"出现5次,"主要任务"出现1次,以经济建设为"中心"出现2次,"工作(的)重点"出现4次。决议侧重分析新中国成立以来的主要矛盾、主要任务以及中国共产党对矛盾和任务的把握。决议指出,新民主主义革命胜利和"土地改革"完成后"国内的主要矛盾已经转为工人阶级和资产阶级之间、社会主义道路和资本主义道路之间的矛盾"。决议指出"八大的路线是正确的""开得很成功",高度评价党的八大对国内主要矛盾和主要任务的把握:社会主义制度基本建立起来后,国内主要矛盾已转变为"人民对于经济文化迅速发展的需要同当前经济文化不能满足人民需要的状况之间的矛盾","主要任务是集中力量发展社会生产力,实现国家工业化,逐步满足人民日益增长的物质和文化需要"。但是决议没有回避从反右派斗争扩大化到"文化大革命"结束期间,毛泽东在主要矛盾和中心任务问题上的判断失误,指出他在反右派斗争后提出了,后来又发展了

---

① 《毛泽东选集》(第三卷),人民出版社,1991年,第971、952页。

"无产阶级同资产阶级的矛盾仍然是我国社会的主要矛盾"这一观点,从而"把社会主义社会中一定范围内存在的阶级斗争扩大化和绝对化"。党的第二个历史决议深刻总结新中国成立以来的经验教训,首次提出:"在社会主义改造基本完成以后,我国所要解决的主要矛盾,是人民日益增长的物质文化需要同落后的社会生产之间的矛盾。党和国家工作的重点必须转移到以经济建设为中心的社会主义现代化建设上来,大大发展社会生产力,并在这个基础上逐步改善人民的物质文化生活。"①

　　党的第三个历史决议提及"主要矛盾"7次,提及"中心任务"1次、"主要任务"5次。决议首次完整、准确地阐述四个时期中国社会主要矛盾和中心任务(主要任务)。决议坚持毛泽东对近代中国社会主要矛盾和革命任务的分析②,指出:新民主主义革命时期"社会主要矛盾是帝国主义和中华民族的矛盾、封建主义和人民大众的矛盾"③,中国共产党的主要任务是"反对帝国主义、封建主义、官僚资本主义,争取民族独立、人民解放,为实现中华民族伟大复兴创造根本社会条件。"决议强调,社会主义革命和建设时期中国共产党的主要任务是"实现从新民主主义到社会主义的转变,进行社会主义革命,推进社会主义建设,为实现中华民族伟大复兴奠定根本政治前提和制度基础"。党的第三个历史决议坚持第二个历史决议的基本论述和结论,再次高度评价党的八大对国内主要矛盾和主要任务的判断,但遗憾地指出党的八大的正确路线"未能完全坚持下去"。决议指出:改革开放和社会主义现代化建设新时期,"我国社会的主要矛盾是人民日益增长的物质文化需要同

　　①　《关于建国以来党的若干历史问题的决议》(1981年6月27日中国共产党第十一届中央委员会第六次全体会议一致通过),《人民日报》,1981年7月1日。
　　②　毛泽东指出:"帝国主义和中华民族的矛盾,封建主义和人民大众的矛盾,这些就是近代中国社会的主要的矛盾。""既然现阶段上中国革命的敌人主要的是帝国主义和封建地主阶级,那末,现阶段上中国革命的任务……就是对外推翻帝国主义压迫的民族革命和对内推翻封建地主压迫的民主革命"。《毛泽东选集》(第二卷),人民出版社,1991年,第631、636~637页。
　　③　党的第三个历史决议正确阐述抗日战争时期中国社会主要矛盾的变化,指出:"九一八事变后,中日民族矛盾逐渐超越国内阶级矛盾上升为主要矛盾。"《中共中央关于党的百年奋斗重大成就和历史经验的决议》,人民出版社,2021年,第6页。

落后的社会生产之间的矛盾,解决这个主要矛盾就是我们的中心任务";中国共产党的主要任务是"继续探索中国建设社会主义的正确道路,解放和发展社会生产力,使人民摆脱贫困、尽快富裕起来,为实现中华民族伟大复兴提供充满新的活力的体制保证和快速发展的物质条件"。决议充分体现了党的十九大对新时代主要矛盾的新认识,指出:"新时代我国社会主要矛盾是人民日益增长的美好生活需要和不平衡不充分的发展之间的矛盾",中国共产党的主要任务是"实现第一个百年奋斗目标,开启实现第二个百年奋斗目标新征程,朝着实现中华民族伟大复兴的宏伟目标继续前进"。[①]

纵观全民族抗战爆发以来的中国共产党历史可以发现,党在不同时期面临着不同的大党独有难题,这些难题既是中国社会矛盾的产物和表现,又是党在实施中心任务(主要任务)时必须破解的对象。每当中国共产党找准主要矛盾进而明晰中心任务(主要任务)时,大党独有难题就比较容易得到克服;反之,如果中国共产党对主要矛盾和任务判断失误,大党独有难题就很难得到克服甚至有所增加。因此,明晰主要矛盾继而找准中心任务(主要任务),成为中国共产党破解大党独有难题的前提条件。

三、外靠人民监督、内靠自我革命来破解难题

改革开放和社会主义现代化建设新时期,党的十一届五中全会通过的《关于党内政治生活的若干准则》,深刻总结党成立以来特别是新中国成立后党组织和群众对党的领导干部和党员的监督问题,指出:"为了保持党和广大人民群众的密切联系,防止党的领导干部和党员由人民的公仆变成骑在人民头上的老爷,必须采取自下而上和自上而下相结合、党内和党外相结

---

① 《中共中央关于党的百年奋斗重大成就和历史经验的决议》,人民出版社,2021年,第3、9、15、23页。

合的方法,加强党组织和群众对党的领导干部和党员的监督。"①习近平总书记在《关于〈关于新形势下党内政治生活的若干准则〉和〈中国共产党党内监督条例〉的说明》中,高度评价了1980年《关于党内政治生活的若干准则》的作用,指出"其主要原则和规定今天依然适用"②。中国特色社会主义新时代,习近平总书记着眼于党内党外的互动、自上而下和自下而上的联结,指出:"一百年来,党外靠发展人民民主、接受人民监督,内靠全面从严治党、推进自我革命",保证了党长盛不衰、不断发展壮大。③

(一)外靠人民监督破解大党独有难题

政党的宗旨是政党活动的根本目的和意图,是检验一个政党性质的试金石。中国共产党的宗旨是全心全意为人民服务,这一表述经历了数年酝酿和演变过程。1933年8月12日,毛泽东指出党的任务是"为着改善人民群众的生活"④。1934年1月27日,毛泽东强调党要"真心实意地为群众谋利益,解决群众的生产和生活的问题"⑤。与前者相比,后者增加了具体的"生产"和抽象的"利益"视角,比原来单一的"生活"视角范围更广、层次更深,坚持人民利益至上这一内涵已经愈发清晰。全民族抗战爆发后,1939年2月20日,毛泽东致信张闻天时,首次提出"为人民服务"的概念。⑥1942年5月,毛泽东在延安文艺座谈会上的讲话中指出:"对于过去时代的文艺形式,我们也并不拒绝利用,但这些旧形式到了我们手里,给了改造,加进了新内容,

① 中共中央文献研究室编:《三中全会以来重要文献选编》(上),人民出版社,1982年,第432页。

② 中共中央党史和文献研究院编:《十八大以来重要文献选编》(下),中央文献出版社,2018年,第414~415页。

③ 《习近平在十九届中央纪委六次全会上发表重要讲话强调　坚持严的主基调不动摇　坚持不懈把全面从严治党向纵深推进》,《人民日报》,2022年1月19日。

④ 《毛泽东选集》(第一卷),人民出版社,1991年,第119页。

⑤ 《毛泽东选集》(第一卷),人民出版社,1991年,第138页。

⑥ 《毛泽东书信选集》,人民出版社,1983年,第147页。

也就变成革命的为人民服务的东西了。"①这是从文艺、意识形态、观念上层建筑角度诠释党的宗旨。习近平总书记指出:延安时期,毛泽东同志在追悼张思德同志时发表的《为人民服务》的演讲,深刻揭示了党群关系、干群关系、军民关系的真谛。②这种真谛表现在:"我们的共产党和共产党所领导的八路军、新四军,是革命的队伍。我们这个队伍完全是为着解放人民的,是彻底地为人民的利益工作的。""因为我们是为人民服务的,所以,我们如果有缺点,就不怕别人批评指出。……只要你说得对,我们就改正。你说的办法对人民有好处,我们就照你的办。"③这次讲演关于"为人民服务"的阐述,已将范围拓展到不怕别人批评自己的缺点、积极改正自己的错误、采纳别人提出的有益于人民的办事方法,坚持群众路线这一内涵逐渐凸显出来。1944年10月4日,毛泽东首次将"全心全意"置于"为人民服务"之前,强调"要全心全意地为人民服务"④。1945年4月23日,毛泽东在党的七大开幕词中指出:"我们应该谦虚,谨慎,戒骄,戒躁,全心全意地为中国人民服务。"⑤ 4月24日,毛泽东在党的七大政治报告中,首次将"和人民群众紧密地联系在一起的作风"概括为党的三大"新的工作作风"之一,强调"全心全意地为人民服务,一刻也不脱离群众"⑥。党的七大党章明确规定:"中国共产党人必须具有全心全意为中国人民服务的精神"⑦,从而首次将党的这一宗旨写入党章。

中国共产党的根本宗旨决定了党的初心和使命。中国共产党的初心就是为中国人民谋幸福。习近平总书记指出:"守初心,就是要牢记全心全意

① 《毛泽东选集》(第三卷),人民出版社,1991年,第855页。
② 习近平:《论中国共产党历史》,中央文献出版社,2021年,第98~101页。
③ 《毛泽东选集》(第三卷),人民出版社,1991年,第1004页。
④ 中共中央文献研究室编:《毛泽东年谱(一八九三——一九四九)》(修订本)(中卷),中央文献出版社,2013年,第549页。
⑤ 《毛泽东选集》(第三卷),人民出版社,1991年,第1027页。
⑥ 《毛泽东选集》(第三卷),人民出版社,1991年,第1094~1095页。
⑦ 《中国共产党历次党章汇编(1921—2022)》,中国方正出版社,2023年,第112页。

为人民服务的根本宗旨，以坚定的理想信念坚守初心……以真挚的人民情怀滋养初心……以牢固的公仆意识践行初心。"①中国共产党的使命就是为中华民族谋复兴。习近平总书记在"不忘初心、牢记使命"主题教育工作会议上指出："担使命，就是要牢记我们党肩负的实现中华民族伟大复兴的历史使命。"②井冈山精神中的"依靠群众、勇于胜利"，苏区精神中的"一心为民、清正廉洁"，长征精神中的"同人民群众生死相依、患难与共"，张思德精神和延安精神中的"全心全意为人民服务"，沂蒙精神中"党群同心、军民情深"，雷锋精神中的"服务人民、助人为乐"，焦裕禄精神中的"亲民爱民"，科学家精神中的"服务人民"，孺子牛精神中的"为民服务"，脱贫攻坚精神中的"不负人民"等，表明中国共产党的宗旨、初心和使命始终未变。中国共产党的初心使命意义重大。习近平总书记强调："从建党的开天辟地，到新中国成立的改天换地，到改革开放的翻天覆地，再到党的十八大以来党和国家事业取得历史性成就、发生历史性变革，根本原因就在于我们党始终坚守了为中国人民谋幸福，为中华民族谋复兴的初心和使命。"③党的第三个历史决议通过当天，习近平总书记指出，党团结带领人民进行的奋斗、牺牲和创造都是在践行初心使命。④党的第三个历史决议8次提及"初心"、11次提及"使命"，并将"坚持人民至上"概括为党的百年奋斗历史经验之一。⑤党的二十大报告则将"务必不忘初心、牢记使命"列为"三个务必"之首。⑥

　　中国共产党坚持党的宗旨和初心使命，就必须保持同人民的密切联系。毛泽东指出："我们共产党人区别于其他任何政党的又一个显著的标志，就

---

①　习近平：《在"不忘初心，牢记使命"主题教育工作会议上的讲话》，人民出版社，2019年，第6~7页。

②　习近平：《在"不忘初心，牢记使命"主题教育工作会议上的讲话》，人民出版社，2019年，第7页。

③　习近平：《总结党的历史经验　加强党的政治建设》，《求是》，2021年第16期。

④　习近平：《以史为鉴、开创未来　埋头苦干、勇毅前行》，《求是》，2022年第1期。

⑤　《中共中央关于党的百年奋斗重大成就和历史经验的决议》，人民出版社，2021年，第66页。

⑥　习近平：《高举中国特色社会主义伟大旗帜　为全面建设社会主义现代化国家而团结奋斗——在中国共产党第二十次全国代表大会上的报告》，人民出版社，2022年，第1页。

是和最广大的人民群众取得最密切的联系。"①党的十八大以来,中国共产党先后开展群众路线教育实践活动、"三严三实"专题教育、"两学一做"学习教育、"不忘初心、牢记使命"主题教育、党史学习教育,一个重要目的就是教育引导全党始终保持党同人民的血肉联系。②保持党同人民的血肉联系,才能打破党群隔阂,进而使党接受人民监督,而人民监督正是中国共产党为跳出治乱兴衰历史周期率而找到的答案。习近平总书记指出,我们党历史这么长、规模这么大、执政这么久,如何跳出治乱兴衰的历史周期率?毛泽东在延安的窑洞里给出了第一个答案,这就是"只有让人民来监督政府,政府才不敢松懈"③。抗日战争时期,"让人民来监督政府"具有两重特殊含义:一是在国统区乃至全国范围内,中国共产党代表"人民"监督国民党主导的国民政府,并与各民主党派、无党派民主人士一道推动建立民主联合政府;二是在解放区,中国共产党发动"人民"监督中国共产党领导的抗日根据地政权。抗日战争时期,中国共产党建立以延安为中心、以陕甘宁边区为代表的抗日民主政权,成立边区政府,按照"三三制"原则,以参议会为最高权力机关,建立各级立法、行政、司法机关。④当时,中国共产党提出,根据地政权是中国共产党领导的抗日民族统一战线性质的政权,是一切赞成抗日又赞成民主的人民的政权,是几个革命阶级联合起来对于汉奸和反动派的民主专政;边区(省)、县参议会既是民意机关也是立法机关;边区(省)、县、乡抗日民主政府是行政机关,在工作人员分配上实行"三三制",即共产党员、党外进步人士和中间派各占三分之一;边区高等法院和县法院则是司法机关。⑤抗战胜

———————————————

①　《毛泽东选集》(第三卷),人民出版社,1991年,第1094页。

②　习近平:《努力成长为对党和人民忠诚可靠、堪当时代重任的栋梁之才》,《求是》,2023年第13期。

③　习近平:《以史为鉴、开创未来　埋头苦干、勇毅前行》,《求是》,2022年第1期。

④　习近平:《坚持、完善和发展中国特色社会主义国家制度与法律制度》,《求是》,2019年第23期。

⑤　中共中央党史和文献研究院:《中国共产党的一百年》(新民主主义革命时期),中共党史出版社,2022年,第226~229页。

利后特别是改革开放以来，中国共产党继续领导人民逐渐完善人民监督机制。外靠人民监督以破解大党独有难题，体现出党性和人民性的一致性、统一性。习近平总书记指出："党性和人民性从来都是一致的、统一的。"①因此，我们不能将党性和人民性对立起来，不能将爱党和爱人民对立起来，必须将人民监督和破解大党独有难题统一起来。

（二）内靠自我革命破解大党独有难题

党的第三个历史决议将"坚持自我革命"概括为中国共产党百年奋斗的历史经验之一，强调"勇于自我革命是中国共产党区别于其他政党的显著标志"，指出："党的伟大不在于不犯错误，而在于从不讳疾忌医，积极开展批评和自我批评，敢于直面问题，勇于自我革命。"②全民族抗战爆发后特别是改革开放以来的党史表明，中国共产党的自我革命始终与党领导的社会革命——革命、建设和改革事业相互支撑。全民族抗战爆发后，毛泽东在《〈共产党人〉发刊词》中指出，建设"一个全国范围的、广大群众性的、思想上政治上组织上完全巩固的布尔什维克化的中国共产党"，是一项伟大工程。③抗日战争时期和解放战争时期，党的建设伟大工程以推翻"三座大山"并建立新民主主义国家为目的，在实现民族独立、人民解放的社会革命中加强党的建设、破解大党独有难题。社会主义革命时期，党的建设伟大工程旨在完成土地改革、民主改革、三大改造等社会革命，实现从新民主主义向社会主义的转变。但在社会主义建设时期特别是"文化大革命"时期，党的建设出现严重偏向。1994年9月，党的十四届四中全会通过的《中共中央关于加强党的建设几个重大问题的决定》首次提出党的建设"新的伟大的工程"这一概

---

① 中共中央文献研究室编：《习近平关于社会主义文化建设论述摘编》，中央文献出版社，2017年，第23~24页。
② 《中共中央关于党的百年奋斗重大成就和历史经验的决议》，人民出版社，2021年，第70页。
③ 《毛泽东选集》（第二卷），人民出版社，1991年，第602页。

念。^①改革开放新时期,党的建设新的伟大工程同中国特色社会主义伟大事业相互促进、相辅相成,前者服务后者,后者以前者为支撑。新时代党的建设新的伟大工程,服务于"两个一百年"奋斗目标,在实现第一个百年奋斗目标的历史中,在追求实现第二个百年奋斗目标的新征程上,不断加强和改进党的各项建设,坚持和完善党的全面领导。总之,中国共产党紧紧围绕党领导的伟大事业推进党的建设,通过加强和改进党的建设来推进伟大事业,使党在同时领导伟大社会革命和推进自我革命的历程中,不断破解大党独有难题。

中国共产党的自我革命意味着从严治党。"从严治党"这一概念,起初出现在党的十三大报告中,后被写入党的十四大修改通过的党章,在党的十五大报告中被确定为党的建设指导方针。中国特色社会主义新时代,以习近平同志为核心的党中央首次提出"全面从严治党"和推进党的"自我革命"。关于党如何跳出"其兴也勃焉,其亡也忽焉"历史周期率的问题,习近平总书记在党的十九届六中全会和党的二十大上的讲话中强调,经过百年奋斗特别是党的十八大以来新的实践,中国共产党找到了自我革命这一跳出治乱兴衰历史周期率的第二个答案。^②但是全面从严治党和党的自我革命并非一蹴而就,也不可能一劳永逸,因此必须常抓不懈。习近平总书记强调:"解决大党独有难题必然是一个长期而艰巨的过程,这就决定了全面从严治党永远在路上,党的自我革命永远在路上。"^③

综上所述,全民族抗战爆发之后特别是改革开放以来,中国共产党为完成争得民族独立和人民解放、实现国家富强和人民幸福这两大历史任务,始终坚持全心全意为人民服务的根本宗旨,始终坚持为中国人民谋幸福、为中

---

① 中共中央文献研究室编:《十四大以来重要文献选编》(中),中央文献出版社,2011年,第4页。
② 习近平:《以史为鉴、开创未来 埋头苦干、勇毅前行》,《求是》,2022年第1期。
③ 习近平:《论党的自我革命》,党建读物出版社、中国方正出版社、中央文献出版社,2023年,第354页。

华民族谋复兴的初心和使命，以刀刃向内、壮士断腕的魄力全面从严治党，致力于打破党与人民群众的隔阂，外靠人民监督、内靠自我革命来破解大党独有难题。

四、在不同时期的团结奋斗中破解难题

党的十九大以来，习近平总书记多次指出，中国共产党作为世界上最大的政党，大就要有大的样子，同时大也有大的难处①；党的二十大后，习近平总书记强调，中国共产党"既有办大事、建伟业的巨大优势，也面临治党治国的特殊难题"②。全民族抗战爆发之后，中国共产党始终坚持在不同时期的团结奋斗中破解大党独有难题。

（一）党在不同时期面临着不同难题

大有大的难处。抗战时期，已经成为大党的中国共产党，一方面要抗击日伪，另一方面要在抗日民族统一战线中与国民党顽固派既斗争又团结。1941—1942年，由于日伪军的疯狂进攻和国民党顽固派的经济封锁、军事挑衅，中国共产党领导的敌后抗战遭遇严重困难，根据地面积减小、人口骤降，军队规模萎缩。解放战争初期，敌我力量对比悬殊，国民党方面的经济军事力量明显占优；解放战争末期，如何管理迅速扩大的新解放区特别是稳定城市并发展工商业，如何巩固和扩大人民民主统一战线，成为中国共产党面临的棘手难题。

新中国成立初期，中国共产党在经济、军事、国际环境、自身建设上遭遇

---

① 习近平：《推进党的建设新的伟大工程要一以贯之》，《求是》，2019年第19期。
② 习近平：《论党的自我革命》，党建读物出版社、中国方正出版社、中央文献出版社，2023年，第352页。

严峻考验。三大改造基本完成后,党的八大形成的正确路线未能完全坚持下去,反右派斗争严重扩大化,并先后出现"大跃进"运动、人民公社化运动等错误。毛泽东对当时我国阶级斗争形势及党和国家政治状况作出完全错误的估计,发动和领导了"文化大革命"。党的第二、第三个历史决议和习近平总书记强调:"文化大革命"十年内乱,使党、国家、人民遭到新中国成立以来"最严重的挫折和损失"①。

"文化大革命"结束时,国民经济几近崩溃,人民生活依然贫困。邓小平指出,1958—1978年中国"实际上处于停滞和徘徊的状态"②,中国同发达国家的发展差距明显拉大,"有的方面甚至可能是五十年"③。然而"文化大革命"结束后不久,"两个凡是"出台,其实质仍在于延续"文化大革命"的错误理论和实践,仍然一度禁锢人们的思想和实践。1976年10月26日,中共中央主要负责人华国锋对中央宣传部门负责人明确指示:"凡是毛主席讲过的,点过头的,不要去批。"④这是"一个凡是"。1977年2月7日《人民日报》《解放军报》《红旗》杂志发表社论《学好文件抓住纲》,明确提出"两个凡是"。同年3月14日华国锋在中央工作会议上讲:"凡是毛主席做出的决策,都必须维护;凡是损害毛主席形象的言行,都必须制止。"⑤这是两个版本的"两个凡是",其实质仍在于延续"文化大革命"理论和实践。当年8月公布的党的十一大党章,继续肯定了"无产阶级专政下继续革命的理论和实践"。⑥党章的上述规定与"两个凡是"的错误一脉相承。1989年春夏之交,国际大气候

———————————

　　① 《关于建国以来党的若干历史问题的决议》(1981年6月27日中国共产党第十一届中央委员会第六次全体会议一致通过),《人民日报》,1981年7月1日。《中共中央关于党的百年奋斗重大成就和历史经验的决议》,人民出版社,2021年,第14页。习近平:《以史为鉴、开创未来 埋头苦干、勇毅前行》,《求是》,2022年第1期。

　　② 《邓小平文选》(第三卷),人民出版社,1993年,第237页。

　　③ 《邓小平文选》(第二卷),人民出版社,1994年,第132页。

　　④ 中共中央党史研究室:《中国共产党历史》(第二卷),中共党史出版社,2011年,第990页。

　　⑤ 中共中央党史研究室:《中国共产党历史》(第二卷),中共党史出版社,2011年,第991~992页。

　　⑥ 《中国共产党历次党章汇编(1921—2022)》,中国方正出版社,2023年,第316页。

和国内小气候导致我国发生严重政治风波。①党的十四大后至党的十八大前,党和国家先后遭遇亚洲金融危机、长江嫩江松花江流域特大洪涝、非典疫情、汶川特大地震、国际金融危机等经济风险和自然灾害。

中国特色社会主义进入新时代之初,党内存在不少对坚持党的领导认识模糊、行动乏力问题,存在不少落实党的领导弱化、虚化、淡化问题,有些党员、干部政治信仰发生动摇,一些地方和部门形式主义、官僚主义、享乐主义和奢靡之风屡禁不止,特权思想和特权现象较为严重,一些贪腐问题触目惊心;"当时,党内和社会上不少人对党和国家前途忧心忡忡"②。

(二)党依靠团结奋斗破解了不同难题

中国共产党历来强调党的团结及党同人民的团结。毛泽东指出:"我们要有一个团结的队伍去打倒我们的敌人,争取胜利,而队伍中间最主要的、起领导作用的,是我们的党。"③邓小平主持起草的党的第二个历史决议强调:"党的团结,党同人民的团结,是进行社会主义现代化建设、夺取新的胜利的根本保证。"④中国特色社会主义新时代,习近平总书记指出,团结和奋斗紧密相连,党的伟大成就是党和人民团结奋斗的结果。习近平总书记在庆祝中国共产党成立100周年大会上的讲话中指出:"一百年来,我们取得的一切成就,是中国共产党人、中国人民、中华民族团结奋斗的结果。"⑤2022年1月30日,习近平总书记在春节团拜会上的讲话中指出:"一百年来,党和人民取得的一切成就都是团结奋斗的结果","百年奋斗历史还告诉我们,围绕明确奋斗目标形成的团结才是最牢固的团结,依靠紧密团结进行的奋斗才

① 《中共中央关于党的百年奋斗重大成就和历史经验的决议》,人民出版社,2021年,第20页。
② 习近平:《高举中国特色社会主义伟大旗帜 为全面建设社会主义现代化国家而团结奋斗——在中国共产党第二十次全国代表大会上的报告》,人民出版社,2022年,第5页。
③ 《毛泽东文集》(第三卷),人民出版社,1996年,第287页。
④ 《关于建国以来党的若干历史问题的决议》(1981年6月27日中国共产党第十一届中央委员会第六次全体会议一致通过),《人民日报》,1981年7月1日。
⑤ 习近平:《在庆祝中国共产党成立100周年大会上的讲话》,《人民日报》,2021年7月2日。

是最有力的奋斗"。①"团结奋斗"是党的二十大主题和标题的重要内容。党的二十大报告强调,团结奋斗是中国人民创造历史伟业的必由之路。②百年党史表明,团结奋斗也是中国共产党破解大党独有难题的必由之路。

大要有大的样子。抗日战争时期,中国共产党有效应对了1941—1942年敌后抗战的极端困境,团结带领根据地军民,逐步实现抗战形势的好转。党中央和红军安家延安后,由于敌人的军事包围和经济封锁,条件十分艰苦。延安军民积极响应毛泽东发出的"自己动手、丰衣足食"号召,开展了热火朝天的大生产运动,有力地支持了抗日前线。③解放战争初期,中国共产党有效应对了敌强我弱的不利条件,通过解放军的浴血奋战、解放区的土地改革,通过推动国统区形成"第二条战线",实现中国革命形势的根本转折。习近平总书记指出,刘邓大军千里跃进大别山能够站住脚、扎下根,根本原因是我们党同人民一条心、军民团结如一人。④人民还先后用小车推出来、用小船划出来淮海战役和渡江战役的胜利。⑤

新中国成立后,面对党内和党外、国内和国际、人类社会和自然界的多种复杂严峻的考验挑战,中国共产党领导人民,使中华民族迎来了从站起来、富起来到强起来的伟大飞跃。⑥习近平总书记强调,社会主义革命和建设的成就是人民群众干出来的,改革开放的历史伟剧是亿万人民群众主演的。⑦

社会主义革命和建设时期,中国共产党有效应对了新中国成立初期的种种考验,巩固了政权并恢复了经济;通过1958年冬至1959年夏的初步纠

---

① 习近平:《在二〇二二年春节团拜会上的讲话》,《人民日报》,2022年1月31日。
② 习近平:《高举中国特色社会主义伟大旗帜　为全面建设社会主义现代化国家而团结奋斗——在中国共产党第二十次全国代表大会上的报告》,人民出版社,2022年,第70页。
③ 习近平:《继承和发扬党的优良革命传统和作风　弘扬延安精神》,《求是》,2022年第24期。
④ 习近平:《论中国共产党历史》,中央文献出版社,2021年,第47~48页。
⑤ 习近平:《在党史学习教育动员大会上的讲话》,人民出版社,2021年,第15页。
⑥ 习近平:《以史为鉴、开创未来　埋头苦干、勇毅前行》,《求是》,2022年第1期。
⑦ 习近平:《在党史学习教育动员大会上的讲话》,人民出版社,2021年,第15页。

"左"，通过1960年的"调整、巩固、充实、提高"方针，通过1962年"七千人大会"上的批评和自我批评，通过大会前后的全面调整，终于有效应对了"大跃进"和人民公社化运动造成的严重经济困难。周恩来、刘少奇、朱德、邓小平、陈云等党的第一代中央领导集体的重要成员，与毛泽东一道团结奋斗，在20世纪60年代前期经济调整过程中发挥重要作用。"文化大革命"时期，毛泽东虽然在全局上一直坚持"文化大革命"的错误，但也制止和纠正过一些具体错误。①周恩来、刘少奇、邓小平等党和国家领导人，对"文化大革命"进行了抵制与抗争。

"文化大革命"结束后，在邓小平领导下和老一辈革命家支持下，党的十一届三中全会冲破长期"左"的错误的严重束缚，批评"两个凡是"的错误方针，充分肯定必须完整、准确地掌握毛泽东思想的科学体系，高度评价关于真理标准问题的讨论，果断结束"以阶级斗争为纲"，重新确立马克思主义的思想路线、政治路线、组织路线。②党的十一届三中全会通过团结奋斗，实现党和国家工作中心战略转移，开启了改革开放和社会主义现代化建设新时期。邓小平强调，"改革要达到的目的"就是要"赶上时代"③；除了改革还要开放。"中国要谋求发展，摆脱贫穷和落后，就必须开放。开放不仅是发展国际间的交往，而且要吸收国际的经验。"④党的十五大以来，中国共产党领导人民成功应对金融危机等经济风险，战胜洪涝、地震等自然灾害，战胜非典疫情。⑤

中国特色社会主义新时代，党和人民"经受住了来自政治、经济、意识形态、自然界等方面的风险挑战考验，党和国家事业取得历史性成就、发生历

①　《关于建国以来党的若干历史问题的决议》（1981年6月27日中国共产党第十一届中央委员会第六次全体会议一致通过），《人民日报》，1981年7月1日。

②　习近平：《在庆祝改革开放40周年大会上的讲话》，人民出版社，2018年，第3页。

③　《邓小平文选》（第三卷），人民出版社，1993年，第242页。

④　《邓小平文选》（第三卷），人民出版社，1993年，第266页。

⑤　《中共中央关于党的百年奋斗重大成就和历史经验的决议》，人民出版社，2021年，第20页。

史性变革,推动我国迈上全面建设社会主义现代化国家新征程"①。党的十八大后,面对党内一系列突出矛盾和问题,党中央把全面从严治党纳入"四个全面"战略布局,使党在革命性锻造中变得更加坚强有力。②

全民族抗战爆发以来八十多年的历史表明,中国共产党"大也有大的难处",所以在各个历史时期均面临着大党独有难题;中国共产党"大就要有大的样子",唯有团结奋斗才能体现大的样子,发挥大的优势。因此,在各个历史时期,中国共产党始终坚持在团结奋斗中破解大党独有难题。

五、审视苏共的兴衰成败以破解难题

改革开放初期,邓小平在论述苏联社会主义建设史时提到,尽管列宁搞过新经济政策,"但是后来苏联的模式僵化了",苏联"并没有完全搞清楚""社会主义究竟是个什么样子"。③与邓小平观点相近,习近平总书记指出,关于怎样治理社会主义社会这样的全新社会,"苏联在这个问题上进行了探索,取得了一些成功经验,但也犯下了严重错误,没有解决好这个问题,最后的结局是国亡政息"④。中国共产党在破解大党独有难题的过程中,始终注意对照国外马克思主义政党和发展中国家大党,尤其冷静审视苏共的兴衰成败,或以俄为师,或以苏为鉴。

---

① 习近平:《高举中国特色社会主义伟大旗帜 为全面建设社会主义现代化国家而团结奋斗——在中国共产党第二十次全国代表大会上的报告》,人民出版社,2022年,第6页。
② 习近平:《论党的自我革命》,党建读物出版社、中国方正出版社、中央文献出版社,2023年,第351页。
③ 《邓小平文选》(第三卷),人民出版社,1993年,第139页。
④ 习近平:《论坚持全面深化改革》,中央文献出版社,2018年,第89页。

（一）以俄为师，从苏共的成功实践中学习经验

大革命失败后至新中国成立前，中国共产党团结带领人民在根据地创建人民政权，探索建立新民主主义经济、政治、文化制度，为新中国建立人民当家作主的新型国家制度积累了宝贵经验。[①]上述制度通常以俄为师，特别是土地革命时期中央革命根据地和中华苏维埃共和国的各种制度。

新中国成立后，在社会主义建设时期，我国国家制度和国家治理体系就借鉴吸收了苏联的许多有益经验。[②]毛泽东首次访苏时指出："苏联经济文化及其他各项重要的建设经验，将成为新中国建设的榜样。"[③]1953年2月7日，毛泽东在全国政协一届四次会议闭幕会上强调："应该在全国掀起一个学习苏联的高潮，来建设我们的国家。"[④]1956年，中国基本完成对生产资料私有制的社会主义改造，公有制占绝对优势的社会主义经济制度初步建立起来。如何在中国全面建设社会主义，成为中国共产党面临的崭新课题。1956年12月，毛泽东受列宁"新经济政策"理论和实践的启发，一度宣布："现在国营、合营企业不能满足社会需要，如果有原料，国家投资又有困难，社会有需要，私人可以开厂"，"可以搞国营，也可以搞私营。可以消灭了资本主义，又搞资本主义"，"这叫新经济政策"。[⑤]1957年上半年，毛泽东在《关于正确处理人民内部矛盾的问题》一文中指出："为了使我国变为工业国，我们必须认真学习苏联的先进经验。苏联建设社会主义已经有四十年了，它的经验对于我们是十分宝贵的。"他强调，要学"一切国家的好经验"，"但是主要

① 习近平：《坚持和完善中国特色社会主义制度推进国家治理体系和治理能力现代化》，《求是》，2020年第1期。
② 《习近平谈治国理政》（第三卷），外文出版社，2020年，第123页。
③ 中共中央文献研究室编：《毛泽东年谱（一九四九——一九七六）》（第一卷），中央文献出版社，2013年，第95页。
④ 《毛泽东文集》（第六卷），人民出版社，1999年，第264页。
⑤ 《毛泽东文集》（第七卷），人民出版社，1999年，第170页。

的还是要学苏联"。^①习近平总书记指出,毛泽东曾经多次主持会议专题研讨苏联《政治经济学教科书》,并且引用了1959年底1960年初毛泽东在读这套教科书时关于社会主义阶段划分的重要论述。^②1962年1月,毛泽东在"七千人大会"上就新中国成立初期照搬苏联经验进行反思:"因为我们没有经验,在经济建设方面,我们只得照抄苏联,特别是在重工业方面,几乎一切都抄苏联,自己的创造性很少。"毛泽东强调:"这在当时是完全必要的"。^③由此可见,以俄(苏)为师不仅是中国共产党领导人民取得新民主主义革命成功的重要经验,也是完成社会主义革命并开启社会主义建设的重要经验。

(二)以苏为鉴,从苏共的巨大挫折中汲取教训

斯大林执政时期,1936年苏联第八次苏维埃非常代表大会讨论通过苏联宪法,承认苏联当时实行的高度集中的政治、经济、思想文化体制,意味着苏联模式逐步形成。斯大林时期的苏联模式,在所有制形式、经济体制、经济发展战略领域,在政治和思想文化领域,均存在严重弊端。^④斯大林去世后三年,赫鲁晓夫于苏共二十大会后作题为"关于个人崇拜及其后果"的秘密报告,狠批斯大林及个人崇拜。中国共产党注重总结和借鉴苏共执政的经验教训,开始反思高度集中的斯大林模式弊端。苏共二十大闭幕后不久,1956年3月12日,毛泽东主持召开中共中央政治局扩大会议讨论苏共二十大问题,指出赫鲁晓夫秘密报告"揭了盖子",破除了对苏联、苏共、斯大林的迷信。^⑤3月23日,毛泽东主持召开中共中央书记处扩大会议,着重分析"揭了盖子",强调中国共产党应该把马列主义的基本原理同中国社会主义革命

① 《毛泽东文集》(第七卷),人民出版社,1999年,第242页。
② 中共中央党史和文献研究院编:《十八大以来重要文献选编》(下),中央文献出版社,2018年,第2页。
③ 《毛泽东文集》(第八卷),人民出版社,1999年,第305页。
④ 本书编写组:《社会主义发展简史》,人民出版社、学习出版社,2021年,第112页。
⑤ 中共中央文献研究室编:《毛泽东年谱(一九四九——一九七六)》(第二卷),中央文献出版社,2013年,第545页。

和建设的具体实际结合起来，"探索在我们国家里建设社会主义的道路"①。在赫鲁晓夫"揭了盖子"的有利条件下，毛泽东提出将马克思主义同中国实际进行"第二次结合"。1956年4月4日，毛泽东指出："感谢赫鲁晓夫揭开了盖子，我们应该从各方面考虑如何按照中国的情况办事""现在是社会主义革命和建设时期，我们要进行第二次结合，找出在中国怎样建设社会主义的道路"。②后来，毛泽东在《论十大关系》中指出："最近苏联方面暴露了他们在建设社会主义过程中的一些缺点和错误"，中国共产党"要引以为戒"。③毛泽东在党的八大政治报告稿上的修改和批语中指出，中国"不但在民主革命的过程中"，"在社会主义改造和社会主义建设的过程中"，"而且在将来建成社会主义社会以后还会继续存在""自己的许多特点"。④1956—1957年，以毛泽东同志为主要代表的中国共产党人，借鉴苏联等社会主义国家共产党的历史教训，在探索社会主义建设道路时取得《论十大关系》等一系列理论成果。

习近平总书记指出，一开始，因为我们没有搞过社会主义，怎样治理中国，只能照搬苏联模式，但我们党也没有全走苏联之路，一直在积极探索这个问题，并取得了一些重要成果，毛泽东同志的重要著作《论十大关系》等集中反映了这方面的探索成果。⑤

《论十大关系》多处体现以苏为鉴的品质。关于重工业和轻工业、农业的关系，毛泽东指出：处理这个关系"我们比苏联和一些东欧国家做得好些"，"像苏联的粮食产量长期达不到革命前最高水平的问题，像一些东欧国家由于轻重工业发展太不平衡而产生的严重问题，我们这里是不存在的。"

---

① 中共中央文献研究室编：《毛泽东年谱（一九四九——一九七六）》（第二卷），中央文献出版社，2013年，第550页。
② 中共中央文献研究室编：《毛泽东年谱（一九四九——一九七六）》（第二卷），中央文献出版社，2013年，第557页。
③ 《毛泽东文集》（第七卷），人民出版社，1999年，第23页。
④ 《建国以来毛泽东文稿》（第11册），中央文献出版社，2023年，第67页。
⑤ 习近平：《论中国共产党历史》，中央文献出版社，2021年，第17页。

"他们片面地注重重工业,忽视农业和轻工业,因而市场上的货物不够,货币不稳定"。①关于国家、生产单位和生产者个人的关系,毛泽东指出:"国家和工厂、合作社的关系,工厂、合作社和生产者个人的关系,这两种关系都要处理好。……鉴于苏联和我们自己的经验,今后务必更好地解决这个问题。""苏联的办法把农民挖得很苦。他们采取所谓义务交售制等项办法,把农民生产的东西拿走太多,给的代价又极低。他们这样来积累资金,使农民的生产积极性受到极大的损害。""我们对农民的政策不是苏联的那种政策,而是兼顾国家和农民的利益。……鉴于苏联在这个问题上犯了严重错误,我们必须更多地注意处理好国家同农民的关系。"②关于中央和地方的关系,毛泽东指出:"中央和地方的关系也是一个矛盾。……我们不能像苏联那样,把什么都集中到中央,把地方卡得死死的,一点机动权也没有。"③关于汉族和少数民族的关系,毛泽东指出:"在苏联,俄罗斯民族同少数民族的关系很不正常,我们应当接受这个教训。"④关于党和非党的关系,毛泽东指出:"恐怕是几个党好。不但过去如此,而且将来也可以如此,就是长期共存,互相监督。……在这一点上,我们和苏联不同。我们有意识地留下民主党派,让他们有发表意见的机会,对他们采取又团结又斗争的方针。"⑤关于是非关系,毛泽东指出:"党内党外都要分清是非。如何对待犯了错误的人,这是一个重要的问题。……过去,在以王明为首的教条主义者当权的时候,我们党在这个问题上犯了错误,学了斯大林作风中不好的一面。他们在社会上不要中间势力,在党内不允许人家改正错误,不准革命。"⑥关于中国和外国的关系,毛泽东指出:"一切民族、一切国家的长处都要学,……但是,必须有分析

① 《毛泽东文集》(第七卷),人民出版社,1999年,第24页。
② 《毛泽东文集》(第七卷),人民出版社,1999年,第28~30页。
③ 《毛泽东文集》(第七卷),人民出版社,1999年,第31页。
④ 《毛泽东文集》(第七卷),人民出版社,1999年,第34页。
⑤ 《毛泽东文集》(第七卷),人民出版社,1999年,第34~35页。
⑥ 《毛泽东文集》(第七卷),人民出版社,1999年,第39页。

有批判地学,不能盲目地学,不能一切照抄,机械搬用。他们的短处、缺点,当然不要学。""对于苏联和其他社会主义国家的经验,也应当采取这样的态度。""苏联过去把斯大林捧得一万丈高的人,现在一下子把他贬到地下九千丈。⋯⋯中央认为斯大林是三分错误,七分成绩,总起来还是一个伟大的马克思主义者,⋯⋯三七开的评价比较合适。"①后来毛泽东讲道:"十大关系的基本观点就是同苏联比较,除了苏联的办法以外,是否还可以找到别的办法,能比苏联、东欧各国搞得更快更好。"②毛泽东在《论十大关系》中以苏为鉴的论述,事实上成为中国共产党改革斯大林模式时的思想武器。

党的第二个历史决议强调,党的八大开得很成功;党的八大的路线是正确的,它为新时期社会主义事业的发展和党的建设指明了方向。③党的八大之所以开得很成功并形成正确路线,不仅是由于正确分析了国内主要矛盾和主要任务,而且是由于汲取了苏共二十大所揭露的苏联社会主义建设教训,体现了以苏为鉴的精神。毛泽东在党的八大开幕词中指出:苏共二十大"批判了党内存在的缺点"④;经毛泽东多次修改并由刘少奇所作的党的八大政治报告指出:苏共二十大是"具有世界意义的重大政治事件","批判了在党内曾经造成严重后果的个人崇拜现象"⑤;邓小平所作《关于修改党的章程的报告》指出:"苏联共产党第二十次代表大会的一个重要的功绩,就是告诉我们,把个人神化会造成多么严重的恶果。"⑥

20世纪80年代末90年代初东欧剧变,世界社会主义面临前所未有的严

---

① 《毛泽东文集》(第七卷),人民出版社,1999年,第41~42页。
② 中共中央文献研究室编:《毛泽东年谱(一九四九——一九七六)》(第三卷),中央文献出版社,2013年,第353页。
③ 《关于建国以来党的若干历史问题的决议》(1981年6月27日中国共产党第十一届中央委员会第六次全体会议一致通过),《人民日报》,1981年7月1日。
④ 中央档案馆、中共中央文献研究室编:《中共中央文件选集(1949年10月—1966年5月)》(第二十四册),人民出版社,2013年,第52页。
⑤ 中央档案馆、中共中央文献研究室编:《中共中央文件选集(1949年10月—1966年5月)》(第二十四册),人民出版社,2013年,第108页。
⑥ 中央档案馆、中共中央文献研究室编:《中共中央文件选集(1949年10月—1966年5月)》(第二十四册),人民出版社,2013年,第151页。

峻局面。习近平总书记曾以"故国不堪回首月明中"来形容苏共垮台和苏联解体，以"万花纷谢一时稀"来形容世界社会主义遭受严重曲折。①针对东欧剧变这一震惊世界的事件，邓小平在1992年初南方谈话中指出："一些国家出现严重曲折，社会主义好像被削弱了，但人民经受锻炼，从中吸收教训，将促使社会主义向着更加健康的方向发展。"②中国共产党充分吸取苏东剧变教训，加快改革开放步伐，坚持党的领导并加强党的建设，成功捍卫、坚持和发展中国特色社会主义。党的十八大以来，党的历次全国代表大会报告及第三个历史决议，均强调中国既不走封闭僵化的老路，也不走改旗易帜的邪路。习近平总书记指出："冷战结束后，苏联解体、东欧剧变，我们仍然走自己的路，所以我们才有今天。"③习近平总书记还从以下方面总结苏共亡党、苏联亡国的教训：

一是特权和腐败。苏共在执政过程中忽视自身建设，基层组织涣散，民主集中制遭到严重破坏，党内长期缺乏民主监督，党的干部大搞特权和腐败，严重脱离群众。曾退出苏共并埋葬苏联的俄罗斯前总统叶利钦认为："如果戈尔巴乔夫亲自制止自己享受特权，那么即便在战略上有失误的情况下，改革也不会停止。""如果戈尔巴乔夫不在列宁山上修建新的住宅，不在莫斯科郊外建立新的别墅，而他自己在人民代表大会上慷慨激昂地说他根本没有私人别墅，情况也不会这么糟糕"。④习近平总书记强调，苏共亡党、苏联亡国的一个重要原因，是苏联共产党脱离了人民，成为一个只维护自身利益的特权官僚集团。⑤特权官僚集团缺乏权力监督，必然贪污腐败成风而且不会自我刹车。近年来，一些国家因长期积累的矛盾导致民怨载道、社会

---

①　习近平：《坚持和发展中国特色社会主义要一以贯之》，《求是》，2022年第18期。
②　《邓小平文选》(第三卷)，人民出版社，1993年，第383页。
③　习近平：《毫不动摇坚持和加强党的全面领导》，《求是》，2021年第18期。
④　[俄]鲍里斯·叶利钦：《我的自述》，朱启会，荣合译，东方出版社，1993年，第133~135页。
⑤　习近平：《把握新发展阶段，贯彻新发展理念，构建新发展格局》，《求是》，2021年第9期。

动荡、政权垮台，其中贪污腐败就是一个很重要的原因。①这里所谈的"一些国家"，显然包括苏联在内。"党把党风廉政建设和反腐败斗争提到关系党和国家生死存亡的高度来认识，是深刻总结了古今中外的历史教训的。"②"古今中外的历史教训"，毫无疑问也包括苏共垮台、苏联解体的沉痛教训。

二是没有实行改革开放，没有发展社会主义市场经济。苏联经济发展在与西方国家竞争中失利，很大程度上就是没有抓住20世纪五六十年代兴起的以电子计算机和信息技术为先导的科学技术革命浪潮所带来的发展机遇，其内在原因就是高度集中的体制机制排斥市场和价值规律作用，不能及时把握科技发展和市场变化。苏联领导人长期固守旧体制机制，即便在不同时期有所调整，也是局限于修修补补，没有从根本上革除这种体制机制的弊端，导致国家经济逐渐失去创新活力。③2012年12月31日，习近平总书记在党的十八届中央政治局第二次集体学习时指出，实行改革开放，发展社会主义市场经济，包括苏联在内的其他社会主义国家没有干过。④2013年1月5日，习近平总书记指出，如果没有1978年我们党果断决定实行改革开放，并坚定不移推进改革开放，坚定不移把握改革开放的正确方向，社会主义中国就不可能有今天这样的大好局面，就可能面临严重危机，就可能遇到像苏联、东欧国家那样的亡党亡国危机。⑤

三是缺乏国家治理能力，没有形成有效的国家治理体系。习近平总书记指出：科学社会主义与空想社会主义的一大区别，就在于它不是一成不变的教条，而是把社会主义看作一个不断完善和发展的实践过程。⑥然而苏联

---

①　习近平：《紧紧围绕坚持和发展中国特色社会主义　学习宣传贯彻党的十八大精神》，《人民日报》，2012年11月19日。

②　《习近平谈治国理政》，外文出版社，2014年，第390页。

③　本书编写组：《社会主义发展简史》，人民出版社、学习出版社，2021年，第192页。

④　习近平：《论坚持全面深化改革》，中央文献出版社，2018年，第6页。

⑤　中共中央文献研究室编：《十八大以来重要文献选编》（上），中央文献出版社，2014年，第112页。

⑥　《习近平谈治国理政》（第三卷），外文出版社，2020年，第123页。

领导人长期机械教条地对待马克思主义,固守某些词句和结论,不能根据实践和时代的变化推进理论创新,形成许多附加在马克思主义名下的错误认识,致使指导思想失去生机和活力,严重制约了社会主义改革,导致整个社会丧失发展动力。①习近平总书记指出,东欧剧变、苏联解体有多方面原因,没有形成有效的国家治理体系和国家治理能力是其中一个重要原因。其实,古往今来,大多数社会动荡、政权更迭的国家,原因最终都可以归结为没有形成有效的国家治理体系和治理能力。②

四是未能严明政治纪律,特别是放弃民主集中制原则,导致组织混乱。戈尔巴乔夫公开宣扬苏共的地位不应当依靠宪法强行合法化,声称"苏联共产党不想享有垄断权"。通过修改宪法,取消宪法第六条关于苏共是社会领导力量和政治制度核心的规定,承认社会团体多元化。苏共领导地位被削弱后,大批党员退党,党组织涣散,党员离心离德,有的党员参加反对派,有的公开支持反对派,导致苏共最后完全失去力量和作用。③习近平总书记指出,苏共放弃民主集中制原则,实行所谓各级党组织自治原则,允许党员公开发表与组织决议不同的意见,政治纪律被动摇了。在这种形势下,一些苏共党员甚至领导层成员言所欲言、为所欲为,成了否定苏共历史、否定社会主义的急先锋,成了传播西方意识形态的大喇叭,苏共党内从思想混乱演变到组织混乱,变成"乌合之众"。④

五是大搞历史虚无主义,丧失共产主义理想信念。戈尔巴乔夫提出"人道的、民主的社会主义",鼓吹"公开性",要求摒弃"意识形态限制"、反对"精神垄断",主动放弃苏共对新闻舆论的领导权,鼓励开展"重新评价历史"运动。1988年12月,苏联停止干扰此前被视为反动电台的几家西方电台,开放

---

① 本书编写组:《社会主义发展简史》,人民出版社、学习出版社,2021年,第191~192页。
② 习近平:《论坚持全面深化改革》,中央文献出版社,2018年,第89~90页。
③ 本书编写组:《社会主义发展简史》,人民出版社、学习出版社,2021年,第190页。
④ 中共中央文献研究室编:《十八大以来重要文献选编》(上),中央文献出版社,2014年,第133~134页。

7930种禁书。1990年6月，《苏联报刊和其他大众新闻媒介法》规定完全放开新闻舆论，私人可以办报。到1990年底，苏共能控制的媒体仅剩下1.5%，失去对主流舆论的引导力和对意识形态的主导权。历史虚无主义开始盛行，丑化攻击苏共和苏联历史的言论大行其道。苏共被称作历史"罪人"，十月革命被称为"暴力和罪恶"，苏联社会主义制度被称为"极权主义"和"万恶之源"。①习近平总书记指出，"全面否定苏联历史、苏共历史，否定列宁，否定斯大林，搞历史虚无主义"，是苏共垮台、苏联解体的重要原因。②在那场动荡中没什么人出来抗争，原因在于他们"理想信念已经荡然无存"③；"世界社会主义实践的曲折历程告诉我们，马克思主义政党一旦放弃马克思主义信仰、社会主义和共产主义信念，就会土崩瓦解"④。

十月革命给中国送来马克思列宁主义，对中国共产党的诞生和发展影响巨大。习近平总书记指出，他之所以在党的十九大报告第二部分一开始就提到十月革命这一重大历史事件，"就是为了宣示十月革命对中国共产党诞生和发展所产生的历史影响"⑤。新民主主义革命时期，中国共产党"以俄为师"，根据十月革命的历史经验并结合中国革命的具体实际，走出了一条农村包围城市、武装夺取政权的革命新道路；新中国成立初期，中国共产党效法斯大林时期的苏联模式，建立社会主义基本制度。苏共二十大闭幕后初期，以毛泽东同志为主要代表的中国共产党人"以苏为鉴"，提出马克思主义基本原理同中国具体实际的"第二次结合"，努力探索一条符合中国国情的社会主义建设道路，其间既有显著成绩也有严重失误。改革开放以来特别是苏东剧变后，中国共产党继续以苏为鉴，既不走斯大林和勃列日涅夫时

---

①　本书编写组：《社会主义发展简史》，人民出版社、学习出版社，2021年，第191页。

②　中共中央文献研究室：《十八大以来重要文献选编》（上），中央文献出版社，2014年，第113页。

③　习近平：《推进党的建设新的伟大工程要一以贯之》，《求是》，2019年第19期。

④　习近平：《论党的宣传思想工作》，中央文献出版社，2020年，第148页。

⑤　习近平：《坚持和发展中国特色社会主义要一以贯之》，《求是》，2022年第18期。

代封闭僵化的老路,也不走戈尔巴乔夫时代改旗易帜的邪路。由此可见,全民族抗战爆发以来,中国共产党为解决大党独有难题,始终坚持对照中与俄(苏),从俄国和苏联关于革命和建设的成功实践中学习经验,从其建设和剧变的巨大挫折中汲取教训。

六、坚持真理、修正错误来破解难题

中国共产党一贯重视学习和总结既往的实践,旨在从伟大成就中吸取历史经验并坚定历史自信,从失误和曲折中吸取历史教训并进行历史自省。新民主主义革命时期,毛泽东指出:"要把党的路线政策的历史发展搞清楚","研究哪些是过去的成功和胜利,哪些是失败,前车之覆,后车之鉴"。[①]改革开放和社会主义现代化建设新时期,邓小平指出:"我们现在的路线、方针、政策是在总结了成功时期的经验、失败时期的经验和遭受挫折时期的经验后制定的。历史上成功的经验是宝贵财富,错误的经验、失败的经验也是宝贵财富。"[②]"现在的方针政策,就是对'文化大革命'进行总结的结果。最根本的一条经验教训,就是要弄清什么叫社会主义和共产主义,怎样搞社会主义。搞社会主义必须根据本国的实际。"[③]习近平总书记在党的十九届六中全会第二次全体会议上回顾百年党史时指出,中国共产党在指导思想上坚持真理、修正错误的表现,包括大革命失败后纠正陈独秀右倾机会主义错误,土地革命战争时期纠正"左"倾盲动主义错误和"左"倾冒险主义错误,延安时期彻底纠正王明"左"倾教条主义错误,党的十一届三中全会后彻底否

---

① 《毛泽东文集》(第二卷),人民出版社,1993年,第399页。
② 《邓小平文选》(第三卷),人民出版社,1993年,第234~235页。
③ 《邓小平文选》(第三卷),人民出版社,1993年,第223页。

定"文化大革命"，等等。①党的二十大闭幕后，习近平总书记指出，中国共产党"必须坚持真理、修正错误……发扬经验、吸取教训"②。中国共产党的三个历史决议，是党坚持真理、修正错误的突出体现，进而成为破解大党独有难题的历史滋养。

（一）党在破解实践中发扬经验、坚持真理

党的第一个历史决议虽以总结党的六届四中全会至遵义会议期间党内路线斗争和"左"倾错误的经验教训为重点，但开篇强调1921—1945年中国共产党"取得了伟大的成绩和丰富的经验"③，在结尾指出党在个别时期中所犯的"左"、右倾错误，"不过是一些部分的现象"④。

党的第二个历史决议同样涵盖建党以来全部党史，但以新中国成立以来党史为重点。决议起草和修改期间，邓小平指出："总的来说，三十一年中，我们做了很多的事情，成绩不少，虽然也犯了一些错误，但不是一片漆黑。总结历史要把这个体现出来。"⑤党的第二个历史决议高度评价"新民主主义革命斗争"，从多个领域阐述"建国三十二年来，我们取得的主要成就"，并强调新中国成立以来的党史，"总的说来"是中国共产党领导人民进行社会主义革命和建设并"取得巨大成就的历史"。决议强调："忽视或否认我们的成就，忽视或否认取得这些成就的成功经验，同样是严重的错误"。⑥决议第八部分指出，"三中全会以来，我们党已经逐步确立了一条适合我国情况的社会主义现代化建设的正确道路"，并对其"主要点"从十个方面作了概

---

① 习近平：《以史为鉴、开创未来　埋头苦干、勇毅前行》，《求是》，2022年第1期。
② 习近平：《论党的自我革命》，党建读物出版社、中国方正出版社、中央文献出版社，2023年，第353页。
③ 《毛泽东选集》（第三卷），人民出版社，1991年，第952页。
④ 《毛泽东选集》（第三卷），人民出版社，1991年，第998页。
⑤ 中共中央文献研究室编：《邓小平年谱（一九七五——一九九七）》（下），中央文献出版社，2004年，第707页。
⑥ 《关于建国以来党的若干历史问题的决议》（1981年6月27日中国共产党第十一届中央委员会第六次全体会议一致通过），《人民日报》，1981年7月1日。

括,这实质上初步提出了在中国建设什么样的社会主义和怎样建设社会主义的问题,体现着正在形成的邓小平理论的基本观点。

党的第三个历史决议准确把握党史发展的主题主线主流本质,旗帜鲜明反对历史虚无主义。决议序言阐述党的历史任务和初心使命;前四部分首段和末段分别阐述四个历史时期党的主要任务和伟大成就,其中第二部分第10段总结社会主义革命和建设时期党史的主题主线主流本质,第三部分第14段总结改革开放和社会主义现代化建设新时期党史的主题主线主流本质,第四部分第2段总结中国特色社会主义新时代的丰富内涵和历史地位;决议第五部分阐述中国共产党百年奋斗的历史意义;第六部分概括了具有根本性和长远指导意义的十条历史经验即"十个坚持",涵盖革命、建设、改革等各个阶段,治党、治军、治国多个领域,涉及领导力量、依靠力量、精神旗帜、重大原则、方向道路、外部关系、前进动力、实现途径、壮大力量、政治保证等十个方面。①

(二)党在破解实践中吸取教训、修正错误

自党的六届四中全会至遵义会议前,"左"倾错误在党中央占据统治地位并造成严重危害,因此毛泽东强调,《关于若干历史问题的决议》"主要讲我们党历史上的'左'倾错误"②。决议指出,"为了学习中国革命的历史教训",以便使"前车之覆"成为"后车之鉴","对于这十年内若干党内历史问题,尤其是六届四中全会至遵义会议期间中央的领导路线问题,作出正式的结论,是有益的和必要的"。③决议第四部分以大篇幅论述"左"倾错误在政治、军事、组织和思想上的表现,第五、六部分详细剖析"左"倾错误的社会根

---

① 曲青山:《深入领会党百年奋斗的历史经验(深入学习贯彻党的十九届六中全会精神)》,《人民日报》,2022年1月11日。
② 《毛泽东文集》(第三卷),人民出版社,1996年,第296页。
③ 《毛泽东选集》(第三卷),人民出版社,1991年,第955页。

源及其在思想方法、政治倾向和组织生活上的种种表现。

社会主义建设时期,中国共产党在艰辛探索中出现反右派斗争严重扩大化、"大跃进"和人民公社化运动、学术和文化领域的过火批判、"文化大革命"等"左"的错误、"严重失误"甚至"全局性的、长时间的严重错误"①。正如邓小平在党的第二个历史决议起草阶段所讲:"总起来说,一九五七年以前,毛泽东同志的领导是正确的,一九五七年反右派斗争以后,错误就越来越多了。"②主要根据邓小平的意见和1957—1978年客观事实,决议第四、五、六部分深刻总结上述错误的原因、性质和教训。决议强调:"忽视错误、掩盖错误是不允许的,这本身就是错误,而且将招致更多更大的错误。""党敢于正视和纠正自己的错误,有决心有能力防止重犯过去那样的错误"。③

党的第三个历史决议虽然着重总结成就、经验和意义,但并未回避党的"失误和曲折"以及其中包含的"教训",从而客观地总结党史。决议第一部分提及大革命时期陈独秀为代表的右倾思想发展为机会主义错误,土地革命战争时期王明"左"倾教条主义在党内的错误领导及张国焘的分裂主义;第二部分提及反右派斗争扩大化、"大跃进"和人民公社化运动、"文化大革命"等错误理论和实践;第三部分提及"两个凡是"错误方针;第四部分第(一)(二)(三)(四)(六)(七)(九)(十二)首段均提及改革开放新时期多个领域的局限。

中国共产党先后出台的三个历史决议,贯穿着坚持真理、修正错误的主线。党的第一个历史决议总结了中国共产党成立后特别是党的六届四中全会至遵义会议前的党史及其经验教训。④党的第二个历史决议回顾了新中

---

① 《关于建国以来党的若干历史问题的决议》(1981年6月27日中国共产党第十一届中央委员会第六次全体会议一致通过),《人民日报》,1981年7月1日。

② 《邓小平文选》(第二卷),人民出版社,1994年,第294~295页。

③ 《关于建国以来党的若干历史问题的决议》(1981年6月27日中国共产党第十一届中央委员会第六次全体会议一致通过),《人民日报》,1981年7月1日。

④ 《毛泽东选集》(第三卷),人民出版社,1991年,第952~999页。

国成立以前的中共党史,总结了社会主义革命和建设的历史经验教训,正确评价了毛泽东同志和毛泽东思想,强调:"'坚持真理,修正错误',这是我们党必须采取的辩证唯物主义的根本立场。"①党的第三个历史决议指出:"党历经百年沧桑更加充满活力,其奥秘就在于始终坚持真理、修正错误。"②由此可见,中国共产党在破解大党独有难题过程中,始终注意"回头看",通过总结自身历史以发扬经验、吸取教训。

　　全民族抗战爆发以来,中国共产党在不同历史时期破解大党独有难题的系列历史经验,直接仰赖党的领导和马克思主义的指导。毛泽东始终高度重视党的领导和马克思主义的指导,强调"领导我们事业的核心力量是中国共产党。指导我们思想的理论基础是马克思列宁主义"③。改革开放之初,邓小平在党的理论工作务虚会上首次提出包括坚持党的领导和马克思主义的指导在内的四项基本原则。四项基本原则后被写入党的第二个历史决议、十二大党章和"八二宪法"序言,在党的十三大报告中首次成为党的基本路线的重要内容。第三个历史决议在总结中国共产党百年奋斗历史经验时亦强调坚持党的领导和理论创新,明确指出:"中国共产党是领导我们事业的核心力量","马克思主义是我们立党立国、兴党强国的根本指导思想"。④正是在始终毫不动摇坚持党的领导和马克思主义的指导基础上,作为大党的中国共产党始终根据世情国情党情来确定主要矛盾和中心任务,坚持外靠人民民主和人民监督、内靠全面从严治党和自我革命来跳出治乱兴衰的历史周期率,将党的建设伟大工程与革命和建设事业、将党的建设新的伟大工程与改革事业紧密结合起来,以党的自我革命和社会革命为实践基础,在时间维度上以党和人民的团结奋斗为力量源泉,在空

　　①　《中国共产党中央委员会关于建国以来党的若干历史问题的决议》,人民出版社,1981年,第11页。
　　②　《中共中央关于党的百年奋斗重大成就和历史经验的决议》,人民出版社,2021年,第70页。
　　③　《毛泽东文集》(第六卷),人民出版社,1999年,第350页。
　　④　《中共中央关于党的百年奋斗重大成就和历史经验的决议》,人民出版社,2021年,第65、66页。

间维度上以苏共执政的成败得失为标本参照，坚持真理、修正错误。中国共产党破解大党独有难题的上述历史经验弥足珍贵，值得长期坚持并不断丰富。

第五章

破解大党独有难题的科学思维

恩格斯曾经指出："一个民族要想站在科学的最高峰,就一刻也不能没有理论思维。"[1]习近平总书记也指出,中国共产党"面对十分复杂的国内外环境,肩负繁重的执政使命,如果缺乏理论思维,是难以战胜各种风险和困难的,也是难以不断前进的"[2]。理论思维作为一种与经验思维相对应的高级思维形式,它以理论为桥梁,借助理性反思和理论推演,透过感性材料、经验认知和对象表象把握其内在联系、本质和规律,既是人类所特有的精神现象,也是增强思想主动和行动自觉,科学认识世界和有效改造世界的理论武器和行动指南。始终强调运用科学的理论思维发现、分析和解决自身发展中的问题,历来都是中国共产党的鲜明品格和优良传统。党的二十大报告也一再强调:要"不断提高战略思维、历史思维、辩证思维、系统思维、创新思维、法治思维、底线思维能力,为前瞻性思考、全局性谋划、整体性推进党和国家各项事业提供科学思想方法。"[3]

进入新时代以来,世界百年未有之大变局和中华民族伟大复兴战略全

---

① 《马克思恩格斯选集》(第三卷),人民出版社,2012年,第875页。
② 《习近平谈治国理政》(第三卷),外文出版社,2020年,第518页。
③ 习近平:《高举中国特色社会主义伟大旗帜 为全面建设社会主义现代化国家而团结奋斗——在中国共产党第二十次全国代表大会上的报告》,人民出版社,2022年,第21页。

局纵横交织、相互激荡已成为显著时代形势；我国社会主要矛盾发生转化，如何解决人民日益增长的美好生活需要同不平衡不充分发展之间的矛盾已成为党和国家的工作重心；党的建设取得重要成就，但党的发展仍旧面对"四种危险""四大考验"的严峻挑战，如何建设一个长期执政的马克思主义政党已成为中国共产党亟待回答的重大时代性课题；再加上全面建成社会主义现代化强国和全面实现中华民族伟大复兴也已提上日程，这些都对党的自身建设提出了新的要求。在此形势下，习近平总书记在党的二十大报告中明确提出了"大党独有难题"命题，随后在二十届中央纪委二次全会上用"六个如何始终"对"大党独有难题"做了系统阐释，并强调解决这些难题是实现新时代新征程党的使命任务必须迈过的"一道坎"和全面从严治党适应新形势新要求必须啃下的"硬骨头"。新时代新征程，要破解大党独有难题，自然离不开科学理论思维的指导。这不仅是发扬中国共产党鲜明品格和优良传统的必然要求，也是找到正确方法，赢得思想主动和行动自觉，成功破解百年大党独有难题的题中之义。

一、坚持战略思维，破解大党独有难题

战略思维是马克思主义科学思维中的关键内容，也是有效破解百年大党独有难题不可忽视的重要思维方法。只有全面准确地把握战略思维的科学内涵和方法论要求，才能为破解百年大党独有难题提供强有力的方法指引。

（一）战略思维的基本内涵

"战略"一词原为军事术语，指为实现军事目标而对战争全局展开的关乎全局，带有宏观性的长远谋划，正如毛泽东曾指出的，"战略问题是研究战争全局的规律的东西"①。虽然"战略"一词源于军事领域但并不仅局限于军事领域,而是可以广泛运用于社会生活各个领域,"泛指对社会政治、经济、文化、科技和外交等领域长远、全局、高层次重大问题的筹划与指导"②。习近平总书记曾指出,战略问题是一个政党、一个国家的根本性问题。战略上判断得准确,战略上谋划得科学,战略上赢得主动,党和人民事业就有大希望③,反之,就会遭受挫折和损害。由此观之,所谓战略思维,就是从全局而非从局部来思考和处理实践活动中各方面、各阶段之间关系,以把握规律、取得最佳实效的思维方式。只有运用战略思维想问题、办事情,才能立足事物发展全局,着眼长远,把握发展大势,辨清走势并审时度势,增强实践的预见性、前瞻性和自觉性,才能妥善处理好全局与局部、长远与当下、重点与非重点等相互关系,始终保持头脑清醒,保持战略定力,超脱"一时得失"、本位主义和狭隘的小团体主义,才能突破细枝末节的束缚,摆脱急功近利、目光短浅和心浮气躁的"苑囿",放眼长远化解各类问题、风险与挑战,推动各项事业乘风破浪、行稳致远。

从中国共产党的百年奋斗史来看,注重运用战略思维,立足全局,谋划中国革命、建设和改革布局,历来都是中国共产党的鲜明特色和优良传统。在革命战争时期,毛泽东就充分运用战略思维,始终将把控全局作为考虑、分析和解决问题的出发点,从长远着眼,从国家和民族的未来走向着手,形成了"星星之火,可以燎原"及"抗日战争是持久战,最后胜利是中国的"等一系列重要论断,坚定了全国人民的革命必胜信念。抗日战争及最后革命的胜利也深刻地印证了战略思维作为一种高瞻远瞩、把握全局的思维方法对革命的重要性。在社会主义建设时期,毛泽东又充分运用战略思维,强调要把建设社会主义看作一个统筹全局的战略任务,要求必须坚持"统筹兼顾,

---

① 《毛泽东选集》(第一卷),人民出版社,1991年,第175页。
② 夏征农、陈至立主编:《辞海》(第六版彩图本),上海辞书出版社,2009年,第2871页。
③ 《习近平谈治国理政》(第二卷),外文出版社,2017年,第10页。

各得其所"的方针，"把党内党外、国内国外的一切积极的因素，直接的、间接的积极因素，全部调动起来"①。正是基于战略思维这一科学思维，我们党才能最大限度地团结全国各族人民，为建设社会主义现代化国家而奋斗并取得了一系列重要成果。

作为改革开放的总设计师，邓小平也十分注重战略思维。他不仅运用战略思维，从时代的高度思考当今世界的两大问题，明确提出世界上带全局性、战略性的问题是"和平与发展"问题，为我们一心一意搞社会主义建设奠定了科学基础，他还从世界社会主义发展的战略全局思考经济建设问题，指出"经济问题是压倒一切的政治问题"②，强调"现在就是要硬着头皮把经济搞上去，就这么一个大局，一切都要服从这个大局"③，有效推动了改革开放的进程，这也是邓小平高超的战略思维能力和思维艺术的集中体现。

以江泽民同志为主要代表的中国共产党人同样注重对战略思维的运用。江泽民曾指出："讲政治，很重要的一条，就是要讲全局、懂全局、谋全局。"④他运用战略思维从党执政兴国的战略高度强调发展先进生产力，发展先进文化，全心全意为人民服务的重大意义，并对全面建设小康社会进行了前瞻性的战略思考，在实践中充分证明了战略思维的战略意义。

以胡锦涛同志为主要代表的中国共产党人更是牢牢把握我国发展的重要战略机遇期，强调要坚持"统筹兼顾"的战略思维，坚持"以人为本"，"全面协调可持续"，促进现代化建设各方面、各环节协调发展，极大地推动了中国特色社会主义进入新的发展阶段，书写了战略思维在21世纪的新成就。

党的十八大以来，以习近平同志为核心的党中央又从党和国家事业发展全局的战略高度，观大势、谋全局，注重运用战略思维治国理政，不仅强调

---

① 中共中央文献研究室编：《建国以来重要文献选编》（第8册），中央文献出版社，1994年，第266页。

② 《邓小平文选》（第二卷），人民出版社，1994年，第194页。

③ 《邓小平文选》（第三卷），人民出版社，1993年，第129页。

④ 中共中央文献研究室编：《十五大以来重要文献选编》（上），人民出版社，2000年，第718页。

战略思维"永远是中国共产党人应该树立的思维方式"①,还要求全党都要"提高战略思维能力、综合决策能力、驾驭全局能力,做到知行合一,增强工作的科学性、预见性、主动性"②,从而极大地推动了新时代党和国家事业历史性成就和历史性突破的实现。新时代新征程,坚持和运用战略思维,提升战略思维能力,对于我们统筹世界百年未有之大变局和中华民族伟大复兴战略全局,破解百年大党独有难题、涵养党的先进性和纯洁性,确保党不变质、不变色、不变味,具有十分重要的战略价值和现实指导意义。

(二)战略思维的方法论要求

战略思维作为一种科学的思维方式,蕴含着丰富而独特的方法论要求。能否具有战略思维,关乎党和国家事业全局和根本。而准确把握其方法论要求,不仅是全面理解这一思维方式的题中之义,也是实现这一思维方法有效利用和现实价值的关键一环。

1.以全局统摄局部,着眼战略整体

"不谋万世者,不足谋一时;不谋全局者,不足谋一域。"③战略思维的核心要义就是把握好全局和局部的关系,以全局统摄局部。马克思主义辩证法认为,全局是由局部组成,局部隶属并服务于全局,但是全局并非局部的简单机械叠加,而是各局部组成的有机统一体。在事物发展过程中,全局与局部两者缺一不可,但全局占据主导地位,对局部发挥统领功能。这就要求我们想问题办事情不仅要坚持"全局一盘棋",立足并统筹全局,对各项工作做出全局性规划,全神贯注"下大棋""算总账",避免陷入不分轻重主次、只埋头日常琐碎事务的事务主义之中,还要以大局利益作为判断是非得失的

---

① 习近平:《在纪念邓小平同志诞辰110周年座谈会上的讲话》,人民出版社,2014年,第17页。

② 习近平:《在纪念朱德同志诞辰130周年座谈会上的讲话》,人民出版社,2016年,第13页。

③ 转引自中共中央文献研究室编:《十六大以来重要文献选编》(下),中央文献出版社,2008年,第480页。

标准,自觉克服"小我"观念以及个人主义、小团体主义和地方主义的局限,以大局为重,着眼战略整体,调动一切积极因素以实现全局利益最大化,而不局限于"一城一池"的得失和"一兵一卒"的折损,不"因小失大"。无论是毛泽东指出的,"因为懂得了全局性的东西,就更会使用局部性的东西,因为局部性的东西是隶属于全局性的东西的"①,还是邓小平指出的,"有些事从局部看可行,从大局看不可行;有些事从局部看不可行,从大局看可行。归根到底要顾全大局"②,抑或习近平总书记向广大党员干部发出的"必须牢固树立高度自觉的大局意识,自觉从大局看问题,把工作放到大局中去思考、定位、摆布,做到正确认识大局、自觉服从大局、坚决维护大局"③的工作倡议,都是强调坚持战略思维,从全局出发想问题、办事情的集中体现。一般而言,着眼大局就意味着,不仅要对各项工作作出全局性谋划,还要以大局利益作为判断是非得失的标准,调动一切积极因素以实现全局利益的最大化,既考虑局部、顾及局部,又要服从全局、顾全大局,而着眼全局、整体和大局则是"重中之重"。

2.以当下洞观长远,着眼战略前景

战略思维是一种立足现实、放眼长远、面向未来去观察、思考和分析问题,预测现存事物未来发展形态和趋势的思维方式,具有预见性和长远性特点。唯物辩证法告诉我们,任何事物都是不断发展着的过程性存在,绝非静止不动、一成不变的。要树立战略思维,就要求我们不仅要从事物的整体架构看问题,还要把事物放到发展过程和历史长河中去把握;既立足当下的情形、着眼长远,又基于事物的长远、谋划当下。

一方面,把握预见性。所谓预见性即基于对事物本质和发展规律的把握,做出的对事物未来发展趋势的科学预测。毛泽东曾指出:"坐在指挥台

---

①　《毛泽东选集》(第一卷),人民出版社,1991年,第175页。
②　《邓小平文选》(第二卷),人民出版社,1994年,第82页。
③　陈理:《习近平治国理政理论研究》(上),人民出版社,2023年,第115~116页。

上,如果什么也看不见,就不能叫领导。坐在指挥台上,只看见地平线上已经出现的大量的普遍的东西,那是平平常常的,也不能算领导。只有当着还没有出现大量的明显的东西的时候,当桅杆顶刚刚露出的时候,就能看出这是要发展成为大量的普遍的东西,并能掌握住它,这才叫领导。"①"没有预见就没有领导,没有领导就没有胜利。因此,可以说没有预见就没有一切。"②而坚持预见性就要求我们在开展实际工作的过程中,要胸襟豁达、思维开阔,想问题办事情既不拘泥于眼前的有限条件,也不斤斤计较于眼前的利益得失,而是要放眼未来,对事物发展趋势和方向作出正确预判,及时发现端倪初露的各种矛盾或问题并及时作出战略判断和调整。

另一方面,着眼长远。战略思维的长远性要求我们想问题办事情要立足当下、着眼长远、面向未来,而不能只顾眼前、不计长远、目光短视。习近平总书记指出:"我们强调求实效、谋长远,求的不仅是一时之效,更有意义的是求得长远之效。当前有成效、长远可持续的事要放胆去做,当前不见效、长远打基础的事也要努力去做。"③邓小平也曾指出:"我们政治局、政治局常委会、书记处的同志,都是管大事的人,考虑任何问题都要着眼于长远,着眼于大局。"④马克思主义认为,事物的发展是一个包含若干进阶性阶段的动态过程,每一阶段都有自身独特的特点,这也要求我们在事物发展的不同阶段只有既立足现实,做好只能当下阶段必须做且可能做到的事情,不超越阶段,又要着眼长远,在完成每一阶段任务时,不忘长远,不忽略战略目标和奋斗方向,才能有效推进事物的发展。总之,在实际工作中要科学运用战略思维,就要善预见、有远见,着眼战略前景,立足当下,洞观长远,注意各阶段之间的区别与联系,把握大势、辨清走势、审时度势,"真正向前展望、超前思

①　《毛泽东文集》(第三卷),人民出版社,1996年,第394~395页。
②　《毛泽东文集》(第三卷),人民出版社,1996年,第396页。
③　习近平:《之江新语》,浙江人民出版社,2007年,第86页。
④　《邓小平文选》(第三卷),人民出版社,1993年,第298页。

维、提前谋局"①。

3.抓大事把握大局，着眼战略重点

战略思维蕴含辩证思维，强调在抓全局工作时要明晰战略实施中的重大关系、重点领域和关键环节，集中精力谋大事。从本质上讲，大事关乎全局，而只有把全局性的大事抓住了、抓准了、抓好了、抓稳了，才能纲举目张、突出重点、从容破题，事半功倍。毛泽东曾指出："'一着不慎，满盘皆输'，乃是说的带全局性的，即对全局有决定意义的一着。"②陈云也指出："中心工作与经常工作要分清。不忘记经常工作，但必须抓住中心，防止事务主义，乱无头绪。"③这也要求我们我们开展各项工作就要把关注点放在那些对于全局来说最重要、最具有决定意义的问题或动作上，只有着重研究和解决那些事关全局的重大问题，才能抓住重点，找到成功契机。具体而言，科学运用战略思维就要求我们，一方面，要善于从大量事物的复杂关系中分析判断出最重要、最具有决定意义的事物，善于区分重点和一般、大事和小事，并始终关注全局、紧盯目标，把主要精力投向长远性、全局性、关键性工作上，集中精力谋大事、抓大事，而决不能颠倒主次轻重，"眉毛胡子一把抓""齐步走"搞绝对平衡。另一方面，要兼顾其他工作和非主要矛盾，因为中心工作和其他工作、工作中的主要矛盾和非主要矛盾，两两是相互影响、相互作用的，甚至在一定条件下可以相互转化。而那些对于大局工作具有制约作用的薄弱环节，很可能成为制约重点工作乃至大局工作的"瓶颈"。总之，在实际工作中要科学运用战略思维，就要学会统筹兼顾，既要在全面推进工作的同时突出重点，善于把握"牵一发而动全身"的战略重点，牵住事物发展的"牛鼻子""衣领子"，也要兼顾抓好其他工作和非主要矛盾。

---

① 习近平：《关于〈中共中央关于全面深化改革若干重大问题的决定〉的说明》，《人民日报》，2013年11月16日。
② 《毛泽东选集》（第一卷），人民出版社，1991年，第175页。
③ 《陈云文选》（第一卷），人民出版社，1995年，第221页。

（三）以战略思维破解大党独有难题

治国必先治党，党兴才能国强。习近平总书记指出："我们是一个大党，领导的是一个大国，进行的是伟大的事业，……要善于进行战略思维，善于从战略上看问题、想问题。"[①]面对化解大党独有难题的严峻考验，只有时刻保持化解大党独有难题的清醒和坚定，真正立足党和国家事业发展全局，善于运用战略思维，统筹谋划、科学决策，才能迎难而上、步步为营，有效化解难题。

1. 统揽全局，统筹兼顾，保持战略定力

战略思维作为一种强调立足事物发展的全局和整体，谋划长远发展的思维方式，只有坚持统揽全局，统筹兼顾，保持战略定力，才能有效运用该思维。

一方面，运用战略思维破解大党独有难题就必须统揽全局，一切从大局出发。"不谋全局者不足以谋一域。"习近平总书记多次强调，共产党要具有"胸怀全局、把握大势、着眼大事"的工作和思想品格，要求"把全局作为观察和处理问题的出发点和落脚点，以全局利益为最高价值追求"[②]。对于破解大党独有难题而言，只有将大党独有难题的催生环境、发展演变与破解之道都置于全局的战略高度，从全局出发，从整体出发，才能找到破解大党独有难题的科学方案。具体而言，这也意味着，从全局出发就不能局限于局部问题的表象，被局部问题牵着走，"头痛医头""脚痛医脚"，陷入工作上的被动，而是要统揽局部诸要素、环节，以大局观和整体观深入探求各个差异性问题背后普遍的、共同的、一般性的深层次原因，进而从大局和本质出发制定对策，真正向症结开刀，才能真正解决问题。对此，破解大党独有难题，从大局处探求本质，才是科学有效的破解之道。

---

① 习近平：《更好把握和运用党的百年奋斗历史经验》，《求是》，2022年第13期。
② 习近平：《之江新语》，浙江人民出版社，2007年，第20页。

　　总体而言，要统揽全局，从全局出发就需要从三个大局出发：一是要立足中华民族伟大复兴的战略全局，明晰解决大党独有难题的价值意蕴。中国共产党是马克思主义使命型政党，一经诞生就始终把"为中国人民谋幸福、为中华民族谋复兴"作为自己的初心使命；作为执政党，中国共产党始终坚定人民立场，站在事关民族复兴、国家安定、人民幸福的高度谋划全局。而解决大党独有难题，正是锻造一个坚强有力、先进纯洁的党，实现民族复兴伟业和人民幸福安康、推进强国建设的必然要求和题中之义。在强国建设已提上日程的关键历史节点，如若面对大党独有难题放任不管、置之不理、视而不见，不仅会严重削弱党的领导力、凝聚力、组织力和感召力，还会严重影响强国建设事业、民族复兴伟业的顺利推进。因此，只有把大党独有难题置于整个民族、国家发展的宏大事业中去把握，明晰解决大党独有难题的时代意蕴和战略价值，才能为推进强国建设和实现民族复兴提供强大的精神动力。

　　二是要立足党的建设事业发展大局，把握大党独有难题的独特价值。中国共产党自诞生之日起就高度重视自身的建设问题，在团结带领全国各族人民艰苦奋斗、锐意进取的百年奋斗历程中，中国共产党不断强化自身建设、攻克顽瘴痼疾、实现自身壮大，从最初仅有50多名党员的小党，发展为拥有9900多万名党员的大党，党的建设各项事业取得重大成就。新时代破解以"六个如何始终"为主要概括的大党独有难题，不仅是新的历史条件下党的初心使命和所肩负的时代重任的内在要求，也是涵养党自身的先进性和纯洁性的题中之义。要永葆党的事业常青，实现党的长远发展，涵养党的先进性和纯洁性，就必须立足党的自身发展全局，把握破解独有难题的独特价值，寻求破解之道。

　　三是要树立世界眼光，从中国和世界的关系中把握解决大党独有难题的现实意义。当前，面对世界百年未有之大变局，经济全球化不断向纵深发展，世界越来越成为"你中有我、我中有你"的命运共同体，各个国家间的联系日益紧密。中国的发展离不开世界,世界的发展也需要中国。大党独有难题的解决不仅有利于我们党领导国家以更加自信的姿态融入世界、展开对话,而且有利于促进中国和世界互惠互利、合作共赢。中国共产党作为执政党,也是中国特色社会主义事业的领导核心,以及中国外交政策和路线的制定者和实践者,在处理中国与世界关系问题上扮演着决定性和关键性作用。因此,要始终保持头脑清醒和战略定力、统筹好中华民族伟大复兴的战略全局和世界百年未有之大变局关系,使中国科学有效利用世界资源发展自己并利用自己的发展促进世界进步,就必须树立世界全局眼光,从中国和世界的关系中把握解决大党独有难题的现实意义。

另一方面,运用战略思维破解大党独有难题就必须注重协调各部分和各环节,做到统筹兼顾。习近平总书记强调,事关全局的重大战略部署,必须在搞清楚情况的基础上,"统筹兼顾、综合平衡,突出重点、带动全局,有的时候要抓大放小、以大兼小,有的时候又要以小带大、小中见大,形象地说,就是要十个指头弹钢琴"①。应当说,破解大党独有难题作为一个难题体系,仅仅从单个领域、单个层次发力是很难奏效的。要有效破解难题就必须加强顶层设计,整体谋划,从全局通盘考虑和谋划问题,同时照顾到各方面各环节之间的关联性、系统性和协同性。这就要求我们不仅能够识别出问题的关键,通过细致的研究找到问题的突破口,还要求我们必须在厘清问题的轻重缓急的基础上把握好各环节各方面之间的关系,找到这些环节的平衡点以及解决这些矛盾问题的路径。这也意味着,破解大党独有难题不仅要将破解大党独有难题的思路决策、价值意蕴和时代影响置于大局中加以考察,还要立足新时代党的建设大局谋划破解大党独有难题的举措,实现各举措间的系统集成,并使之有机衔接、联动协调、运转高效,唯此才能实现战略思维的科学效能。

---

① 《习近平谈治国理政》(第一卷),外文出版社,2018年,第102页。

2.立足当下、放眼长远，见微知著涵养战略格局

以战略思维破解百年大党独有难题的实践要求是立足当下、放眼长远。习近平总书记指出："我们做一切工作，都必须统筹兼顾，处理好当前与长远的关系"[①]，不怕眼前落后，就怕眼光落后。[②]只有将大党独有难题的价值意涵、实践要求和破解举措置于党自身建设和发展的宏观战略之中、置于民族和国家发展的全局之中、置于社会主义与资本主义两种制度的较量与发展之中，从全局着眼，从长远谋划，从整体布局，从长计议，深谋远虑，才能全方位地考量大党独有难题的独特价值和时代意蕴，找到有效破解之道。这也意味着，只有不局限于当前的发展阶段和发展条件，坚持以长远眼光干事创业，处理好当前与长远、局部和整体的关系，才能有效破解难题。这就要求我们不仅要立足当下，在已取得的成就基础上认清当前我们破解百年大党独有难题中所面临的各种困境、挑战、风险、压力和瓶颈，依托现有条件做好当前工作，也要着力增强工作的预见性，善于从事物发展的动态过程中捕捉到其发展趋势和方向的信号，以小见大、见微知著，及时调整战略安排，坚定历史自信和历史主动精神，更好地契合长远发展需要。

具体而言，一是要立足当下，以预见眼光推进工作。不仅要在已取得的成就下深刻认识到当前我们党在管党治党、治国理政过程中所面临的各种困境和难题，更要从中预见大党独有难题的解决对于党和国家事业发展的战略意义。立足当下，就是要准确把握和理解以"六个如何始终"为主要表现的大党独有难题的必然性和独特性，依据世情、国情、党情的变化，扎实推进当下阶段各项工作的开展；同时还要看到解决大党独有难题的长期性和艰巨性，善于预见并切实把握大党独有难题的发展趋势和变化并及时作出有针对性的战略调整，为谋划党和国家事业长远发展做好当下准备。二是

---

① 习近平：《之江新语》，浙江人民出版社，2007年，第86页。
② 教育部习近平新时代中国特色社会主义思想研究中心编：《读懂中国共产党人的思维方式》，党建读物出版社，2020年，第10页。

着眼长远,要以长远眼光干事创业。以长远眼光干事创业就意味着不能局限于当前的发展阶段和发展条件,相反要跳出当下局限,聚焦长远的战略目标的实现,探索大党独有难题的具体可行的解决之法。大党独有难题内涵涉及了永葆党的先进性和纯洁性,增强全党凝聚力、战斗力,克服本领恐慌、保持奋发有为的精神品格,勇于坚持真理、修正错误、优化党风政风等重要内容,不仅反映了当前党的建设发展要求和开展各项工作的现实指向,更阐明了马克思主义执政党治理的未来方向。因此,解决大党独有难题就不能只顾当前,必须着眼长远,否则党的管党治党、治国理政能力建设就难以迈出新步伐、取得新进展、展现新气象。

3.扣准重点、带动一般,纲举目张做好战略部署

扣准重点、带动一般是以战略思维破解大党独有难题的题中之义。新时代,世情、国情、党情、民情深刻变动,世界百年未有之大变局和中华民族伟大复兴全局"两个大局"纵横交织,外部世界多极化、经济全球化深入发展,社会信息化、文化多样化持续推进,而国内经济体制深刻变革,社会结构深刻变动,利益格局深刻调整,思想观念深刻变化,兼顾各方面利益越发不易。在这种背景下,百年大党独有难题的表现形式更加多样、内涵要求越发提高,这也使得破解百年大党独有难题难度不断加大。解决大党独有难题,从根本上说就是要将解决党的自身建设问题、提高党的执政能力问题作为重中之重。然而,在推动独有难题解决的过程中,面临着要解决的重大问题多、要应对的风险挑战多的情况,那么如何科学调配力量和资源,以实现党的治理效能最大化,决定着党的建设的最终成效和战略目标能否最终达成的根本性问题。破解百年大党独有难题是一个需要从长计议、站在大党发展全局高度统筹谋划、协调推进的重大课题,不可能一蹴而就。其中,明确战略目标、抓住战略重点,纲举目张地做好各项战略部署则是基本要求。这就要求,一方面,要牢牢抓住大党独有难题的突出重点。解决大党独有难题是回答建设长期执政的马克思主义政党重大时代课题的核心问题,必须清

醒而精准地抓住独有难题之重点和关键，集中精力办大事。大党独有难题既是世界上最大的马克思主义执政党的独有难题，是百年大党长期执政70多年条件下的独有难题，亦是应对"四大考验""四种危险"、团结带领全国人民建成社会主义现代化强国、跳出治乱兴衰的历史周期率以及深化对共产党执政规律认识，永葆党的先进性和纯洁性的独有难题。"六个如何始终"抓住了重点和关键，提出时刻保持解决大党独有难题的清醒和坚定，就是将解决党内一系列突出矛盾和问题，聚焦为解决以"六个如何始终"为重点的涉及党的理想信念、组织力量、领导能力、精神状态、自纠机制、政治生态等多方面内容的大党独有难题之中。另一方面，牢牢抓住"如何始终不忘初心、牢记使命"这一大党独有难题之"总题"。"如何始终不忘初心、牢记使命"是大党独有难题的第一大难题。作为难题之首，这一难题在新时代党的建设新的伟大工程中占据统领地位。应当说，中国共产党一经诞生，建党先驱们就将"为中国人民谋幸福""为中华民族谋复兴"确立为党的初心使命，而这一初心使命着眼的即是历史主体的"身份自觉和目标自觉"的问题[1]，而其他难题无不与此难题高度相关。可以说，"如何始终不忘初心、牢记使命"可堪称大党独有难题的"总题"，在大党独有难题的生成和破解过程中起到决定性作用，而"如何始终统一思想、统一意志、统一行动，如何始终具备强大的执政能力和领导水平，如何始终保持干事创业精神状态，如何始终能够及时发现和解决自身存在的问题，如何始终保持风清气正的政治生态"则是"总题"的"分题"。因此，解决大党独有难题只有先着眼于"总题"的解决，扣准重点、纲举目张，才能带动其他难题的渐次破解。

---

[1] 王荣：《系统思维视角下大党独有难题的剖析与破解》，《决策与信息》，2023年第11期。

二、坚持历史思维,破解大党独有难题

"读史可以明智,知古方能鉴今。"历史思维是马克思主义科学思维方法的基本内容之一,也是科学考察党的历史发展脉络,总结党的建设发展规律,深化对百年大党独有难题本质的认识,有效破解百年大党独有难题的重要思维方法。

(一)历史思维的基本内涵

历史是一个民族、一个国家、一种文明盛衰兴亡、更迭交替的真实记录,是前人各种知识、经验及智慧的总汇。①所谓历史思维,是以马克思主义唯物史观为指南,尊重历史事实,从中研究历史现象、总结历史经验、把握历史规律,以史为镜、指导现实、规划未来的科学思维方法。历史思维的科学内涵包括四个方面:其一,客观认识历史事实。历史本身是客观发生的,不以人的意志为转移的,而历史思维就是对历史的反映与认识。只有客观认识历史事实,还原历史的本来面貌,才能发挥历史思维的启迪作用,才有可能把握历史规律。其二,科学解释与评价历史现象。唯物史观认为,历史是一个连续的事件系列,是与特定的时间、地点和条件相联系的,评价历史事件和人物必须联系其历史背景,从客观实际出发,具体问题具体分析。因此,历史思维要求我们把历史事件放在特定的历史背景下,联系其发生的主客观条件及其互动去考察和评价,割断历史事件、历史人物与当时条件的联系,就违背了历史思维方法。其三,深刻把握历史规律。解释和评价历史现象并非历史思维的终点,只有深刻认识和掌握历史规律,才是达到历史思维

---

① 教育部习近平新时代中国特色社会主义思想研究中心编:《读懂中国共产党人的思维方式》,党建读物出版社,2020年,第61页。

的根本目的。马克思主义辩证法认为，事物的个别性、特殊性与普遍性、同一性是辩证统一的，因此，各个历史事件既是包含个别性和特殊性，也包含普遍性和同一性。历史思维要求我们从纷繁复杂的历史现象出发，研究隐藏在各个历史事件背后的本质，解释和掌握规律，用以指导人们的行动。其四，总结经验，洞察趋势。历史思维的作用直接体现在总结历史经验，洞察历史发展趋势上。历史是过去的现实，现实是未来的历史。过去、现在、未来无法割断，紧密连接。只有深刻总结历史经验与教训，学习借鉴一切优秀文明成果，才能在工作中增强主动性和预见性，少走甚至不走弯路，并在此基础上识别历史发展的大趋势，站在历史的潮头，顺应和引导历史的发展。

涵养和运用历史思维，是对马克思主义世界观和方法论的坚持和遵循，体现了历史和现实、理论和实际的统一，是中国共产党团结带领人民干事创业的有力思想武器。它要求我们看问题、想事情要跳出当下时段的局限，"思接千载""视通万里"，以贯通古今的智慧和丘壑在胸的魄力，分析、观察和解决现实问题，从漫漫历史长河中找到化解现实问题的依据和参照，具有整体性和创新性等特点。作为整体性思维，它要求我们看问题、想事情要连贯相通、联系全面，坚持运用唯物辩证法，从整体把握事物发展变化的联系性，看到历史的连续性，真正做到敬畏历史，避免人为割裂历史，以致孤立、碎片化地看待历史，坚决抵制历史虚无主义；作为创新性思维，它又要求我们看问题、想事情要以史为鉴、面向未来，以发展的眼光鉴往知来，以创新的姿态担当历史责任，在历史前进的逻辑中开拓前进，在时代发展的潮流中创新发展，不断开创历史的新时代。

从党的历史上看，始终坚持历史思维认识、分析和解决问题，把握历史规律、总结经验教训、洞察历史大势，充分发挥历史主动精神化解我国革命、建设、改革中面临的突出难题，不仅是党的优良传统和行动特色，也是中国共产党领导人民创造一个又一个胜利的重要原因。毛泽东高度重视历史思维。在党的七届二中全会上，毛泽东就强调要运用历史思维深刻汲取历史上农民起义失败的教训,提出了"两个务必"的要求,从而使中国共产党在夺取全国政权后始终保持头脑清醒,经受住了执政的考验。这是在基于历史思维的基础上,对我国几千年治乱兴衰历史周期率的深刻总结,体现了历史思维在借鉴历史、总结历史经验方面的积极意义。改革开放后,邓小平坚持历史思维,站在我国发展的全局提出了要总结我国闭关自守的深刻教训,始终坚持对外开放的主张。江泽民也强调:"这段历史告诉我们,中国要发展、要进步、要富强,就必须对外开放,加强与世界各国的经济、科技、文化的交流和合作,吸收和借鉴一切先进的东西。封闭就要落后,落后就要挨打。能否不断了解世界,能否不断学习世界上一切先进的东西,能否不断跟上世界发展的潮流,是关系一个国家、一个民族兴衰成败的大问题"[1],突出历史思维的时代意义。胡锦涛也在深刻总结世界上一些执政多年的大党老党丧失执政地位的教训后,运用历史思维,提出了"全党同志必须牢记,一个政党过去先进不等于现在先进,现在先进不等于永远先进;党的领导核心地位不是一劳永逸的,过去拥有不等于现在拥有,现在拥有不等于永远拥有。我们说忧党,首先要严肃认真思考这个问题,而且一定要想清楚、想明白,从而更加自觉、更有成效地把党建设好"[2]的党建要求,有效地提升了党的科学化建设水平。新时代,以习近平同志为核心的党中央高度重视运用历史思维,不仅在不同场合反复强调,历史是最好的教科书、最好的老师、最好的清醒剂,"弄清楚我们从哪儿来、往哪儿去,很多问题才能看得深、把得准"[3],要求领导干部认真学习历史尤其是党史国史,不断提高历史思维能力,将历史思维运用于治国理政之中,还一再重申要坚持"以史为镜、以史明志,知史爱党、知史爱国",要求在历史中把握规律,总结经验教训,汲取执政营养,为坚定中国特色社会主义自信,保持战略定力,提升党的工作能力、改进党的工作

---

① 《江泽民文选》(第三卷),人民出版社,2006年,第127页。
② 《胡锦涛文选》(第三卷),人民出版社,2016年,第11页。
③ 习近平:《坚持和发展中国特色社会主义要一以贯之》,《求是》,2022年第18期。

方法、提高党领导发展的能力提供了思想指引。

（二）历史思维的方法论要求

历史思维作为一种通过研究历史现象、总结历史经验、把握历史规律，以指导现实、规划未来的科学思维方法，也是指导人类认识和改造世界的重要思维方式。要正确发挥历史思维所蕴含的科学指引作用，关键要全面把握历史思维的方法论要求。只有依循其独特的方法论要求，强化方法论价值引领和行动指导，历史思维的科学价值才能在化解大党独有难题中充分彰显。

1.鉴古知今，明确历史方位

"明镜所以照形，古事所以知今。"历史是从昨天走到今天再走向明天，总是在继承前人的基础上不断向前发展。唯物史观认为，矛盾是人类社会发展的动力源泉。人类社会充满矛盾，其中生产力与生产关系、经济基础与上层建筑之间的矛盾是人类社会的基本矛盾，贯穿于人类社会发展过程始终，也是推动人类社会由低级向高级发展，实现社会更迭的根本动力。坚持和运用历史思维，就要鉴古知今，既要科学分析和研究历史现象，又要厘清当下时代的阶段性特征和所处历史方位，把握规律、做出选择，才能明晰我们从哪儿来、要往哪儿去，才能不忘本，践行初心使命，擘画未来宏伟蓝图。正如习近平总书记指出的，要"以史为镜、以史明志，了解党团结带领人民为中华民族作出的伟大贡献和根本成就，认清当代中国所处的历史方位，增强历史自觉，把苦难辉煌的过去、日新月异的现在、光明宏大的未来贯通起来，在乱云飞渡中把牢正确方向，在风险挑战面前砥砺胆识，激发为实现中华民族伟大复兴而奋斗的信心和动力，风雨无阻，坚毅前行，开创属于我们这一代人的历史伟业"。[①]也就是说，只有树立历史思维，切实做到鉴古知今，才

能为各项工作的顺利开展提供方向指引。

2.古为今用，总结历史经验

"征事于史，可以明古今之成败。"历史是一面镜子，学历史可以"看成败、鉴得失、知兴替"①。中华民族自古以来就十分重视以史为鉴，注重汲取历史正反两方面经验教训，以指导现实实践、规划未来蓝图。重视总结和运用历史经验也是中国共产党的一个优良传统。习近平总书记向来注重从历史中汲取治国理政的有益经验，坚持古为今用，强调"历史研究是一切社会科学的基础，承担着'究天人之际，通古今之变'的使命。世界的今天是从世界的昨天发展而来的。今天世界遇到的很多事情可以在历史上找到影子，历史上发生的很多事情也可以作为今天的镜鉴"②，重申我们想问题、办事情要经常回顾历史、以史为鉴。

坚持和运用历史思维，古为今用，就要高度重视和借鉴历史经验，秉持辩证的扬弃态度，从历史经验中不断汲取前进的智慧和力量、淬炼精神品格。如此，才能把握历史主动，探究出历史深藏着的治乱兴衰的奥义和历史发展脉络背后的规律，才能"从战略上认识、分析、判断面临的重大历史课题，制定正确的政治战略策略"③，以此来指导当下、谋划将来。学习历史、总结历史，不单纯为了掌握历史知识、品读历史故事、慨叹历史苍茫、传承历史文明，而更重要的是要从历史中汲取智慧经验、淬炼精神品格，通过历史思维，做到古为今用。这也是我们党战胜无数风险挑战、不断从胜利走向胜利的有力保证。无数历史事实一再证明，只有在学习历史时不断总结前进路上的新鲜经验，取其精华、去其糟粕，立足工作实际，做到"博学之，审问之，

---

①　习近平：《在中央党校建校80周年庆祝大会暨2013年春季学期开学典礼上的讲话》，《人民日报》，2013年3月3日。

②　《习近平书信选集》（第一卷），中央文献出版社，2022年，第61页。

③　习近平：《更好把握和运用党的百年奋斗历史经验》，《求是》，2022年第13期。

慎思之，明辨之，笃行之"①，知古鉴今、古为今用，才能推动伟大事业向前发展。

3.以史鉴来，遵循历史规律

"出乎史，入乎道。欲知大道，必先为史。"历史既映照现实，又折射未来。古人所言之"大道"，既是指治国安邦之道，亦是指历史的逻辑、发展的规律。"我们从哪里来？我们走向何方？"②这是历史思维所要把握和回答的根本问题。只有怀有这样一种历史感，时常请教历史这位最好的老师，才能"究天人之际、通古今之变"。历史唯物主义在必然性和偶然性相统一的基础上揭示了人类历史发展规律，认为人类社会发展是一个自然的历史的过程，其历史进程蕴含着不以人的意志为转移的客观规律。这就意味着，只有科学把握这些规律，按规律办事，才能从盲目走向自觉，把历史顺利推向前进。只有坚持和运用历史思维，以史鉴来，才能遵循历史规律，明晰历史的大逻辑、发展的大潮流，尊崇历史、研究历史、借鉴历史，才能拨云见日，透过纷繁复杂的历史表象，洞悉大势、开创未来。历史车轮滚滚向前，时代潮流浩浩荡荡。只有读懂历史前进的逻辑、洞察时代发展的潮流，才能在纷繁复杂的现象背后，运筹帷幄、指点江山。正如习近平总书记所强调的，"我们看世界，不能被乱花迷眼，也不能被浮云遮眼，而要端起历史规律的望远镜去细心观望"③，只有树立历史思维，切实做到以史鉴来，"把握住历史发展大势，抓住历史变革时机，奋发有为，锐意进取，人类社会就能更好前进"④。

---

① 习近平：《在中央党校建校80周年庆祝大会暨2013年春季学期开学典礼上的讲话》，《人民日报》，2013年3月3日。

② 《习近平的文化情怀》，《人民日报》，2022年5月12日。

③ 《中央外事工作会议在京举行 习近平发表重要讲话》，《人民日报》，2014年11月30日。

④ 习近平：《在庆祝改革开放40周年大会上的讲话》，人民出版社，2018年，第4页。

（三）以历史思维破解大党独有难题

"史者,所以明夫治天下之道也。"党的十八大以来,习近平总书记在不同场合反复强调,要"尊崇历史、研究历史,确立历史思维"①,不断从历史经验中探究治国理政之法,因为"只有回看走过的路、比较别人的路、远眺前行的路,弄清楚我们从哪儿来、往哪儿去,很多问题才能看得深、把得准"②。针对中国共产党自身存在的大党独有难题,更需要树立历史思维看深把准,如此才能实现以宽广的历史眼界认识和观察问题,汲取历史经验和智慧,研究和运用历史规律,不断增强党的执政本领破解大党独有难题。

1.树立宏阔历史视野认识和观察问题

以深邃的历史眼光和宏阔的历史视野认识和观察问题,是中国共产党的工作优势。列宁指出:"在分析任何一个社会问题时,马克思主义理论的绝对要求,就是要把问题提到一定的历史范围之内。"③只有在研究以"六个如何始终"为内涵的大党独有难题时,真正贯彻历史思维的客观要求,以宏阔的历史视野认识和考察难题,才能更深刻、全面地认识大党独有难题的必然性和独特性,从而更加清醒和主动地探索出破解之道。

一方面,要以历史深远眼光审视大党独有难题的必然性。任何一个政党所面临的难题都不是凭空出现的,而是特定的历史条件、历史任务和复杂的时代特点共同作用的结果,百年大党独有难题亦是如此。首先,大党独有难题是在历史变迁和时代变局交织下为进一步推进大党治理而提出的。从世界历史来看,凡属大党,其成败兴衰都表明了大党治理有其共性难题,比如连续长期执政难题、权力滥用腐败难题、组织松散分裂难题等。随着历史

---

① 习近平:《把中国文明历史研究引向深入 增强历史自觉坚定文化自信》,《求是》,2022年第14期。

② 习近平:《坚持和发展中国特色社会主义要一以贯之》,《求是》,2022年第18期。

③ 《列宁选集》(第二卷),人民出版社,2012年,第375页。

环境变迁和时代发展，每一政党和国家在不同历史时期所面临的难题各有差异。应当说，进入新时代、迈上新征程，我国发展面临着战略机遇和风险挑战并存、不确定难预料因素增多的局面，国际和国内、党外和党内、自然和社会等都存在风险隐患，这无疑给大党治理出了种种难题，促使大党独有难题的生成。

其次，大党独有难题是立足党和国家事业发展全局、为解决国家治理难题而提出的。中国作为四大文明古国之一，疆土辽阔、文化灿烂、人口基数大，有着辉煌的历史，曾长期遥遥领先于世界。但进入近代，"国家蒙辱、人民蒙难、文明蒙尘"，昔日强盛的中国落后于世界潮流。中国共产党的成立是中华民族伟大复兴史上开天辟地的大事件。党成立之后便团结带领全国各族人民为实现民族复兴进行了艰苦卓绝的不懈奋斗，使中华民族在新时代迎来了从站起来、富起来到强起来的伟大历史飞跃。还应当看到，近代以后，由于我国现代化起步时间较晚、现代化起点较低、各地区发展不平衡不充分等多方面因素的制约，我国至今仍处于社会主义初级阶段、仍是世界上最大的发展中国家。如何在推进中国共产党现代化基础上实现社会主义现代化正是中国共产党基于国情所必须直面的治国理政难题，也是大党独有难题产生的重要根源。

最后，大党独有难题是为回答如何建设一个始终赢得人民拥护、长期执政的马克思主义先进政党而提出的。回顾中国共产党的百余年历史，中国共产党一经诞生就将为谋求民族独立和人民解放、实现国家富强和人民幸福作为自身伟大使命，在革命、建设、改革的不同历史时期始终团结带领全国各族人民不懈奋斗、攻坚克难，不仅实现了"站起来""富起来""强起来"的伟大飞跃，还使党从最初仅有的50多名党员发展为当下拥有9900多万名党员的世界大党，从领导人民浴血奋战、夺取政权的党成长为领导人民锐意进取、长期执政的党。随着历史变迁、时代发展，党和国家事业进入了新时代，在新的历史方位下，面对中国共产党的党员人数之多、领导的人口数量之庞、党的组织规模之大、使命任务之艰巨等考验,如何始终保持党的先进性和纯洁性、始终赢得人民拥护、实现长期执政是中国共产党必须直面的党的建设难题,也是大党独有难题又一诱因。可以说,大党独有难题是党的初心使命和所肩负的历史重任共同作用的"产物"。新时代,面对新的复杂环境,大党独有难题又衍生出新的时代内涵和实践要求,站在新的历史方位审视大党独有难题,就要将其置于百年党史之中以历史思维研究分析,思考其破解之道。习近平总书记指出:"历史、现实、未来是相通的。历史是过去的现实,现实是未来的历史。"①展望未来,实现中华民族伟大复兴的新征程,必然还会遇到新的风险挑战和难题考验,这就要求我们必须树立和运用历史思维,坚持以历史深远眼光分析问题、深化认识、指导实践,才能在化解大党独有难题过程中"乘风破浪""行稳致远"。

另一方面,以世界眼光考察大党独有难题的独特性。习近平总书记强调:"我们党作为世界上最大的政党,大就要有大的样子,大也有大的难处"②,要建设好我们这样的大党,领导好我们这样的大国,就要从历史和现实相贯通、国际和国内相关联、理论和实际相结合的宽广视角,对一些重大理论和实践问题进行思考和把握。这就要求我们在面对大党独有难题时,要以宏阔的历史视野进行观察和分析,以世界眼光审视其独特性,深刻把握大党之"大"和难题之"难"的辩证关系。一方面,要看到中国共产党作为世界上最大的执政党,党员人数之多、领导的人口数量之庞、党的组织规模之大的客观现实;另一方面,还要看到中国共产党在推动中华民族复兴伟业的征程上,使命任务之艰巨、管党治党之难、治国理政考验之大的客观难题。由是,可以说,中国共产党有着区别于世界上其他政党所面临的难题的独特性。随着全球化的纵深发展和我国对外开放的持续深化,中国与世界联系

---

① 习近平:《以更大的政治勇气和智慧深化改革》,新华网,2013年5月25日。

② 习近平:《贯彻落实新时代党的组织路线　不断把党建设得更加坚强有力》,《求是》,2020年第15期。

日益紧密，相互影响也越来越大，中国不仅是世界的一部分，也正日益走近世界舞台的中央。应当说，中国共产党作为执政党，不仅改变了中国，而且也深刻影响着世界，对人类社会的发展起着举足轻重的推动作用。这就需要我们在审视大党独有难题时，既要立足中国又要放眼世界，用更加宏大开阔的视野来认识问题、观察世界、谋求发展。

2.注重汲取历史经验教训

历史是过去的现实。以史为鉴，可以知兴替。一个政党要妥善解决自身难题，离不开历史智慧的滋养。从历史中汲取正反两方面经验教训，才能少走弯路、少犯错误，永葆基业长青。习近平总书记指出："一个民族的历史是一个民族安身立命的基础。"[①]"我们党在领导革命、建设、改革的进程中，一贯重视学习和总结历史，一贯重视借鉴和运用历史经验。"[②]正是靠着不断总结和汲取历史经验教训，中国共产党不仅有效地推进了自身的科学化建设，涵养了自身的先进性、纯洁性，保持了旺盛的生命力和生机活力，也领导全国各族人民在探索中不断开拓前进，取得一个又一个胜利，创造了一个又一个辉煌。据此，新时代，要破解百年大党独有难题，推动党和国家事业不断迈向前进，不仅要勤于总结历史上的成功经验并结合新的时代条件进行传承和发扬，还要善于从失误、挫折乃至失败中进行反思和警惕，有效运用历史思维。

一方面，要重视学习和借鉴历史经验，做到"以史资政"。在数千年中华文明史上，无数先贤贡献了博大精深的治世智慧，蕴含着十分丰富的治国安邦经验，为解决大党独有难题提供了重要思想启迪。毛泽东认为，中华民族数千年的历史有许多珍贵品，"今天的中国是历史的中国的一个发展；我们

---

① 习近平：《在纪念毛泽东同志诞辰 120 周年座谈会上的讲话》，人民出版社，2013 年，第 12 页。

② 习近平：《牢记历史经验历史教训历史警示 为国家治理能力现代化提供有益借鉴》，《人民日报》，2014 年 10 月 14 日。

是马克思主义的历史主义者,我们不应当割断历史。从孔夫子到孙中山,我们应当给以总结,承继这一份珍贵的遗产"①。习近平总书记指出:"中国的今天是从中国的昨天和前天发展而来的。要治理好今天的中国,需要对我国历史和传统文化有深入了解,也需要对我国古代治国理政的探索和智慧进行积极总结。"②为此,新时代中国共产党不仅充分吸收了中国古代治国理政智慧,创新性发展了"为政以德""正己修身""立志笃行""知行合一"等价值理念,并将其融入大党独有难题治理各环节,赋予马克思主义建党学说鲜明的中国特色和中国风格,还多次围绕我国历史上国家治理、反腐倡廉以及党史、国史等历史主题内容开展集体学习,多次引用历史案例和古文典籍,以古鉴今,对党的建设提出明确要求。可以说,对历史经验展开全面剖析,取其精华、获得启发,无疑也是新时代破解大党独有难题的重要方法。

另一方面,科学把握和运用历史规律,善于"以史为鉴"。历史不仅仅是对过去的记录,更是把握现在、走向未来的"向导"。习近平总书记强调,重视历史、研究历史、借鉴历史,可以给人类带来很多了解昨天、把握今天、开创明天的智慧③,使人们从历史的启迪中更好探寻前进方向。我们回顾历史、学习和考察历史,并不是为了从成功中寻求慰藉,也不是为了躺在功劳簿上、为回避今天面临的困难和问题寻找借口,而是为了认清历史前进逻辑、把握时代发展潮流,增强开拓前进的勇气和力量。④因此,在新时代新征程上,在世界百年未有之大变局和中华民族伟大复兴战略全局相互交织激荡的复杂时代背景下,要集中精力解决大党独有难题,"更好应对前进道路上各种可以预见和难以预见的风险挑战,我们必须从历史中获得启迪,从历

①　《毛泽东选集》(第二卷),人民出版社,1991年,第534页。
②　习近平:《牢记历史经验历史教训历史警示　为国家治理能力现代化提供有益借鉴》,《人民日报》,2014年10月14日。
③　《习近平致第二十二届国际历史科学大会的贺信》,《人民日报》,2015年8月24日。
④　习近平:《论中国共产党历史》,中央文献出版社,2021年,第121页。

史经验中提炼出克敌制胜的法宝"①。只有把握历史，才能看清百年大党独有难题的深厚历史渊源、广泛现实表现以及未来趋势演变；而只要不断提高历史思维、把握历史发展大势、抓住历史变革时机，我们就能在"具有许多新的历史特点的伟大斗争"中，有力破解大党独有难题，更好地践行"为人民谋幸福、为民族谋复兴、为世界谋大同"的初心使命要求。

3. 着力增强党性，科学把握历史规律

唯物史观认为，人民群众是历史的创造者，是社会变革的决定力量，而社会历史的发展也有其自身固有的客观规律。习近平总书记强调，历史是最好的教科书，"一切向前走，都不能忘记走过的路；走得再远、走到再光辉的未来，也不能忘记走过的过去，不能忘记为什么出发"②。在新征程上，我们更需要以史为鉴、察往知来，把握历史大势、遵循历史规律，始终坚持人民立场，全心全意为人民谋利益，如此，才能使党和国家基业长青。因而，只有以历史思维破解大党独有难题，才能科学把握历史规律，保持党的先进性和纯洁性，提高党的领导水平和执政能力，不断开创党的建设新局面。

一方面，着力增强党性。党性是一个政党的固有本性，鲜明地体现了一个政党的理想信念、政治追求和人格操守。办好中国的事情，关键在党，关键在人。解决大党独有难题亦是如此。关键在党，就要求建设一个始终赢得人民拥护的长期执政的马克思主义政党；关键在人，就要求建设一支始终保持先进性和纯洁性的规模宏大的高素质干部队伍。无论是党还是人，都离不开对自身党性的反复锤炼。从深厚的历史资源中汲取营养、获得滋养，是中国共产党人锤炼党性的优良传统。正如习近平总书记所言：历史是人民书写的，一切成就归功于人民。要增强党性，就需要运用历史唯物主义的立场、观点和方法，深刻认识到人民群众的历史主体地位，不断增强全心全意为人民服务的党性觉悟。只有始终相信人民、紧紧依靠人民，提高党性修

---

① 习近平：《在党史学习教育动员大会上的讲话》，人民出版社，2021年，第17页。
② 《习近平谈治国理政》（第二卷），外文出版社，2017年，第32~33页。

养、锤炼担当作为,才能获得大党独有难题破解之法,不断创造新的历史伟业。

另一方面,科学把握历史规律。习近平总书记指出:"历史发展有其规律,但人在其中不是完全消极被动的。"①回顾历史,"在革命、建设、改革各个历史时期,我们党运用历史唯物主义,系统、具体、历史地分析中国社会运动及其发展规律,在认识世界和改造世界过程中不断把握规律、积极运用规律,推动党和人民事业取得了一个又一个胜利"②。历史规律的客观性要求我们只有准确把握、真正遵循和积极运用历史规律,坚持规律的客观性和人的主观能动性的统一,才能不断克服前进道路上的风险挑战和难题考验,顺利推进党和国家事业发展。与此同时,必须坚决反对历史虚无主义,学会运用历史思维揭穿历史虚无主义的错误本质,并与之作坚决斗争,如此,才能更清晰地把握共产党执政规律、社会主义建设规律、人类社会发展规律,在不忘本来的基础上开辟美好未来。总之,新时代新征程,要有效解决大党独有难题,就更需要坚持和运用历史思维,科学把握历史规律、发扬历史主动精神,不断把党的领导和党的建设各项事业推向前进。

三、坚持辩证思维,破解大党独有难题

辩证思维是科学的思想利器,是马克思主义思维方法的灵魂,也是我们应对百年大党独有难题的重要思维法宝。"当前,我国社会各种利益关系十分复杂,这就要求我们善于处理局部和全局、当前和长远、重点和非重点的

---

① 习近平:《在党史学习教育动员大会上的讲话》,人民出版社,2021年,第13页。
② 习近平:《坚持历史唯物主义不断开辟当代中国马克思主义发展新境界》,《求是》,2020年第2期。

关系,在权衡利弊中趋利避害、作出最为有利的战略抉择。"①而坚持和运用辩证思维,提高辩证思维能力无疑也成为我们战胜急流险滩的强大方法论"武器"。

(一)辩证思维的基本内涵

在马克思主义哲学中,唯物辩证法是我们观察世界、判断形势、认识问题的基本方法,它以科学的实践观为基础,强调在观察、分析、解决问题时必须贯彻客观的、全面的、系统的、联系的、发展的观点。辩证思维作为人们运用唯物辩证法进行理性思维的方法,不仅强调反映事物之间的联系和区别,而且要求承认矛盾的普遍性和特殊性,并在此基础上来分析事物的矛盾运动规律和人类社会发展规律。而辩证思维能力,就是承认矛盾、分析矛盾、解决矛盾,善于抓住关键、找准重点、洞察事物发展规律的能力,主要包括四个方面的含义:第一,坚持辩证法的普遍性和客观性来把握矛盾的无处不在、无时不有的特点。矛盾是客观存在的,并存在于一切事物中,存在于事物发展过程的始终。旧的矛盾解决了,新的矛盾又产生,世界充满着矛盾。第二,坚持辩证法的全面性、系统性来把握矛盾双方对立统一的关系。对立统一是唯物辩证法的核心,揭示了事物内在矛盾的既相同一又相斗争、既相互制约又相互联系的特征。第三,坚持辩证法的联系性和条件性来把握矛盾的特殊性。任何事物都处于同其他事物之间的联系之中,这就决定了不同事物有不同的矛盾且每一个矛盾的各个方面在不同的发展阶段上各有特点。第四,坚持辩证法的批判性和革命性,把握解决矛盾的科学方式。矛盾最终必然会解决,这是通过新事物战胜旧事物实现的。事物内部包含着肯定因素和否定因素,当否定因素上升到支配地位时,事物就会走向对自身的否定,但是这种否定不是全盘否定,而是辩证否定,即"扬弃"。因此,学习和

---

① 习近平:《辩证唯物主义是中国共产党人的世界观和方法论》,《求是》,2019年第1期。

运用辩证思维,不仅有助于我们观察事物、分析问题,抓住主要矛盾和矛盾的主要方面,抓重点、带全局,统筹兼顾,还有助于我们在正视和承认矛盾的基础上有效把握矛盾的特殊性,为化解矛盾寻求科学的路径与方法。

在中国革命、建设、改革的不同历史时期,中国共产党都高度重视辩证思维的重大意义,这是我们不断取得一个又一个重大胜利的重要保障。毛泽东就曾指出:"有了辩证唯物论的思想,就省得很多事,也少犯许多错误。"①在革命战争时期,毛泽东将辩证法思想运用到军事中,在尊重战争客观情况的基础上充分发挥人的主观能动性,制定了一系列灵活的战略战术,揭示了无产阶级革命的发展逻辑;在社会主义建设初期,毛泽东运用辩证思维科学分析了社会主义社会的基本矛盾,并提出要正确处理两类不同性质矛盾问题的辩证方法。邓小平也强调"照辩证法办事",要求必须坚持以经济建设为中心,坚持"两手抓,两手都要硬",辩证地处理好民主与法制、计划与市场、改革开放和四项基本原则等关系。江泽民还指出:"如果头脑里没有辩证唯物主义、历史唯物主义的世界观,就不可能以正确的立场和科学的态度来认识纷繁复杂的客观事物,把握事物发展的规律;就不可能正确地理解和执行党的路线方针政策,避免工作中的偏差;就不可能站在时代的前列,团结和带领广大群众前进。"②胡锦涛也强调:"辩证唯物主义和历史唯物主义的世界观和方法论,是马克思主义最根本的理论特征"③"必须坚持运用辩证唯物主义和历史唯物主义世界观和方法论,从全局和战略高度出发,从国际和国内两个大局着眼,从事物的实际情况和发展趋势入手"④。党的十八大以来,习近平总书记更是多次强调领导干部要切实提高辩证思维能力,以此来推动经济社会发展。他不仅指出,"辩证唯物主义是中国共产党人的

①　《毛泽东文集》(第六卷),人民出版社,1999年,第396页。
②　江泽民:《论党的建设》,中央文献出版社,2001年,第294~295页。
③　胡锦涛:《在"三个代表"重要思想理论研讨会上的讲话》,人民出版社,2003年,第6页。
④　《胡锦涛文选》(第二卷),人民出版社,2016年,第85~86页。

世界观和方法论"，还强调"实现'两个一百年'奋斗目标、实现中华民族伟大复兴的中国梦，必须不断接受马克思主义哲学智慧的滋养，更加自觉地坚持和运用辩证唯物主义世界观和方法论"。①可以说，中国共产党正是充分运用辩证思维，坚持联系的、发展的、全面的观点科学认识和把握了近代以来中国社会的表征特点和发展趋势，正确分析和把握了各个历史时期我国社会的主要矛盾，制定了一系列适合我国国情的正确的战略方针政策，才使党不断克服一个又一个难题、实现一个又一个辉煌。新时代，面对严峻复杂的国内外形势，中国共产党要提高驾驭复杂局面、处理复杂问题的能力和本领，取得更大发展优势、争得更强历史主动，就必须把马克思主义哲学作为自己的看家本领，学习掌握唯物辩证法的根本方法，不断提高辩证思维能力，尤其是"承认矛盾、分析矛盾、解决矛盾，善于抓住关键、找准重点、洞察事物发展规律的能力"②。

（二）辩证思维的方法论要求

辩证思维作为一种科学的思维方式，本身蕴含着丰富而独特的方法论要求。准确把握其方法论要求，不仅是全面理解这一思维方式基本内涵的题中之义，也是科学发挥这一思维方式实践潜能的必要前提。

1.整体性：以普遍联系的观点看问题

唯物辩证法认为，联系是指事物之间和事物内部诸要素之间相互影响、相互作用、相互制约的关系，不仅世界上的万事万物都处于普遍联系之中，每一事物内部的各个部分、各个要素之间都是相互联系的，而且整个世界就是由各种事物相互联系组成的有机整体，具有普遍性、客观性和多样性的特点。坚持辩证思维的整体性具有以下几个方面的内在要求：

---

① 习近平：《辩证唯物主义是中国共产党人的世界观和方法论》，《求是》，2019年第1期。
② 中共中央宣传部编：《习近平总书记系列重要讲话读本（2016年版）》，学习出版社、人民出版社，2016年，第287页。

其一，坚持联系的绝对性和条件性的统一。世界上任何事物和现象都与周围的其他事物存在着普遍联系，且每一事物内部的各部分、各要素之间也都是相互联系的。同时，任何事物又是整体联系中的一个环节。这就要求我们在实际工作中必须用普遍联系的观点来观察和分析问题，既要看到事物之间的普遍联系，又要看到各个事物之间的相对独立性，在普遍联系中揭示事物的特点。

其二，坚持客观性原则。联系是事物本身所固有的属性，事物之间的联系不以人的意志为转移，具有客观性。这就要求我们在实际工作中，必须从客观事物存在的实际出发，从事物本身的联系出发去观察和把握事物，反对从主观主义、本本主义与经验主义出发，无视和否定事物存在的客观联系，用主观臆想代替固有联系。

其三，坚持联系的多样性。事物在普遍联系中呈现多样的联系形式，不同的联系在事物发展中所处的地位不同，对事物发展所起的作用也不同。这就要求我们在实际工作中必须对事物之间的联系进行具体分析，善于透过事物外部的、现象的、偶然的联系发现事物内部的、本质的、必然的联系，从而揭示和把握事物的发展规律。同时，也要看到不同联系之间的辩证关系，既要分清主次，又要统筹兼顾。对此，用普遍联系的观点看问题，要求我们科学把握事物之间的联系，在事物的固有联系中透过外部的、现象的、偶然的联系发现其内部的、本质的、必然的联系，根据事物联系的各自特点制定或调整战略决策，在实践中按照事物的客观规律办事，正确处理好局部和整体的关系，反对形而上学的孤立、片面的观点，切忌主观随意性。

2.创新性：以发展的观点看问题

唯物辩证法认为，事物是永恒发展的。事物的普遍联系、相互作用，必然导致事物的运动、变化和发展。运动是物质的存在方式，发展是事物前进的变化或上升的运动，意味着新事物代替旧事物。坚持辩证思维，就是要以发展的眼光审视事物的发展。唯物辩证法认为，物质世界的运动是绝对的，是物质的根本属性和存在方式，同时事物是不断发展变化的，这种变化总是从量变开始，并在渐进性的量变基础上实现事物旧质的中断和新质的跃迁，是渐进性和飞跃性的统一、量变和质变的统一。

同时，唯物辩证法也认为，这种新旧之间的变化和跃迁必然导致事物的发展，即新事物的产生和旧事物的灭亡。这种发展是前进性和曲折性的统一，自我革新与自我延续的统一。就发展的前进性和曲折性的统一而言，一方面，新事物是在旧事物的"母腹"中孕育成熟的，它否定了旧事物中消极的、过时的因素，肯定并继承了当中的合理因素，增加了为旧事物所不能容纳的因素，且具备了新的结构和功能，符合事物发展的客观规律，具有强大的生命力和远大的发展前景。这就体现了发展的前进性。另一方面，事物的发展过程并非一直一帆风顺，而要经历一个螺旋式上升和波浪式前进的运动过程，在总趋势上是前进的、上升的，但在发展的进程上是迂回的、曲折的。与此同时，就发展的自我革新与自我延续的统一而言，任何事物的发展，都要否定自己从前存在的形式，否则，就没有新旧事物的区别；而且任何事物的发展都具有连续性，都要继承旧事物中的合理因素，新事物不可能是"无中生有"，新事物产生和旧事物灭亡的过程就是推陈出新、破旧立新的创新过程，这就体现了发展的自我革新和自我延续的统一。

对此，坚持用发展的观点看问题就要求我们想问题、办事情时，不仅要把事物如实地看作一个不断发展前进的过程，还要加强调查研究，明确事物在发展过程中所处的阶段和地位，把握适度原则，秉持辩证否定的态度，又要注重坚持与时俱进，发挥优势，破解瓶颈，培养创新思维和创新精神。这也是贯彻用发展的观点看问题的实践要求。

3.全面性：以全面的观点看问题

唯物辩证法不仅认为，任何事物都是矛盾的统一体，矛盾无处不在、无时不有，矛盾即对立统一，是事物发展的根本动力；还提出同一性和斗争性是矛盾的基本属性，事物的一切发展都是矛盾的相对同一性和绝对斗争性相互作用的结果,指出内因是事物发展的根本原因,外因是条件,外因要靠内因起作用的原理;同时还认为矛盾具有普遍性和特殊性,是普遍性和特殊性的统一体,提出普遍性寓于特殊性之中,要通过特殊性体现,而特殊性是相对于普遍性而存在,离不开普遍性,且两者在一定条件下可以相互转化。

对此,用全面的观点看问题,要求我们必须坚持"两点论"和"重点论"的统一,既要全面、统筹兼顾,又要善于抓住重点和主流,从化解主要矛盾出发。具体而言,一方面,坚持"两点论",就是在分析事物的具体矛盾时,要用全面的观点认识事物、分析和解决问题,既要看到矛盾双方的对立,也要看到矛盾双方的统一;既要看到矛盾体系中存在着的主要矛盾、矛盾的主要方面,也要看到次要矛盾、矛盾的次要方面;既要在全局的总体联系中去分析主次矛盾之间的辩证关系,也要反对形而上学的"一点论"即片面地只顾一方而忽视另一方。在这方面,习近平总书记有着深入的探讨。他在探讨改革问题时强调:"改革是循序渐进的工作,既要敢于突破,又要一步一个脚印、稳扎稳打向前走,确保实现改革的目标任务。全面深化改革是立足国家整体利益、根本利益、长远利益进行部署的,要注意避免合意则取、不合意则舍的倾向。"①这集中彰显出"两点论"的思维方法。习近平总书记在分析中国经济发展新常态时也运用了这一思维。他既指出了新常态给中国带来新的发展机遇,如"中国经济增长更趋平稳,增长动力更为多元","我们正在协同推进新型工业化、信息化、城镇化、农业现代化,这有利于化解各种'成长的烦恼'","中国经济更多依赖国内消费需求拉动,避免依赖出口的外部风险";"中国经济结构优化升级,发展前景更加稳定","中国经济结构正在发生深刻变化,质量更好,结构更优";"中国政府大力简政放权,市场活力进一步释放"等;同时,他还指出"新常态也伴随着新矛盾新问题,一些潜在风险

---

① 《习近平谈治国理政》(第一卷),外文出版社,2018年,第107页。

渐渐浮出水面"①，充分运用"两点论"思维全面分析了新常态现象的利弊。在深入推动长江经济带发展座谈会上，习近平总书记也使用了这一思维方法。他指出："目前长江生态环境保护修复工作'谋一域'居多，'被动地'重点突破多；'谋全局'不足，'主动地'整体推进少。这就需要正确把握整体推进和重点突破的关系，立足全局，谋定而后动，力求取得明显成效。"②

另一方面，坚持"重点论"，就是要在实际工作中着重把握主要矛盾、矛盾的主要方面，并以此作为解决问题的出发点，而不搞平均用力的"齐步走"、不搞"眉毛胡子一把抓"。习近平总书记多次提出要坚持"重点论"，强调搞改革"要有强烈的问题意识，以重大问题为导向，抓住重大问题、关键问题进一步研究思考，找出答案，着力推动解决我国发展面临的一系列突出矛盾和问题"③。以此为基础，习近平总书记还提出，新发展理念中"协调发展、绿色发展、开放发展、共享发展都有利于增强发展动力，但核心在创新。抓住了创新，就抓住了牵动经济社会发展全局的'牛鼻子'"，因此要"把创新摆在第一位"，"坚持创新发展"，"着力实施创新驱动发展战略""是我们应对发展环境变化、增强发展动力、把握发展主动权，更好引领新常态的根本之策"。④在推进"四个全面"的建设事业中，习近平总书记指出："我们提出要协调推进全面建成小康社会、全面深化改革、全面依法治国、全面从严治党，这'四个全面'是当前党和国家事业发展中必须解决好的主要矛盾"，"我们既要注重总体谋划，又要注重牵住'牛鼻子'"。⑤

---

① 习近平：《谋求持续发展 共筑亚太梦想——在亚太经合组织工商领导人峰会开幕式上的演讲》，《人民日报》，2014年11月10日。

② 习近平：《在深入推动长江经济带发展座谈会上的讲话》，人民出版社，2018年，第8~9页。

③ 中共中央文献研究室编：《习近平关于协调推进"四个全面"战略布局论述摘编》，中央文献出版社，2015年，第57页。

④ 习近平：《在省部级主要领导干部学习贯彻党的十八届五中全会精神专题研讨班上的讲话》，人民出版社，2016年，第8~9页。

⑤ 中共中央文献研究室编：《习近平关于协调推进"四个全面"战略布局论述摘编》，中央文献出版社，2015年，第15、160页。

（三）以辩证思维破解大党独有难题

辩证思维是中国共产党人的重要方法论武器。习近平总书记强调，要"学习掌握唯物辩证法的根本方法，不断增强辩证思维能力，提高驾驭复杂局面、处理复杂问题的本领"①。重视辩证思维，是长期历史发展进程中党领导人民不断取得革命、建设和改革胜利的重要保障，也是新的历史方位下正确处理中国特色社会主义建设和党的建设中各种重大问题的内在要求。新时代新征程，必须坚持和运用辩证思维以破解大党独有难题，不断夺取党的建设各项事业的新胜利。

1.坚持用联系的观点看问题，树立大局意识、强化整体思维

唯物辩证法认为，事物的矛盾是普遍联系的，要正确认识和观察事物、科学分析和解决难题，需要采用联系、辩证的思维方法，运用联系的观点对研究对象的构成要素、组织结构、内外关系等进行分析，从整体上准确认识和把握研究对象。因此，要树立和运用辩证思维，坚持用联系的观点审视大党独有难题，就要：

一方面，深刻剖析以"六个如何始终"为内涵的大党独有难题与党的建设的紧密联系。中国共产党将解决党内一系列突出矛盾和问题，聚焦为解决以"六个如何始终"为重点的大党独有难题，这不仅是对我们治党、兴党、强党实践的重要认识，也是建设长期执政的马克思主义政党的题中之义。在剖析大党独有难题时，就要先从党的理想信念着手，继而从组织力量、领导能力、精神状态、自纠机制、政治生态等方面循序展开，正确认识各部分同党的建设的本质必然联系。"如何始终不忘初心、牢记使命"居于难题之首，是第一大难题，在新时代党的建设中起到统领作用，着眼于党的理想信念坚定不移问题；"如何始终统一思想、统一意志、统一行动"，着眼于党的组织力

① 习近平：《辩证唯物主义是中国共产党人的世界观和方法论》，《求是》，2019年第1期。

量形成问题；"如何始终具备强大的执政能力和领导水平"，着眼于提升党的领导能力问题；"如何始终保持干事创业精神状态"，着眼于奋斗过程的精神动力问题；"如何始终能够及时发现和解决自身存在的问题"，着眼于党的自纠机制；"如何始终保持风清气正的政治生态"，着眼于党的思想作风问题。"六个如何始终"难题每一个方面都十分重要、缺一不可，无论是坚定理想信念，维护团结统一，提升治理能力，还是振奋精气神，纠正错误偏差，实现激浊扬清，条条指出的都是党在新征程上最为紧迫、最为要害、最为根本的大问题，条条都关乎党的建设和党的事业的健康发展。这些难题的提出，既是着眼党的千秋伟业作出的长远政治考量，深刻回答了新时代党的领导和建设的重大课题，也是对推进中国式现代化进行的长远战略布局，更进一步为新时代党的建设新的伟大工程指明了方向。对此，深刻剖析和科学把握大党独有难题和党的建设的相互联系，无疑也是有效破解以上大党独有难题的必然要求。

另一方面，解决大党独有难题，要树立大局意识、强化整体思维。从根本上讲，破解大党独有难题的出发点和落脚点，就是如何防止马克思主义政党在长期执政条件下腐化变质，永葆党的先进性和纯洁性、增强党的凝聚力和战斗力的问题。以辩证思维破解大党独有难题，不仅要求立足中华民族伟大复兴战略全局和世界百年未有之大变局的客观形势，提升统筹党的建设、党的领导和党的事业的格局，深刻认识、观察和理解这类难题，而且要求强化整体思维，从组织与外部环境之间、组织内部诸要素之间相互影响、相互作用、相互制约的关系中剖析和把握这些难题。既要看到在组织与外部环境之间的相互关系中，外部环境对组织的影响，比如开放环境下对党的纯洁性和先进性的侵蚀问题，又要看到在组织内部诸要素之间的相互关系中，组织内部的复杂构成对于管党治党的挑战，比如组织内部思想、能力等差异对统一思想、统一意志、统一行动的影响，对执政能力和领导水平的影响等。总之，只有树立大局意识、强化整体思维，处理好组织与外部环境之间、组织内部诸要素之间的相互关系,才能有效破解大党独有难题。

2.坚持用发展的观点看问题,秉持扬弃态度、培养创新思维

唯物辩证法认为,事物的矛盾是永恒发展的,正确认识和观察事物、分析和解决难题,需要采用发展、辩证的思维方法,运用发展的观点把研究对象看作一个不断发展前进的过程,秉持扬弃的态度认识和把握研究对象。因此,要树立和运用辩证思维,坚持用发展的观点审视大党独有难题,就要:

一方面,注重运用发展的观点对大党独有难题进行动态把握。辩证思维强调认识活动的发展性,要求对待每一个具体事物都应将其历史、现实和未来联系起来考察,对事物发展的过程进行动态把握并及时调整解决策略和方法。运用此方法破解大党独有难题时就要求:一是要弄清大党独有难题的出场背景。世界上不存在一成不变的事物,大党独有难题也是不断发展变化的,在不同阶段难题的表现形式及其所处的地位、作用和状况也不同。大党独有难题并非无中生有,而是在尚未解决的历史遗留问题的基础上,结合当下阶段的矛盾问题和未来的隐患问题,推动党的领导和党的建设事业向前发展而提出的。当前,世情、国情和党情继续发生深刻变化,党和国家事业将面临诸多风险挑战,要破解大党独有难题,就要对当下阶段以"六个如何始终"为主要表现的大党独有难题进行深刻剖析和把握。二是要坚持前进性和曲折性相统一的思维解决大党独有难题。矛盾无处不在、问题无时不有,人类社会正是在不断解决矛盾和问题的过程中前进的。问题有很多类型,有暂时的问题,也有长期的问题;有历史问题,也有现实问题;有违背历史发展潮流的问题,也有前进和发展中的问题等。总体上看,大党独有难题的解决总趋势是前进的、光明的,而过程是曲折的,既不能只看到前途的光明而忽略路途的曲折,盲目乐观,也不能因为前进道路的曲折而怀疑前途,悲观厌世,退缩逃避、停滞不前。只有把握好、处理好量变与质变的辩证关系,用辩证发展的眼光来认识和对待大党独有难题,才能客观理性地破解这一难题。

另一方面，解决大党独有难题要秉持扬弃态度、培养创新精神。所谓扬弃，就是指既"克服""变革"，又"保留""继承"，是"克服"与"保留"、"变革"与"继承"、"连续性"与"非连续性"的统一。在破解大党独有难题的过程中，既要保留和继承以往的有效经验和优秀做法，克服和变革积习成弊的旧经验、旧做法以及"静止不动""无所作为"的错误态度，又要坚持与时俱进的思维要求，紧紧围绕适应新时代党的建设新形势、新特点，不断革新管党治党的经验做法，不断创新解决难题的手段方法，积极培养创新精神。只有秉持扬弃态度，注重培养创新精神，才能在治国理政的过程中避免"黔驴技穷"，无惧"本领恐慌"，永葆党的基业长青、兴旺发达。

3.坚持"两点论"和"重点论"的统一，注重统筹兼顾、抓重点带一般

唯物辩证法认为，矛盾具有同一性和斗争性、普遍性和特殊性，要求我们在实际工作中用一分为二全面的观点看问题，坚持"两点论"和"重点论"的统一。"一物有两点，两点有重点"。因此，破解大党独有难题必须把"两点论"和"重点论"有机结合起来，在两点之中抓重点，抓重点时讲两点。

一方面，破解大党"独有难题"要坚持"两点论"，注重统筹兼顾。习近平总书记指出："我们想问题、作决策、办事情，不能非此即彼，要用辩证法，要讲两点论，要找平衡点。"①解决大党独有难题只有运用两分法，坚持'两点论'，既抓主要矛盾及其主要方面，也不忽视次要矛盾及其次要方面，实现两点论要求的统筹兼顾，才能找到大党独有难题的有效破解之道。具体而言，破解大党独有难题需要把握好以下几对关系：

一是大党之"大"与难题之"难"的关系。习近平总书记指出："我们党作为世界上最大的政党，大就要有大的样子，大也有大的难处。"②大党之"大"体现在我们党的历史久、执政时间长、党员人数多、领导的人口数量多、党的

---

① 习近平：《干在实处 走在前列——推进浙江新发展的思考与实践》，中共中央党校出版社，2006年，第550页。

② 《习近平谈治国理政》（第四卷），外文出版社，2022年，第503页。

组织规模大、党员结构多元化等方面；同时党愈大，难题就会愈多，如统筹各领域各行业党员的利益共识难度就愈大、保持初心使命的定力要求就愈高，统一思想、意志和行动就愈难，等等，这也深刻表明了大党领导下"六个如何始终"相区别于其他政党的独有难题之"难"。因此，把握大党独有难题只有深刻认识其中"大"和"难"的辩证逻辑，既看到党的组织规模之大，也要看到管党治党之难，才能真正把握大党独有难题的本质和特点。

　　二是"独有优势"与"独有难题"的关系。中国共产党作为长期执政的马克思主义政党和世界上规模最大的政党，在百年奋斗中积累和形成了自身独特优势，譬如政治优势、组织优势、群众优势、制度优势等。辩证思维的方法论要求我们把握大党独有难题就要既看到党的独特优势之"优"，又要看到党的"独有难题"之"难"。大党有大党的优势，如人数多、力量大、历史久、规模大，尤其是中国共产党更具有坚持马克思主义指导的理论优势，上下贯通、左右联动、迅速调集全党力量的组织优势，党中央权威和集中统一领导的政治优势，密切联系群众的路线优势，等等。当然，大党也有大党的难处，除了百年大党独有难题外，中国共产党还面临着具有长期性和复杂性特点的执政考验、改革开放考验、市场经济考验、外部环境考验，以及带有尖锐性和严峻性特点的精神懈怠危险、能力不足危险、脱离群众危险、消极腐败危险的挑战。因此，只有坚持"独有优势"和"独有难题"的辩证统一，既科学把握大党的"优势"，又有效把握大党的"难处"，才能妥善破解大党独有难题。

　　三是"目标引领"与"问题导向"的关系。习近平总书记指出："每个时代总有属于它自己的问题，只要科学地认识、准确地把握、正确地解决这些问题，就能够把我们的社会不断推向前进。"[①]大党独有难题就是基于新的历史条件下党内存在的突出矛盾和焦点问题提出的，是党自身建设和完成初心使命要求在新时代的具体体现，而破解大党独有难题的目的则是把党建设

---

　　①　习近平：《之江新语》，浙江人民出版社，2007年，第235页。

成为始终赢得人民拥护、长期执政的马克思主义先进政党。目标指引方向，问题催生变革。因此，只有既坚持以问题导向查找问题和短板，又坚持以目标引领解决问题、补足短板，实现坚持问题导向和目标引领的辩证统一，才能有效破解大党独有难题。

四是思想建党与制度治党的关系。习近平总书记指出："从严治党靠教育，也靠制度，二者一柔一刚，要同向发力、同时发力"，"坚持思想建党和制度治党紧密结合。"①思想建党是制度治党的基础，制度治党是思想建党的保障。通过加强思想建党，解决党员的党性追求、理想信念等问题，以说服力和感召力提高广大党员的思想觉悟，充分发挥自律的力量；通过强化制度治党，解决行为规范、监督追究等问题，以强制手段规范党员行为，充分发挥他律的作用。因此，只有坚持思想建党和制度治党的辩证统一，使两者有机结合、相互促进，不断产生管党治党的叠加效应，才能科学破解大党独有难题。

另一方面，解决大党独有难题要坚持"重点论"，抓重点带一般。大党独有难题，表现在很多方面，"六个如何始终"抓住了重点和关键，其中"如何始终不忘初心、牢记使命"居首位起到统领作用。这就要求在解决大党独有难题的过程中，应优先解决"如何始终不忘初心、牢记使命"这一难题，以带动其他难题的渐次破解；在"六个如何始终"中优先解决"如何始终不忘初心、牢记使命"的问题，以带动其他五个方面难题的渐次破解，能够推动全面从严治党不断向纵深发展，从而推动党的建设不断成熟完善。党的十八大以来，我们党在推进全面从严治党的过程中，既注重总体谋划，又注重牵住"牛鼻子"，不断解决矛盾问题、应对难题考验。比如，"既对全面从严治党提出系列要求，又把党风廉政建设作为突破口，着力解决人民群众反映强烈的

---

① 中共中央文献研究室编：《习近平关于协调推进"四个全面"战略布局论述摘编》，中央文献出版社，2015年，第140页。

'四风'问题,着力解决不敢腐、不能腐、不想腐的问题"①;既管"绝大多数",又抓"关键少数",对广大党员提出普遍性要求,对"关键少数"特别是高级干部提出更高更严的标准、进行更严的管理和监督,着力打造健康的政治生态。习近平总书记也强调:"在任何工作中,我们既要讲两点论,又要讲重点论,没有主次,不加区别,眉毛胡子一把抓,是做不好工作的。"②因此,以辩证思维破解大党独有难题,就必须坚持"两点论"和"重点论"的统一,牢固树立全局观念,抓好重点带动一般。

四、坚持创新思维,破解大党独有难题

创新思维是形成新思路、打开新局面、取得新突破的内在需要,也是打破习惯势力束缚,增强改革创新本领,破解百年大党独有难题的必由之路。只有坚持和贯彻创新思维,把握创新思维的方法论要求,才能破解前进道路上的难题,以思想认识的新飞跃打开工作的新局面。

(一)创新思维的基本内涵

一般意义上讲,创新就是推陈出新、除旧立新,指破除与客观现实不相符合的旧观念、旧联系和旧属性,发现和运用事物之间的新联系和新属性,更加有效地认识世界和改造世界的活动。而创新思维则是指以新颖独创的方法解决问题的思维过程,往往意味着突破旧有的不符合客观实际的思维局限,根据实践的要求以超常规的方法、视角去思考问题,提出与众不同的解决方案,从而产生新颖的、独到的、有社会意义的思维成果。

---

① 习近平:《辩证唯物主义是中国共产党人的世界观和方法论》,《求是》,2019年第1期。
② 中共中央宣传部编:《习近平总书记系列重要讲话读本(2016年版)》,学习出版社、人民出版社,2016年,第48页。

创新思维要求打破思维惯性。思维惯性一般指人们在思考问题时，往往会受到已有的知识、经验、思维模式等影响，不自觉地沿着固定的思路进行思考的习惯和属性。思维惯性难以突破原有的框架和限制，从而封闭了其他的思考方向，往往会导致因循守旧，迷信权威、经验和教条，因而不能迅速适应变化了的新情况，也无法进行革新。正如习近平总书记指出的："全党同志要跟上时代步伐，不能身子进了新时代，思想还停留在过去，看问题、作决策、推工作还是老观念、老套路、老办法。这样的话，不仅会跟不上时代、做不好工作，而且会贻误时机、耽误工作。"①只有坚持创新思维，我们才能打破惯性思维的束缚，从不同的角度思考问题，尝试一些新的方法和技术，为解决问题打开新的思路。

创新思维要求坚持问题导向。缺乏问题导向，少了问题思维，创新创造就会沦为"无本之木"、"无源之水"。只有实事求是地了解和考察现实情况，不迷信权威，敢于批判，发现问题，综合分析，才能开拓创新，最终在不断尝试中逐步发现新的思路和方法。有了问题意识才能进行创新，从某种意义上说，创新的过程就是发现问题、研究问题、解决问题的过程。应当说，运用创新思维的一个核心方面就是直面现实问题，擅长发问、善于发现矛盾，坚持问题导向。

创新思维要求灵活运用联想的方式。联想作为探索未知的一种创新思维活动，是事物之间存在普遍联系的具体体现和实际运用，往往可以启发人们突破常规，跳出现有的圈子，进而有所发明创造。世界上的事物都是相互联系的，创新思维的本质就在于发现原来以为没有联系的事物之间的固有联系，善于灵活运用过去所积累的知识和经验促使不同事物或现象联系起来，超越旧事物旧观念，创造新事物新观念。

---

① 习近平：《在"不忘初心、牢记使命"主题教育总结大会上的讲话》，人民出版社，2020年，第14页。

除此之外,在一定意义上讲,创新思维还有以下特点:

创新思维是一种逆向思维方式。逆向思维,顾名思义就是与正向思维相反的思考方式,其核心是通过反向思考来解决问题。相较于传统惯常的思考方式,逆向思维更加灵活且具有创造性,能够让人们在面对问题时拥有更多的思考角度,往往能够打破思维定式的束缚,获得真理性认识。

创新思维是一种发散性思维方式。从思维方向上看,创新思维常常从不同的角度去思考问题。当问题出现之后,就会从不同的方面、层次、条件等展开多种设想,探试多个答案。当某一思路受阻时,就会很快转向另一个方向,而不是以线性方式继续延续。与单向性的思维相比,发散性是创新思维的显著特征。

创新思维是一种批判性思维方式。创新思维方式不迷信任何的权威、教条和经验,敢于否定旧观念、旧理论、旧模式和旧方法,从而破除不合时宜的思想观念。但是创新并不是追新潮、赶时髦,盲目求新求奇,更不是另起炉灶、舍弃传统,而是还具有肯定性的一面,能够透过经验的表象,在否定中看到肯定,看到事物中的积极力量,进而实现批判性和建构性的统一。

从中国共产党领导的革命、建设和改革历史来看,中国共产党是高度重视创新思维的。新民主主义革命时期,在经历了陈独秀右倾机会主义错误和王明"左"倾冒险主义错误后,毛泽东在党的六届六中全会上就坚持创新思维明确提出了"马克思主义的中国化"的科学命题。他指出:"没有抽象的马克思主义,只有具体的马克思主义。所谓具体的马克思主义,就是通过民族形式的马克思主义,就是把马克思主义应用到中国具体环境的具体斗争中去,而不是抽象地应用它","洋八股必须废止,空洞抽象的调头必须少唱,教条主义必须休息,而代替之以新鲜活泼的、为中国老百姓所喜闻乐见的中国作风与中国气派"。[①]据此,毛泽东创造性地将马克思主义与中国的革命

---

① 中共中央文献研究室、中央档案馆编:《建党以来重要文献选编(一九二一——一九四九)》(第十五册),中央文献出版社,2011年,第651页。

实践有机结合起来，实现了马克思主义在中国的创新性发展；在延安，针对黄炎培提出的如何跳出治乱兴衰历史周期率问题，毛泽东主动运用创新思维，打破旧思维的条条框框，提出了通过民主方式破解历史周期率的重要论断："我们已经找到新路，我们能跳出这周期率。这条新路，就是民主。只有让人民来监督政府，政府才不敢松懈。只有人人起来负责，才不会人亡政息。"①新中国成立后，中国共产党继续坚持创新思维，改变旧社会管理形式，创新国家管理制度，提出并实行了民族区域自治制度，使得各少数民族都享受到了民族自治权，对于维护国家统一，加强各民族平等、团结、互助起到巨大推动作用。周恩来更是高度评价："这样的制度是史无前例的创举。"②改革开放后，面对计划、市场与资本主义、社会主义制度之间关系的教条式认识，邓小平运用创新思维勇于解放思想、实事求是，打破旧教条，破除了计划和市场具有制度属性的旧观念，解开了人们的思想束缚，提出了"资本主义也有计划""社会主义也有市场"的认识，为社会主义市场经济体制的确立奠定了坚实的思想基础。正如党的十六大对社会主义市场经济的高度评价："在社会主义条件下发展市场经济，是前无古人的伟大创举，是中国共产党人对马克思主义发展作出的历史性贡献，体现了我们党坚持理论创新、与时俱进的巨大勇气。"③

党的十八大以来，以习近平同志为核心的党中央在继承马克思主义经典作家的思维逻辑的基础上，更是强调创新思维的重要意义，不仅运用创新思维，针对党的建设及民族复兴、社会主义现代化强国建设的新形势新考验新挑战提出了一系列新理念新思想新战略，还对长期执政的马克思主义政

---

①　中共中央文献研究室编：《毛泽东年谱（一八九三——一九四九）（修订本）》（中卷），中央文献出版社，2013年，第611页。

②　中共中央统一战线工作部、中共中央文献研究室编：《周恩来统一战线文选》，人民出版社，1984年，第374页。

③　中共中央文献研究室编：《十六大以来重要文献选编》（上），中央文献出版社，2005年，第5页。

党所面临的风险与考验进行分析和创新,提出了"大党独有难题"这一原创性概念,强调"必须时刻保持解决大党独有难题的清醒和坚定",在"什么是大党""为什么独有""何种难题""如何破解"等方面构建起大党独有难题的理论体系,实现了新的思想跃迁,对保持党的先进性、破解党的建设现实难题、开创工作新局面具有重要现实意义。

(二)创新思维的方法论要求

创新思维作为科学的思维方法,是对常规思维的突破和超越。要实现创新思维的重大价值,有效化解问题与挑战,就必须科学把握创新思维的方法论要求。

1.破除迷信,超越常规,掌握精髓要义

创新思维的精髓要义就是要有新发现,实现新发展。一方面,马克思主义辩证法认为,辩证法对现存事物肯定的理解中同时包含着对现存事物否定的理解,即对现存事物的必然灭亡的理解;辩证法对每一种既成的形式都是从不断的运动中,因而也是从它的暂时性方面去理解;辩证法不崇拜任何东西,按其本质来说,它是批判的和革命的。马克思主义辩证法的这种"批判性"和"革命性"表明,它既不固守于任何事物固定状态,也从不把任何事物看成永恒绝对的,从不让步于任何迷信与谬误,而是敢于质疑和否定旧思想与旧事物,打破旧世界,建立新世界。这就要求我们不能固步自封、墨守成规,而是要有批判的勇气和能力,才能不断地前进和创新。另一方面,马克思主义的唯物辩证法认为世界上的一切事物都处于无休止的运动、变化和发展中,客观世界总是不断地产生新事物,消灭旧事物。事物的发展过程就是一个从低级到高级、从简单到复杂、从无序到有序的演化过程,发展的实质就是新事物的产生和旧事物的灭亡。对此,只有遵循客观规律,解放思想,根据实际情况和变化着的客观实际不断地提出创造性的新观点和新办法,才能有效化解前进道路上的各种风险挑战。这也是坚持创新思维的基

本要求。

2.立足调研，因时制宜，力戒脱离实际

创新思维是一种立足变化着的客观实际，因地制宜、因时制宜地去观察、分析和解决问题的思维方式，具有鲜明的实践性特点。马克思指出："研究必须充分地占有材料，分析它的各种发展形式，探寻这些形式的内在联系。只有这项工作完成以后，现实的运动才能适当地叙述出来。"[①]这就意味着，要实现创新就要求我们既要掌握丰富的材料，又要把握事物的内在本质，实现从感性认识到理性认识的飞跃。一方面，实现创新，第一步就是要从感性材料开始，要尽可能多地掌握丰富的、正确的材料，然后通过思考，运用理论思维和科学抽象，将丰富的感性材料去粗取精、去伪存真，形成概念和系统。而要实现这一步，就必须立足调研，对客观实际情况进行充分的了解和分析研究，如此才能把事物的全貌看清，把问题的本质和规律把握清楚，进而找到解决问题的新视角、新思路和新对策。另一方面，马克思主义哲学认为，矛盾的普遍性和特殊性是辩证统一的，任何事物的矛盾都是共性和个性的统一。矛盾的特殊性决定了各具体事物的矛盾以及每一矛盾的各个方面在发展的不同阶段上各有特点，只有具体分析矛盾的特殊性，才能认清事物的本质和发展规律，找到解决矛盾的正确的方法和措施，推动事物的发展。这就意味着，我们只有根据时代和实践的变化，广泛深入地了解和调查实际情况，因时制宜、因地制宜地开展实践，才能深化认识、总结经验，创造性地开展工作。

同时，创新思维也是一种以实践为基础的创造性思维。唯物辩证法指出人的认识和实践是一个循环往复以至无穷的辩证发展过程。实践是认识的基础，在认识活动中起着决定性作用。而人类总是在实践的基础上不断总结经验，有所发明，有所创造。因此，培养和运用创新思维就不能脱离客

---

① 《马克思恩格斯全集》(第23卷)，人民出版社，1972年，第23页。

观实际,而是必须立足实践并在实践中不断深化。只有勇于实践、深入实践,针对现实新变化,不断开拓视野,才能找到创新的突破点,提高创新思维能力。

3. 遵循规律,奋进实干,以实践检验成果

创新思维,就是建立在尊重客观事物发展规律的基础上,把握规律并灵活运用规律的一种思维方式。辩证法认为只有透过现象看本质,从复杂的事物中发现其内在的本质的、必然的联系,遵循客观事物发展的规律,才能使各种创新活动取得成功。这就要求我们必须在把握事物规律上多下功夫,既不能背离规律随心所欲,也不能无视规律而蛮干,必须在遵循发展规律的前提下提出目标,开展实践。此外,创新是具有不确定性和风险性的,总会遇到困难和风险。唯物辩证法认为,世界上不存在一成不变的事物,事物的内在矛盾都会在一定条件下相互转化,困难与希望、挑战与机遇相互依存,相互转化。"危中有机,机中有危"。但是风险是不会自己转化成为机遇的,实现转化的关键就是在遵循规律的基础上,充分发挥人的能动性,主动变革,奋进实干。如果踌躇不前,畏畏缩缩,消极懈怠,就无法抓住机遇,无法打开工作的新局面。对此,只有敢为人先的锐气,敢于拼搏的勇气,敢于实践的魄力,始终保持昂扬向上的状态,才能开拓创新推动发展。

实践是创新的基础。实践永无止境,创新永无止境。创新思维是建立在实践和一切从实际出发基础上的,据此,创新的结果也必然要通过实践来检验。马克思主义哲学认为,实践是检验真理的唯一标准,这是由真理的本性和实践的特点决定的。从真理的本性来看,真理是对客观事物及其发展规律的正确反映,其本质就在于主观与客观相符合;从实践的特点来看,实践是人们改造世界的客观性的物质活动,它能够把一定的知识、理论变成直接的、实实在在的现实。如果实践后的结果与实践前的预想相符合,那么之前的认识就成为真理性认识,这种直接现实性的品格就构成实践是检验真理唯一标准的主要依据。这就决定了,在开展工作中,坚持创新思维形成的各种新观点和新做法是否正确，需要由实践来检验。

（三）以创新思维破解大党独有难题

党的十八大以来，习近平总书记多次强调要运用科学思维解决党和国家事业发展过程中各种难题，其中就包括创新思维。百余年来，中国共产党正是科学运用了创新思维方式，才催生了一个又一个伟大的创新实践，给党和国家事业发展注入了源源不断的强劲动力。在新时代新征程上，坚持运用创新思维不仅是我国全面建设社会主义现代化国家的内在要求，也是实现中华民族伟大复兴的现实需要，更是破解大党独有难题、加强党的自身建设的必由之路。

1. 坚决破除形而上学思维方式的桎梏

创新思维的方法论要求我们，破解大党独有难题，就必须从破除形而上学思维方式开始，只有善于从实际出发，敢于打破经验主义和教条主义等形而上学思维，做到不唯上、不唯书、只唯实，才能找到破解百年大党独有难题的有效出路。一是要注重从实际出发。一切从实际出发是辩证唯物主义的基本观点。应当说，大党独有难题的生成有其历史渊源和现实因素，在不同历史时期、不同的领域，难题也有不同的表现形式。而某一历史阶段大党独有难题具体内涵的确定，则离不开对该历史阶段党的建设具体实际的考察。只有立足变化了的实际，从实际出发，科学界定并把握大党独有难题的内涵，才能找到破解难题的"突破口"。二是要破除经验惯性思维的影响。经验是宝贵的财富，善于总结经验是解决问题的有效途径。但是经验仅仅意味着对之前的实践有效，却不能反映现在和将来。一般说来，对于经验的认识要客观，可以借鉴，但是不能照搬照抄，反对经验主义是创新思维的必然要求。要践行创新思维就要做到一切以时间、地点和条件为转移，不把经验永恒化、普遍化和绝对化。大党独有难题作为中国共产党发展到新时代后面对的重大课题，不仅其出场具有独特性，而且其内涵要求和时代影响都具有特殊性。对此,只有切中大党独有难题的独特性,因地因时制宜,不全盘照搬照抄之前以及他人的经验,不受教条主义、经验主义和僵化思维的干扰,才能找到有效的破解方案。正如邓小平指出的,"我们领导干部的责任,就是要把中央的指示、上级的指示同本单位的实际情况结合起来,分析问题,解决问题,不能当'收发室',简单地照抄照转"①。我们只有根据国内外形势的新变化、新要求,从实际出发,立足新时代,寻找新思路,才能解决新矛盾,打开新局面,开创新境界。对此,只有既重视对以往经验的总结和凝练,也注重理论、制度和实践创新等各方面的创新,才能真正运用创新思维提升解决大党独有难题的能力和本领。三是要破除权威惯性思维的影响。尊重权威、学习权威,在前人的积累上进行研究,是提高创新能力的客观要求。然而,若把权威奉若神明,一味顶礼膜拜,迷信盲从,则必然会把自己的思维囿于狭隘之中,堵塞创新的思路,成为创新的桎梏。创新往往是从质疑和超越权威开始的。不迷信、不盲从、不照搬既有方案和思路,勇于并善于创新,正是中国共产党不断取得成功的重要密码。对于破解大党独有难题而言,只有不迷信经验、教条和权威,敢于打破常规、突破惯性思维束缚并坚持问题导向,从实际问题出发,在进行充分调查研究的基础上,综合运用各种理论资源大胆提出新的概念、思路和方法,辩证地把握过去、现在和将来的统一性,才能创造性提出解决问题的思路和方法,真正实现以创新思维破解大党独有难题的目标。

2.灵活运用多样化创新思维

解决大党独有难题,必须灵活运用多样化创新思维。创新思维有许多具体的表现,如逆向思维、发散思维、联想思维、转向思维等。逆向思维是最典型的创新思维。它是指人们在思考问题时,能够逆着常理、常规进行思考,与正常的思维顺序相反,由于其不受常理常规的束缚,往往能够从反方

———————————
①　《邓小平文选》(第二卷),人民出版社,1994年,第118页。

向寻找解决问题的方法获得新的真理性认识。发散思维是以某些已知的信息为思维起点，运用已有的资源、知识和经验，利用联想、推理等方式让思维沿着不同的方向和维度进行扩展，进而获得事物新的联系的思维方式。联想思维是把对一种事物功能属性的认识迁移到另外的事物上，引出相关的想象，从而产生出创造性设想的思维方式。转向思维是指人们在沿着一个维度思考受阻时，能够马上转向另外一个维度，有时问题可以通过一次转向就解决，有时则需要多次转向才能获得新思路和新方法。解决大党独有难题，要综合运用以上各种思维，分析大党独有难题的历史方位、使命任务、复杂环境和应对策略。只有灵活运用多样化创新思维，在思维方式上才具有求异性，在思维状态上才具有主动性，在思维结构上才具有灵活性，在思维运行中才具有综合性，在思维表达上才具有新颖性，最后的思维成果才具有开拓性和价值性，才能从容回应大党独有难题。

3.切实遵循内在规律，坚持问题导向以促革新、抓落实

创新思维是一种以问题为导向、以规律为遵循的思维方式，无视问题、忽略规律，就谈不上真正意义上的创新。应当说，大党独有难题的提出本身就反映出中国共产党人具有强烈的问题意识、创新意识，体现了党对共产党执政规律、社会主义建设规律、人类社会发展规律的深刻把握，而解决大党独有难题同样离不开创新思维的科学运用。只有运用创新思维，遵循内在规律，坚持问题导向、有的放矢，才能找到破解难题的切入点。一方面，要严格遵循党的建设内在规律。任何真正的创新，从根本上讲都是对规律的灵活把握、运用和发挥，而非想当然地随意而为。大党独有难题是中国共产党在新的历史条件下，管党治党、治国理政过程中面临的大党治理挑战和大国执政考验，是中国共产党在探索建设始终赢得人民拥护、长期执政的马克思主义先进政党的过程中，深刻把握和遵循共产党执政规律和社会主义建设规律而提出的。可以说，大党独有难题的提出，本身就是基于内在客观规律而创新出的新概念。要运用创新思维破解大党独有难题，就必须按党的建

设规律办事,透过纷繁复杂的表象抓住最具代表性、最能说明问题的本质,并深入研究大党独有难题的生成逻辑和发展规律。也只有按照客观内在规律的要求不断推进实践创新,才能找到破解大党独有难题的科学路径。另一方面,要坚持问题导向。创新意味着对问题的突破和化解,离开要解决的难题,也就无从谈起推进创新。对此,解决大党独有难题只有坚持问题导向,强化问题意识,才能找到解决难题的突破口和切入点,实现实践创新。如此,大党只有正视自身存在的独有难题,树立强烈的问题意识,将创新思维深深扎根于发现问题和解决问题的现实中,力求落地见效、力戒无的放矢,真正有针对性地抓住每一关键问题展开深入思考,提出切实可行的解题之法,才能有效破解大党独有难题。

五、坚持法治思维,破解大党独有难题

"万事皆归于一,百度皆准于法。"运用法治思维和法治方式推进工作,既是衡量领导干部工作水平的重要标尺,也是新时代中国共产党革除弊病,涵养党的先进性和纯洁性,破解大党独有难题的重要手段。

(一)法治思维的基本内涵

所谓法治思维,就是以现代法治理念为基础、以追求公平正义为最终目标,主要运用法律原则、法律精神、法律规范和法律逻辑对所遇到的问题进行综合分析、判断和推理,并形成结论的理性思维过程。法治思维主要包含了六个方面的思维内容,即规则思维、合法思维、程序思维、权利义务思维、权力监督思维和责任后果思维。

规则思维表现为"先立规矩再行事","立好规矩再行事"。法律在本质上就是一种规矩,是治国理政最重要的规矩。"先立规矩再行事"强调的是处理好立规矩和行事之间的关系，即立规矩必须在行事之前上升到法律层面，要做到有法可依。例如重大的改革必须做到于法有据，所以要先立法再改革。"立好规矩再行事"强调的是规矩的质量、立法的质量。"立善法于天下，则天下治；立善法于一国，则一国治。"良法是善治的前提和基础，规则思维不仅需要有法可依，更需要有良法可依。提高立法质量，不仅要求必须坚持科学立法、民主立法、依法立法，还要求必须坚持问题导向进行立法，增强立法的针对性和时效性。同时有了好的规矩和法律还必须贯彻它、遵守它才能够真正做到善治。这也要求必须狠抓法律的贯彻落实，让良法深入人心，成为人们的行为准则和道德底线，让破坏法律的人受到应有的惩罚。

合法思维意味着宪法和法律至上，一切组织和个人都必须尊重、遵守宪法和法律。合法思维要求时刻牢记职权法定，明确权力的来源和界限，做到法定职责必须为，法无授权不可为，在做决策和执行前，一定先思考"这样做有法律依据吗？"或者"这合法吗？"合法思维首先要求合乎法律文本的具体规定。法律适用要找准、用准法律依据，当法律文本规定不一致时，遵循上位法优于下位法、特别法优于一般法、新法优于旧法等基本原则。合法思维要求在没有制定法律时或者法律规定不明确的情况下，根据法律的原则、法治的精神去填补法律漏洞，解释适用法律，不能恣意解释，更不能为所欲为或者"打擦边球""搞变通"。任何情况下都要坚守合法性的底线，不能以合理性取代合法性。

程序思维是克服随心所欲、恣意妄为的重要保证。"正义不仅要实现，而且要以人们看得见的方式实现。"这里的"看得见的方式"强调的就是程序。程序思维要求公权力的取得和行使都必须遵守相应的程序，否则就不能维护公众利益。要摒弃那些只看结果不看过程，忽视正当程序的错误思想。法治的根本任务在于约束公权力，不借助正当的程序，很难将公权力"关进笼子"。程序思维还要求程序正当，自己不能做自己的法官，否则程序就会变成"走过场"。程序的正当性来源于程序的中立、理性、排他、可操作、平等参与、自治、及时终结和公开。

权利义务思维。法律关系实质上就是权利义务关系,对于法律关系如果从权利义务的角度去分析和判断就会清晰明了。权利义务思维首先要求认真对待权利和义务。在我国,享受权利和履行义务是统一的。对于领导干部而言,他们手中掌握的是公权力,对于普通个体而言则掌握的是私权利,这同样也要求他们要履行相应的义务为条件。领导干部所做的决策和实行的措施,主要针对普通的个体和法人,要时刻注意个体和法人是权利和义务的主体,不能侵犯他们的权利,而是要加强对他们权利的保护。

权力监督思维。制约和监督公权力是法治的核心,也是法治的一项重要使命,权力监督思维首先要防止权力被滥用,因此必须对权力进行制约和监督。习近平总书记指出:"权力不论大小,只要不受制约和监督,都可能被滥用。要强化制约,合理分配权力,科学配置权力,不同性质的权力由不同部门、单位、个人行使,形成科学的权力结构和运行机制。"[①]权力一旦不受监督,就容易导致权力滥用,造成不公正的现象产生,甚至滋生腐败,影响公权力的权威,抹黑权力机关形象。因此,领导干部要自觉接受党内监督、人大监督、民主监督、行政监督、司法监督、审计监督、社会监督、舆论监督等各方面的监督,推行政务公开,让权力在阳光下运行。

责任后果思维强调的就是有权必有责,行使多少权力就承担多少责任。法律不仅是规则,还包含法律后果和责任。对于公职人员来说,职权不仅意味着拥有公权力,也代表一种责任和义务,不能随意放弃,也不可转让。不作为或者乱作为就构成失责,需要承担相应的法律责任。责任后果思维要求人们时刻牢记:行为有后果,行为者要对其行为的后果承担相应责任,这是法治思维的必然要求。对于执法者来说,就要做到执法必严、违法必究、失责必追责。因此,坚持法治思维不仅是推进依法治国的内在要求,也是保

———————————

① 《习近平总书记在十八届中央纪委第二次、三次、五次全会上重要讲话选编》,《中国纪检监察报》,2016 年 1 月 11 日。

障社会和谐的重要基石，是实现人民当家作主的可靠保障，也是涵养党的性质宗旨、保持自身先进性和纯洁性的重要渠道。

中国共产党自成立后，就始终注重法治思维和法治理念在党的建设和治国理政中的重大意义。无论是新民主主义革命时期，中国共产党带领人民制定的《井冈山土地法》《中华苏维埃共和国宪法大纲》《陕甘宁边区施政纲领》《华北人民政府组织大纲》《中国人民政治协商会议共同纲领》等法律文件，还是新中国成立后，颁布《中华人民共和国婚姻法》《中华人民共和国宪法》等新法律及依法处决刘青山、张子善案件等，向全国人民及后人彰显了运用法治思维从严治党、执法如山的决心与勇气。改革开放后，中国共产党更是强调法治思维在治国理政中的重要意义，进入了法治建设的快车道，不仅强调"两手抓，两手都要硬"，崇尚法治精神，推进社会主义法制建设，实现"有法可依，有法必依，执法必严，违法必究"，逐步构建起以宪法为核心的中国特色社会主义法律体系，还将"实行依法治国，建设社会主义法治国家"载入宪法，主张在法治轨道发展社会主义市场经济，推进依法治国战略，坚持依法治国和以德治国相结合，实施党内立法以及确立中国特色社会主义法律体系，都是中国共产党运用法治思维处理改革开放和社会主义现代化建设新问题的集中体现。党的十八大以来，以习近平同志为核心的党中央更是从中国特色社会主义事业发展全局的战略高度运用法治思维，不仅提出全面依法治国战略、构建中国特色社会主义法治体系、建设社会主义法治国家的总目标，将"中国共产党领导是中国特色社会主义最本质的特征"载入宪法，还制定出民法典、监察法、外商投资法、个人信息保护法等一系列重要法律法规，实施依法治国和依规治党有机统一，确立了习近平法治思想在全面依法治国中的指导地位。这些法律文件和精神的确立都是中国共产党主动运用法治思维治理国家的成果体现。

(二)法治思维的方法论要求

"法者,治之端也。"法治思维作为基于对法治精神的尊崇、信仰与遵守,自觉运用法治理念、要求和规范来观察、分析和解决问题的思维方式,也是中国共产党摒除各类弊病,推进自身建设的重要筹码。习近平总书记多次强调,要运用法治思维和法治方式解决经济社会发展面临的深层次问题,并将"不断提高运用法治思维和法治方式深化改革、推动发展、化解矛盾、维护稳定、应对风险的能力"①作为中国共产党在新时代面临的突出课题。然而要发挥法治思维的上述强大功效,就必须以掌握法治思维的主要特征和方法论要求为前提。

1.法治思维的主要特征

第一,法治思维是一种以客观事实为依据、以法律为准绳,尊重事实和规律的思维方式,客观性是其最明显的特征。法治思维不以个人的好恶去评价、分析和解决问题,而是要以证人证言、物证、鉴定结果等证据去判定事实。没有证据就无法对事实进行判定,证据获取也要真实合法,否则无法作为证据支撑事实。

第二,作为一种可验证的逻辑思维,法治思维强调的是按照法律逻辑思考、分析和解决各种问题的思维方式,是将法治理念、法律知识、法律规定付诸实施的实践过程。法治思维的过程即是一个运用已有法律精神、原则、规范对各种问题和现象进行逻辑分析、判断和推理的过程。

第三,法治思维是一种价值观念,蕴含着公正、平等、民主、权力制衡、权利保障等法治理念,讲求公平和正义。法治思维要求在思考、分析和解决问题时,不仅要把合法性作为处理问题的前提,而且要求围绕着合法与非法,对有争议的行为、主张、利益和关系进行思考、分析、判断和处理。

---

① 《习近平在中央全面依法治国工作会议上强调 坚定不移走中国特色社会主义法治道路 为全面建设社会主义现代化国家提供有力法治保障》,《人民日报》,2020年11月18日。

2.法治思维的方法论要求

增强职权法定的理念。明确公权力来自人民,时刻谨记法无授权不可为,法定职责必须为。国家公职人员要充分认识到公权力只能在法律授权的框架内执行,没有法律依据的行政行为属于乱作为。要在行使权力的过程中审视自己的行为是否符合法律的要求,决不去行使不该自己行使的权力,坚决防止乱作为,谨守权力边界,依法用权,才能把权力关进制度的笼子。

坚持法律面前人人平等的理念。平等是法律追求的重要价值之一,法律的权威和公信力的实现在于平等能否真正落实。与法治思维相对立的思维是特权思维,培养法治思维,首先要克服特权思维。宪法规定:"任何组织或者个人都不得有超越宪法和法律的特权。"克服特权思想要谨记权力来自人民,行使权力的目的是实现公共利益,而不能以权谋私,要树立法律面前人人平等的理念,遵守法律的规定行使权力。

贯彻公平公正的理念。法治的生命就在于公平公正,坚持公权力姓公,不将公权力视为"私产",要做到秉公执法。要树立正确的权力观,处理好情与法、利与法、权与法的关系,不因私利而放弃公义,坚决反对以权谋私、假公济私的行为。

树立用权受监督的理念。有权必有责,用权受监督,违法要追究,这是理所当然的事情。权力一旦失去监督,必然会导致权力滥用,腐败案件的产生多因缺乏监督或者监督不力导致。法治思维要求公权力行使者要自觉主动接受来自各方面的监督,这既是对法治的尊重,也是对自身的保护。只有及时纠正那种受监督就是不被信任的错误思想,增强主动接受监督的意识,习惯于在"放大镜"下工作,才能让公权力的运行更加透明和公开。

（三）以法治思维破解大党独有难题

法治思维作为一种思维方式,其本身要求在治国理政的方方面面中要更加注重法律法规的运用,确立各类社会主体的规则意识和契约意识,运用法治方式深化改革、推动发展、化解矛盾、维护稳定,强调依法办事,构建国家治理的法治化模式。习近平总书记强调:"要运用法治思维巩固党的执政地位,解决经济社会发展面临的深层次问题,维护国家主权、尊严和核心利益,提高领导干部运用法治思维解决问题的能力"①。新时代新征程,解决"六个如何始终"的大党独有难题也离不开运用法治思维来寻找破局之策。

1.必须夯实法治信仰之基

法律的权威,源自人民的内心拥护和真诚信仰。党的十九届四中全会提出:"加大全民普法工作力度,增强全民法治观念,完善公共法律服务体系,夯实依法治国群众基础。"②全面依法治国为在全体公民中普及宪法等法律知识、增强全民法治观念、建设社会主义法治文化指明了路径和方向。领导干部的法律意识强不强,有没有依法决策、依法行政、依法管理,直接关乎宪法和法律在人民群众心中的形象和权威。而强化法治思维破解大党难题就要不断深化对"不忘初心、牢记使命"的认识,将理想信念宣教、正确权力观宣教和法纪宣教融入"不忘初心、牢记使命"的主题教育中,使领导干部带头尊崇法治、敬畏法律,做习近平法治思想的坚定信仰者、积极传播者、模范实践者。只有筑牢法治信仰柱石,坚持立足法治轨道破解大党难题,才能保障大党难题的有效破解。

2.必须坚持依法执政、依法决策

作为世界上拥有党员数量最多的马克思主义政党,领导着14亿多人口

① 张书林:《把握"七大思维"提升思维能力》,《大众日报》,2023年10月7日。
② 《中共中央关于坚持和完善中国特色社会主义制度　推进国家治理体系和治理能力现代化若干重大问题的决定》,《人民日报》,2019年11月6日。

的大国，面对全面推进依法治国和全面建成社会主义现代化强国的目标，党员干部必须提高运用法治思维和法治方式应对风险挑战的能力，这就对党的执政能力和领导水平提出了更高要求。党员干部要提高依法决策的能力，能否依法决策直接影响决策事项能否办好，在决策前领导干部要认真思考是否具有决策权，做决策的法律依据、法定程序和法律后果是什么。不养成依法决策的习惯，科学决策和民主决策就无法落实。坚决破除决策过程中的一些陋习，防止随意决策、经验决策和功利决策的发生。党员干部要摒弃特权思维和主观主义的束缚，从内心深处尊崇法律，注重把握决策中的法规要求，善于从法治角度思考、分析和解决问题，破除传统思维定式。同样对于破解大党独有难题而言，只有在决策前领导干部充分考虑各种矛盾和问题，分析利弊得失，避免决策的盲目性和功利性，让决策活动符合实际，遵循法治，同时把依法决策贯彻到决策的全过程，遵守依法决策机制，通过让公众参与、专家论证、风险评估和集体讨论决定等方式，切实提高决策的质量，保证决策的公信力和执行力，才能有效破解难题。

3.必须让权力在法治的轨道上运行

中国共产党作为全面建成社会主义现代化强国、以中国式现代化全面推进中华民族伟大复兴的"引路人"，任务艰巨、责任重大。只有让权力始终在法治的轨道上运行，才能保证党的领导不变质、不走样，才能保证任务如期顺利推进。权力是把"双刃剑"，只有在法治的轨道上运行才能造福国家和人民，反之，脱离法治的轨道就会危害国家和人民。宪法是凝聚了社会共识的"最大公约数"，领导干部必须不打折扣地把宪法和法律赋予的权力行使到位，按照宪法和法律要求行使权力，才能让全党思想上更加统一、政治上更加团结、行动上更加一致，以法治思维方式助力如何统一思想、统一意志、统一行动的难题解决。同时领导干部能否在法治的轨道上行使权力，事关党内的政治生态建设。应当说，政治生态中存在的"小圈子""提篮子""打牌子""违规用人"，特别是"七个有之"等现象，从根本上讲，是特权思维在作怪,是法治思维缺失的具体体现。只有净化政治生态,善于运用法治思维和法治方式破解大党独有难题,让权力在法治的轨道上运行,才能为破解大党独有难题提供坚实基础。

六、坚持底线思维,破解大党独有难题

底线思维是科学思维的基础、战略思维的根本,是防控风险型思维、效益最大化思维、改革型思维,同时也是化解矛盾型思维和道德思维。只有全面科学地掌握底线思维的内涵,学习和运用底线思维,才能牢牢掌握主动权,有效破解百年大党独有难题。

(一)底线思维的基本内涵

从唯物辩证法的角度来看,如果说,底线就是由量变到质变的临界点,一旦底线突破,事物的性质就会发生根本性的变化,那么,底线思维则是量变质变规律在思维方式中的延伸和运用。简而言之,所谓底线思维,就是居安思危,凡事从最坏处准备,立足最低点,努力争取最好的结果,做到有备无患、遇事不慌,牢牢把握主动权的思维方法。

底线思维包含以下三方面的基本内涵。其一,底线思维是一种风险思维,与忧患意识一脉相承。"安而不忘危,存而不忘亡,治而不忘乱。"忧患意识在"居安思危"、"思其所以危"、"思其终始"等认知上,丰富了底线思维的内涵。正如江泽民所指出:"我们只有站得高一些,看得远一些,对前进中可能出现的经济风险作出科学预测和正确判断,才能防患于未然,永远立于不败之地。"①只有始终绷紧底线这根弦,才能真正做到居安思危,未雨绸缪,才

---

① 《江泽民文选》(第一卷),人民出版社,2006年,第539页。

能成功应对重大挑战、抵御重大风险、克服重大阻力、解决重大矛盾。其二,底线思维是一种边界思维。底线是唯物辩证法上由量变到质变的临界值,是一种红线和警戒线,也是一种边界,一旦突破了边界,就到了质变的关节点,事物的性质就会发生根本性变化,就会出现主体难以承受的坏结果。正如习近平总书记指出:"各种风险我们都要防控,但重点要防控那些可能迟滞或中断中华民族伟大复兴进程的全局性风险,这是我一直强调底线思维的根本含义。"①坚持底线思维,就要准确把握事物发展质变的关节点,牢牢守住底线,坚决不踏红线。其三,底线思维是一种战略思维。底线思维不仅画出了红线和警戒线,还要预先设想可能遇到的困难,做到未雨绸缪,争取把风险防患于未然,这不仅是一种高瞻远瞩、统揽全局,善于把握事物发展总体趋势和方向,增强工作的预见性、主动性和前瞻性的思维方式,还是一种积极作为的思维方式。它主动思考底线在哪里,怎么避免去触碰底线等问题,而且积极想出应对措施,在不触碰底线的前提下收获最大利益。只有坚持和重视底线思维,才能预防和化解重大风险,才能化解复杂矛盾,谋求创新发展的路径和方法。而划定底线并牢牢守住底线,是我们不走弯路、不跌跤的重要前提。

从党的历史上看,坚持底线思维是中国共产党战胜各种风险挑战的重要思想方法,也是党的优良传统,并贯穿于党的每一个历史进程。在革命年代,毛泽东就曾提出"枪杆子里面出政权"②,强调了中国共产党必须坚持紧握"枪杆子",这是中国共产党搞革命战争的一条重要原则底线。正是因为中国共产党守住了手中的"枪杆子",在国民党反动派拿起屠刀时,中国共产党领导人民进行了艰苦卓绝的英勇奋斗,最终夺取了政权。新中国成立前夕,毛泽东提出"两个务必",告诫全党革命成功之后的路更长、更艰苦。这

---

① 中共中央党史和文献研究院编:《习近平关于防范风险挑战、应对突发事件论述摘编》,中央文献出版社,2020年,第16页。

② 《毛泽东选集》(第二卷),人民出版社,1991年,第547页。

"两个务必"，就是中国共产党人建设新中国、长期执政必须坚持的底线。改革开放初期，邓小平提出了"四项基本原则"，作为实现四个现代化的根本前提和原则底线，保证了改革开放坚定不移沿着正确道路不断向前推进。党的十八大以来，习近平总书记多次强调要坚持底线思维，凡事从坏处准备，努力争取最好的结果，这样才能有备无患、遇事不慌，牢牢把握主动权，提出"三个一以贯之"的要求并进行了深刻阐述：坚持和发展中国特色社会主义要一以贯之；推进党的建设新的伟大工程要一以贯之；增强忧患意识、防范风险挑战要一以贯之。可以说，习近平总书记关于增强忧患意识、防范风险挑战的重要论述，为我们坚持底线思维化解党的领导和自身建设中的重大风险挑战提供了根本遵循。

（二）底线思维的方法论要求

底线思维作为马克思主义科学思维方法的重要内容，不仅是规避风险，守正原则方向，涵养党的先进性和纯洁性品格的重要渠道，也是中国共产党突破困境、化解挑战，实现自我成长壮大的重要保障。然而要使这一思维方法的效能得以充分彰显，离不开对其方法论要求的科学把握。

1.以全局意识系统筹谋

联系和发展的观点是唯物辩证法的总观点。唯物辩证法认为，世界上任何事物都不是孤立存在的，而是处于普遍的、客观的、多样的联系之中。任何事物都有一定的外部联系和内部联系，而这些联系推动了事物的变化、运动和发展。底线思维本身具有系统性，蕴含了辩证法关于普遍联系的观点。它一方面要求人们凡事从坏处做准备，从这些坏处的外在联系中看到有可能出现的风险和危机，尽力争取最好的结果；另一方面，又强调运用联系的观点从全局和系统着手，审时度势，把风险降到最低。因此，底线思维要求我们不仅需要对各种风险进行把控，还要防范各种可能出现的风险，找出短板、提升功能，注意查找和堵塞漏洞、防范风险；不仅要防范系统内部风险的出现，还要时刻保持警醒，预估系统外部环境中可能产生的风险，防患于未然。

此外，坚持底线思维还要求我们在谋篇布局、制定战略策略的过程中，要在科学把握"最好"与"最坏"的辩证关系的基础上，把底线放在全局的战略中去考虑，处理好全局利益和局部利益、长远利益和眼前利益的关系。一方面，全局与局部互为条件，全局高于局部，统帅局部；而局部对全局也会产生不同程度的影响，在一定条件下会对全局产生决定性的意义。底线思维要求我们树立全局意识，从全局看问题，当局部利益和全局利益发生冲突时，绝不能为了局部利益而牺牲全局利益，更不能为了谋取个人利益损害全局利益。另一方面，眼前利益与长远利益是辩证统一的。眼前利益是现实的利益，长远利益是根本的利益，二者相互渗透相互影响。底线思维要求我们在处理长远利益和眼前利益的时候，要跳出个人和小团体的利益，科学预估和研判可能产生的利益与损失，坚持眼前利益服从长远利益。

2.以忧患意识扎牢底线防线

马克思主义辩证法认为，客观世界是在不断发展变化的，未来有许多事是我们难以预料的，偶然的和意外的事件随时都可能出现，所以我们绝对不能盲目乐观。"凡事预则立，不预则废。"只有提高底线思维能力，才能增强工作的预见性、主动性和前瞻性。本质上讲，底线思维是一种能够常怀戒慎之心，充分考虑到风险的存在，把工作做在前面，防范可能出现的风险，把损失降到最小的思维方法。要坚持底线思维不仅要求必须常怀忧患意识、善预见，而且还要求善于运用底线思维，凡事从坏处准备，努力争取最好的结果，做到居安思危、有备无患、遇事不慌，牢牢把握主动权，同时又要求要预先设想可能遇到的困难，做到未雨绸缪，争取把风险防患于未然。

3.以问题导向意识磨炼定力

底线思维具有问题导向性。所谓问题，就是事物的矛盾。矛盾无处不在、无时不有。毛泽东指出："哪里有没有解决的矛盾,哪里就有问题。"①人类认识世界的过程就是一个发现问题,解决问题的过程。旧的矛盾解决了,新的矛盾又出现。底线思维本身就要求具有强烈的问题意识,从问题出发,敏锐地捕捉、发现与分析问题的核心,并采取有效的措施解决问题。习近平总书记指出:"要增强机遇意识和风险意识,树立底线思维,把困难估计得更充分一些,把风险思考得更深入一些。"②底线思维就是明确底线所在,及时估计可能出现的风险,最终落脚到如何解决问题上来,一方面要解决如何不触碰底线的问题,另一方面要解决一旦触碰到底线,应当如何挽救的问题。

因此,坚持和运用底线思维就必须树立问题导向意识、坚定战略定力。底线本身就意味着风险和挑战,而运用底线思维就是对知识、眼光、胆识和意志力的多重考验。因此坚持底线思维,就要在实践中增进科学文化知识、磨炼坚强的意志、锻炼过人的胆识,在应对危局时能够保持头脑清醒,意志坚定。在面对大是大非的问题时,能够坚守原则和底线,不要为了眼前利益因小失大,随波逐流,做好在磨难中奋起、走曲折道路的思想准备,在各种复杂局面和风险面前"风雨不动安如山"。

4.以斗争精神砥砺品格

从根本上看,先进理论的升华和化解风险的高招都是在实践中得来的。底线思维也具有强烈的实践性。辩证唯物主义把实践引入认识论,认为认识是在实践基础上的主体对客体的能动反映,以及在实践基础上不断化解主观和客观、认识和实践等矛盾的过程。习近平总书记强调:"人们从探索性实践中获得的理性认识成果愈多,对未来实践的自觉性、预见性和主动性就愈强。"③对此,坚持底线思维并不能只在思维中把握底线,而是要以客观

---

① 《毛泽东选集》(第三卷),人民出版社,1991年,第839页。

② 中共中央党史和文献研究院编:《十九大以来重要文献选编》(中),中央文献出版社,2021年,第784~785页。

③ 习近平:《用"三个代表"重要思想指导新实践》,《人民日报》,2003年8月25日。

的实践活动为依据，在实践中找准底线、控制底线、守好底线。要做到这一点，最重要的就是要把底线作为不可逾越的界限去把关，作为不可违背的原则去捍卫，作为不可动摇的立场去坚持。不能因为自身一时松懈放弃底线，更不能因为外部压力或者诱惑放弃底线。

底线思维，不仅包含着实干奋斗的必然逻辑，更是蕴含着发挥主观能动性，把握矛盾与底线，直面问题，以实干化解前进道路上的各种风险的实践要求。因此，坚持和运用底线思维就必须在实践中发扬斗争精神。这种斗争精神不仅内置于自强不息的民族精神中，也是中国共产党人的优秀品质和革命传统。发扬斗争精神不仅要敢于斗争，还要善于斗争。在客观世界中，意味着敢于同一切阻碍事物发展的因素作斗争，敢于较真碰硬，敢于揭露错误伸张正义；在主观世界中又强调要敢于同自身的不足和局限性作斗争，学习先进的技术和各种新的知识，不断提高斗争本领。而且，善于斗争又突出强调要坚持实事求是的思想路线，与时俱进，相机而动，根据客观规律和时代条件的变化调整我们的策略，守好关键底线。

（三）以底线思维破解大党独有难题

以底线思维破解大党独有难题，就要求在坚持原则的前提下，坚持问题意识，立足底线，扎牢防线，在敏锐地捕捉、发现与分析问题基础上，采取有效举措解决难题。破解大党独有难题是一项长期复杂且艰巨的历史课题，只有坚持底线思维，才能居安思危，保持破解难题的正确方向。

1. 坚持和加强党的领导与坚持以人民为中心相结合

一方面，破解大党独有难题要以坚持和加强党的领导为前提和原则。在中国，党政军民学，东西南北中，党是领导一切的。中国共产党是中国特色社会主义事业的坚强领导核心，发挥着总揽全局、协调各方的关键作用。党的领导不仅是做好党和国家各项工作的根本保证，也是我国政治稳定、经济发展、民族团结、社会稳定的根本所在。坚持党对一切工作的集中统一领导是党推进自身建设的出发点和落脚点,也是中国革命、建设和改革事业取得一切胜利和成就的缘由所系、根本所在。习近平总书记指出:"坚持和加强党的全面领导,关系党和国家前途命运,我们的全部事业都建立在这个基础之上,都根植于这个最本质特征和最大优势。在这个问题上犯错误往往是灾难性的、颠覆性的。"①历史也雄辩地证明,坚持和加强党的领导是党的事业不断赢得新胜利、取得新辉煌的根本保证。什么时候加强党的领导,党和国家事业就能乘风破浪、披荆斩棘,相反,如果松懈和弱化党的领导,党和国家事业就会遭受阻碍、挫折甚至失败。从功能上看,党的领导具有把方向、谋大局、定政策、促改革的社会效能,脱离了党的领导不仅党的各项事业会缺乏坚定的政治方向,而且党的组织和动员能力也会下降,从而不但难以有效团结和带领人民群众共同应对各种困难和挑战,而且党内也会出现涣散、消极怠工的现象,甚至引发内部矛盾和不团结,玷污党的形象和威信,削弱党的执政基础和群众基础,阻碍党的事业的发展。应当说,破解大党独有难题的目的是坚持和加强党的领导,维护党的领导核心地位,这不仅是破解大党独有难题的出发点和落脚点,也是最终目标旨归、价值所向和底线所在。这也决定了无论党采取怎样的手段和策略破解大党独有难题,都必须以坚持和加强党的领导为前提和原则,以不动摇党的领导为基本要求,并以是否有利于坚持和加强党的领导作为评判破解大党独有难题是否合理的重要依据。

另一方面,要始终坚持以人民为中心。马克思主义认为,人民群众是实践的主体、历史的创造者。只有始终尊重群众的历史主体地位,始终代表广大人民的根本利益,充分发挥和调动广大人民群众积极性、主动性和创造性,才能在滚滚向前的历史洪流中经得起考验、顶得住挑战,并立于不败之地。始终站在人民的一边就是站在历史正确的一边,这也是马克思主义政

---

① 中共中央党史和文献研究院编:《习近平关于全面从严治党论述摘编(2021年版)》,中央文献出版社,2021年,第67页。

党的基本主张。在党领导社会主义建设的伟大征程中，人民始终是推动历史前进的根本力量，不仅波澜壮阔的民族奋斗史是人民创造的，而且国家辉煌壮丽的成就也是人民绘就的。人民群众不仅是党和国家物质财富的创造者，也是精神财富的创造者，构成了推动社会进步的不竭动力。习近平总书记指出："我们党来自人民、扎根人民、造福人民，全心全意为人民服务是党的根本宗旨，必须以最广大人民根本利益为我们一切工作的根本出发点和落脚点。"①党始终坚持人民主体地位，通过制定并实施一系列符合人民利益的政策措施，确保发展成果更多更公平惠及全体人民，不断满足人民日益增长的美好生活需要正是党的工作方向和价值追求。因此，以人民为中心，始终代表人民根本利益，为了人民、依靠人民，发展成果由人民共享，发展成效由人民评判，正是党领导国家发展和处理一切问题的根本遵循和根本原则。这也决定了破解大党独有难题必须坚持以人民为中心的原则，要自觉拜人民为师，向能者求教，向智者问策，充分尊重人民所表达的意愿、所创造的经验、所拥有的权利、所发挥的作用，紧紧依靠人民创造历史伟业，使我们党的根基永远坚如磐石，而绝不能脱离人民、违背人民根本利益。

据此，只有坚持和加强党的领导，充分发挥党总揽全局、协调各方的领导核心作用，同时又始终坚持以人民为中心，确保各项政策措施能够真正反映人民群众意愿、维护人民群众利益、激发人民群众的积极性和创造力，大党独有难题才能得以有效破解。

2.坚持守正与创新相结合

破解大党独有难题是一项前无古人的伟大事业，也是中国共产党在发展过程中必须不断解决的一项常态化事业，必须以"守正创新的正气和锐气"找到解决难题的思路与方法。习近平总书记强调，只有"守正才能不迷失自我、不迷失方向"，只有"创新才能把握时代、引领时代"。②

① 《习近平著作选读》（第二卷），人民出版社，2023年，第223页。
② 习近平：《在文化传承发展座谈会上的讲话》，人民出版社，2023年，第11页。

一方面,守正即坚守党的初心使命,秉持马克思主义基本原理,遵循中国特色社会主义发展规律,确保党和国家事业始终沿着正确方向前进。这是中国共产党的政治本色,也是维护国家长治久安、社会和谐稳定的根本保障。对于大党而言,其面临的难题往往更加复杂、更加严峻,但无论如何变化,中国共产党的本质属性和初心使命不能变。只有始终坚守正道,才能确保党不变质、不变色、不变味,才能始终保持党的先进性和纯洁性,从而有效应对各种风险挑战,破解发展难题。如果不能坚持守正,就会迷失方向,背离人民立场,导致政策摇摆、社会动荡,甚至可能重蹈覆辙,丧失长期奋斗取得的成果。因此,守正是我们不可逾越的底线,是确保中国共产党在化解大党独有难题过程中始终成为中国特色社会主义事业坚强领导核心的关键所在。

另一方面,创新是推动时代前进的动力,也是破解大党独有难题的关键所在。创新在中国共产党领导社会主义建设和改革的过程中,是引领发展的第一动力。面对复杂多变的国内外环境和日渐加重的改革发展任务,创新是破解难题、开拓新局的金钥匙。它要求我们在理论、制度、科技、文化等各个领域不断探索,勇于实践,推动经济社会全面进步。若不能坚持创新,就会陷入僵化保守,错失发展机遇,难以应对挑战,导致发展停滞甚至倒退。因此,创新不仅是推动高质量发展的必然要求,更是中国共产党永葆生机活力的源泉,是新时代我们必须坚守的另一条底线。创新"不是刻舟求剑,还要往前发展、与时俱进"[1],"创的是新思路、新话语、新机制、新形式",这就要求必须"在马克思主义指导下真正做到古为今用、洋为中用、辩证取舍、推陈出新,实现传统与现代的有机衔接"[2],同时"紧跟时代步伐,顺应实践发展,以满腔热忱对待一切新生事物,不断拓展认识的广度和深度,敢于说前人没

---

① 习近平:《论党的青年工作》,中央文献出版社,2022年,第185页。
② 习近平:《在文化传承发展座谈会上的讲话》,人民出版社,2023年,第11页。

有说过的新话，敢于干前人没有干过的事情，以新的理论指导新的实践"①。在新的历史条件下，中国共产党面临的国内外环境都在发生深刻复杂变化，传统的思路和方法可能难以解决新的问题和挑战。因此，必须敢于创新、善于创新，不断探索新的理论、新的方法、新的路径，以适应新时代的发展要求，有效化解各种风险挑战，推动事业不断向前发展。

此外，守正和创新不是相互对立、相互排斥的，而是相辅相成、相互促进的。守正是创新的基石，只有坚守正道才能保证创新的方向正确；创新则是守正的必然要求和发展趋势，只有通过不断创新才能使守正的内容更加丰富、形式更加多样。对于中国共产党而言，只有坚持守正与创新相结合，才能确保党在破解难题的过程中既能始终沿着正确的方向前进，又可以不断增强党的生机活力，提高党的执政能力和领导水平，从而更好地应对各种风险挑战，实现中华民族伟大复兴。总之，破解大党独有难题必须坚持守正和创新相结合。这既是中国共产党在长期实践中形成的宝贵经验，也是在新时代应对各种风险挑战的底线与必然选择。只有坚定不移地推进守正创新，才能确保中国共产党始终走在时代前列，引领中国特色社会主义事业不断取得新的更大的胜利。

3.坚持目标引领和问题导向相结合

"目标是奋斗方向，问题是时代声音。"②一方面，破解大党独有难题必须坚持目标引领。目标是航标灯，能确保我们在复杂多变的国内外环境中始终保持战略定力，凝聚社会共识，激发奋斗热情，同时也为我们提供了衡量工作成效的标尺，促使各项方针政策紧密围绕这一中心任务展开。没有目标引领，就如同航船失去了罗盘，社会发展将失去方向感，容易陷入盲目和混乱，难以形成合力，更难以应对各种风险挑战，实现长远发展将无从谈起。

① 《习近平著作选读》（第一卷），人民出版社，2023年，第17页。
② 中共中央党史和文献研究院编：《十九大以来重要文献选编》（中），中央文献出版社，2021年，第147页。

因此,目标引领不仅是前行的动力源泉,更是不可动摇的底线。破解大党独有难题就要以目标为着眼点,在统筹谋划、顶层设计上下功夫,以回答"建设什么样的长期执政的马克思主义政党、怎样建设长期执政的马克思主义政党"这一时代课题为目标,不断增强方向感、计划性。

另一方面,破解大党独有难题必须坚持问题导向。"每个时代总有属于它自己的问题,只要科学地认识、准确地把握、正确地解决这些问题,就能够把我们的社会不断推向前进。"[①]破解大党独有难题就要以问题为着力点,坚持问题导向,"瞄着问题去、对着问题改,精确制导、精准发力,直到问题彻底解决为止"[②];特别是要在补短板、强弱项上持续用力,以"六个如何始终"问题的破解带动全局问题的有效化解,从而增强精准性、实效性。同时,在破解大党独有难题的过程中始终坚持问题导向,也体现了中国共产党勇于自我革命、敢于直面矛盾的精神风貌,是增强工作针对性和实效性的关键所在。如果不能坚持问题导向,就容易陷入形式主义和官僚主义的泥潭,导致政策与实际脱节,浪费资源,甚至错失发展机遇。因此,坚持问题导向同样是中国共产党领导社会主义建设和改革不可或缺的基本原则和底线要求。

总之,将目标引领与问题导向相结合,对于破解大党独有难题而言,具有极其重要的意义。目标引领为问题导向提供了方向和指引,确保我们在解决问题的过程中不偏离主线,始终围绕中心任务开展工作;问题导向则为目标引领提供了实践路径和检验标准,促使我们在实现目标的过程中不断发现问题、解决问题,推动工作不断取得新成效。两者相辅相成,共同构成了中国共产党领导化解自身问题的科学方法论。注重两者的结合,不仅能够提高我们的工作效率和决策水平,还能够提升党的执政能力和领导水平,确保中国特色社会主义事业始终沿着正确方向前进。

---

① 习近平:《之江新语》,浙江人民出版社,2007年,第235页。
② 中共中央党史和文献研究院编:《十九大以来重要文献选编》(中),中央文献出版社,2021年,第147页。

4.坚持党内民主和正确集中相结合

习近平总书记强调："我们党是高度集中统一的马克思主义政党，思想上的统一、政治上的团结、行动上的一致是党的事业不断发展壮大的根本所在。"①但随着党员数量的增长、党组织规模的扩大以及社会发展的日渐多样化，党内思想多元化、行动自由化和个性独立化的潜在因素不断累积，"一些人容易出现搞小山头、小圈子、小团伙现象，容易出现尾大不掉、自行其是问题"②。新时代新征程，要成功破解大党独有难题，必须坚持底线思维，始终坚持党内民主和正确集中相结合。

一方面，"必须实行正确的集中，……保证全党的团结统一和行动一致，保证党的决定得到迅速有效的贯彻执行"③。只有坚持党中央的集中统一领导才能实现更加坚强有力的团结统一，才能最大限度凝聚起全体党员的意志和力量，进而以超强的集体行动能力不断克服大党治理过程中面临的各种难题。否则，中国共产党就会成为一个自由散漫、自行其是的俱乐部，这样的党不仅无法解决自身问题，而且会丧失已经取得的执政地位。正如习近平总书记所指出："治理好我们这个世界上最大的政党和人口最多的国家，必须坚持党的全面领导特别是党中央集中统一领导。"④

另一方面，"必须充分发扬党内民主，尊重党员主体地位，保障党员民主权利，发挥各级党组织和广大党员的积极性创造性"⑤。民主是集中的基础，要实现正确的集中就必须充分发扬党内民主，否则只会产生官僚主义的集中进而损害党的团结统一。要破解大党独有难题，推进党的伟大事业，必须实现党的团结统一。而要实现党的团结统一，就必须高度重视和充分发扬

① 《习近平谈治国理政》(第二卷)，外文出版社，2017年，第157页。
② 习近平：《论党的自我革命》，党建读物出版社、中国方正出版社、中央文献出版社，2023年，第352页。
③ 《中国共产党章程》，人民出版社，2022年，第12页。
④ 《中共中央关于党的百年奋斗重大成就和历史经验的决议》，人民出版社，2021年，第65页。
⑤ 《中国共产党章程》，人民出版社，2022年，第12页。

党内民主,充分激发党员参与党内事务的积极性、主动性和创造性,更好地凝聚全党智慧和力量。总之,在破解大党独有难题的过程中,既要强调"研究工作时充分发表意见,决策形成后一抓到底……共同维护坚持党性原则基础上的团结"[①],也要强调,决策一旦做出,有令必行、有禁必止,只有这样才能在全党实现高度的集中统一,以超强的集体行动能力不断克服大党治理的独有难题。

七、坚持系统思维,破解大党独有难题

系统思维作为一种人们在认识世界、发现规律、总结经验和改造世界过程中常见的思维方式,对于人们系统理解和科学把握事物本质,全面谋划化解问题的思路对策具有重要的指导意义,自然也是破解百年大党独有难题所不容忽视的重要思维方法。

(一)系统思维的基本内涵

系统是对一些要素的安排,它们以某种方式相互关联,形成一个整体。系统思维就是以系统的原理为指导,把事物作为系统,从系统和要素、要素和要素、系统和环境的相互联系、相互作用中综合考察其结构和功能的思维方式。它否定孤立、静止、片面的观点,坚持联系和发展的观点,强调从整体上把握事物发展的全过程。系统思维以整体性、结构性、层次性、开放性为基本内容,揭示了事物的系统存在、系统关联以及系统规律。

首先,系统的整体性是系统思维方式最基本和最首要的特征。整体性是建立在整体与部分辩证关系基础上的,是从系统的整体与部分、要素与结

---

① 《关于新形势下党内政治生活的若干准则》,人民出版社,2016年,第24页。

构、系统与要素的相互关系出发，把认识上升到整体性并对每个要素和它们之间的相互作用进行整体性评价的思维特点。整体性特征要求把每个要素放在整个系统中去研究，认真研究整体与要素的结构，分析整体与要素的结构搭配是否合理和顺畅，进而检验能否达到"整体功能大于部分功能之和"的效果。系统的整体性特征要求首先要把认识对象作为系统来认识。一方面，明确任何认识对象都是由要素构成的系统；另一方面，要把研究对象放在更大的系统中进行研究。

其次，系统思维具有结构性特征。强调从系统的结构特征去了解和认识系统的整体功能，并从中寻找系统最优结构，进而获得最佳的系统功能，也是系统思维的主要特点。系统结构与系统功能二者是紧密联系，不可分割的。系统结构决定系统功能，系统结构是系统功能的内在表征，系统功能是系统结构的外在表现。在要素一定的前提下，有什么样的系统结构，就会有什么样的系统功能，因此必须重视结构的作用。而系统思维的结构性特征又要求我们要树立系统结构的观点，在实践活动中紧紧抓住系统结构这一中间环节，认识和把握具体实践活动中各种系统要素和功能之间的关系，在要素不变的情况下，努力优化结构，把调整结构作为优化系统效能的基本途径和着力点。只有系统内部各要素实现协同配合，系统才能有效运行并实现最佳功能。

再次，系统思维具有层次性特征。系统内部往往存在多个层级或层次结构，每个层级在系统中具有特定的功能、特征或作用，并且这些层级之间相互关联、相互作用。层次性体现了系统中的组织和结构分布，它允许系统以分层的方式处理问题，并促进系统的稳定性、适应性和发展性，把握层次和要素就是运用系统思维的前提和基础。系统思维的层次性特征要求我们在认识和处理问题时，注意区分层次、分类指导。必须注重顶层设计，坚持从最高层次出发协调不同层次间的行为关系，进而通过调整结构实现系统整体性能的优化。

　　最后,系统思维具有开放性特征。系统思维作为一种理性的思维,只有
通过掌握大量的感性材料才能获得。而丰富的感性材料又需要通过认识世
界和改造世界的实践活动才能获取。实践不断发展,系统思维的内容必然
也会不断丰富。系统思维的开放性要求必须从外界吸收大量的信息,善于
从大量信息中寻找有用信息,让自己的眼界更加开阔,思维更加敏捷。这也
要求我们必须重视实践的作用,积极参与社会实践。感性材料越丰富,理性
思维就越能够全面准确地把握事物。

　　从党的奋斗史来看,将系统思维作为思想方法和工作方法,是中国共产
党的优良传统,也是中国共产党领导人民实现由"站起来""富起来"走向"强
起来"的重要密码。毛泽东虽然没有专门对系统思维进行全面的论述,但他
在研究和认识问题的过程中非常重视系统思维,在领导工作中也非常强调
系统性,这是有目共睹的。如在《改造我们的学习》中他就提出两种不同的
学习态度,一种是主观主义的态度,一种是马克思列宁主义的态度,即"应用
马克思列宁主义的理论和方法,对周围环境作系统的周密的调查和研究"。
他并要求在研究党史时"要有系统地去考虑",强调不仅要把历史事件的每
一个细节都要弄清楚,还要去研究对全局或者整体产生重要意义的历史事
件。在领导工作中,他曾批评党内干部工作不团结、不统一、各自为政等现
象,强调要"建立统一的、指挥如意的、使政策和制度能贯彻到底的工作系
统。这种统一的系统建立后,工作效能就可以增加"①,要求运用系统思维以
实现工作系统的优化来增加工作的效能。改革开放后,邓小平也非常注重
对系统思维的运用。他不仅将系统思维运用于正确把握和理解毛泽东思
想,强调要从整体上把握毛泽东思想,并指出:"我们不能够只从个别词句来
理解毛泽东思想,而必须从毛泽东思想的整个体系去获得正确的理解"②,还

---

　　①　中央档案馆、中共中央文献研究室编:《中共中央文件选集(一九四九年十月——一九六六年
五月)》(第四十册),人民出版社,2013年,第200页。
　　②　《邓小平文选》(第二卷),人民出版社,1994年,第43页。

将系统思维运用到国家和社会发展的实际工作中。尤其是将中央与局部、全国与地方进行系统筹谋，提出"两个大局"的思想，要求东部沿海地区要加快对外开放，先发展起来，再带动内地发展，而内地也要照顾这个大局。强调当沿海有了一定的发展以后要帮助内地，沿海也要服从大局。这两个大局相互联系，相辅相成，为我国改革开放和社会主义现代化发展注入了源源不断的动力。党的十三届四中全会后，江泽民也把系统思维摆在了指导工作的突出位置上。他指出："改革开放和现代化建设是一个宏伟而复杂的系统工程，各方面工作必须相互协调、相互配合，顾此失彼、畸轻畸重，就不会取得最终的成功"①，并提出了正确处理十二个重大关系的原则和方法，为推进社会主义现代化建设，在新形势下处理好各种关系提供了重要启迪。党的十六大后，胡锦涛更是将系统思维运用于指导社会协调发展的重大问题上。他在提出"五个统筹"的基础上又提出"八个统筹"的要求，将社会各个方面进行系统考量，不断推动社会协调发展，为我们运用系统思维认识和推动经济社会发展提供了科学方法。

党的十八大以来，习近平总书记在整体推进工作的过程中，经常运用系统思维来思考、部署和落实工作，强调："要增强系统思维，统筹各地改革发展、各项区际政策、各领域建设、各种资源要素"②；党的十九大更是明确了中国特色社会主义事业总体布局是"五位一体"、战略布局是"四个全面"，强调以系统的方式把握各个方面、各个领域、各项举措的进度和节奏，在推进过程中注重各环节之间与工作全局之间的协同配合，在各项改革中建立起了良性互动的关系。这也为推进我国民族复兴和现代化强国建设提供了有效思路。

---

① 《江泽民文选》（第二卷），人民出版社，2006年，第307页。
② 中共中央文献研究室编：《习近平关于社会主义生态文明建设论述摘编》，中央文献出版社，2017年，第69页。

（二）系统思维的方法论要求

系统思维内涵丰富、特点鲜明，实践意义重大。要使系统思维转化为现实，切实指导实践，提升实践成效，就需要科学把握其方法论要求。只有科学遵循方法论要求想问题、办事情，大党独有难题才能迎刃而解。

1.把握规律和趋势，着眼长远与根本，加强前瞻性思考

系统思维要求系统地把握事物发展的总趋势，认识和运用规律，看清发展过程中的机遇与挑战，综合考虑发展过程中的有利因素和不利因素，并准确分析和判断形势，提前做好预估预判，有针对性地预先做好准备，牢牢抓住发展的主动权。

首先系统思维要求把握规律与趋势。运用系统思维进行前瞻性思考并不是进行主观臆想，而是要以辩证唯物主义和历史唯物主义为指导，从客观实际出发，实事求是、研究和探求事物发展的客观规律和趋势。这是因为一方面事物发展的规律和趋势是客观的，是不以人的意志为转移的；另一方面人可以发挥主观能动性，通过正确地把握规律和趋势而积极作为。习近平总书记指出："历史发展有其规律，但人在其中不是完全消极被动的。只要把握住历史发展规律和大势，抓住历史变革时机，顺势而为，奋发有为，我们就能够更好前进。"①同时把握规律并不意味着仅仅关注未来，而是要将历史、现在与未来联系起来，在一个大的历史周期中去研究和分析问题。习近平总书记还指出："要教育引导全党胸怀中华民族伟大复兴战略全局和世界百年未有之大变局，树立大历史观，从历史长河、时代大潮、全球风云中分析演变机理、探究历史规律，提出因应的战略策略，增强工作的系统性、预见性、创造性。"②此外，把握规律和趋势还要正确科学地判断形势，习近平总书记强调："坚持马克思主义立场、观点、方法，透过现象看本质，从短期波动中

① 习近平：《在党史学习教育动员大会上的讲话》，人民出版社，2021年，第13页。
② 习近平：《在党史学习教育动员大会上的讲话》，人民出版社，2021年，第14页。

探究长期趋势,使理论和政策创新充分体现先进性和科学性。"① 最后,进行充分的调查研究也是把握规律和趋势的必要准备。只有通过调查研究才能够掌握足够多的感性材料,才能够激发出足够深刻的理性思考。反之,很难了解到真实情况,也很难把握事物的本质。

其次,系统思维要求着眼长远与根本。辩证唯物主义和历史唯物主义认为,事物的发展是螺旋式上升和波浪式前进的,其发展过程可能会出现反复,但事物发展的总体趋势是不可改变的。这就意味着,我们在当下所形成的判断和作出的决策,有可能会对未来产生重大影响。因此,运用系统思维加强前瞻性思考不仅要立足当下,面向未来,着眼于长远和根本,同时还要从未来的维度思考当前的事情,解决当前的问题和矛盾。在着眼长远进行思考的时候,要避免出现两种错误倾向:一是认为未来太过遥远,从而对总体发展趋势的判断和认识产生动摇,被眼前的利益所吸引,偏离原来的前进方向。二是脱离当前实际,只谈未来,不谈现在,陷入理想主义的陷阱之中,纸上谈兵,缺少行动。坚持系统思维必须兼顾长远与当前,处理好两者之间的关系,把长期目标和短期目标、长远目标和阶段性工作结合起来,也要遵循规律,积极作为,创造实实在在的业绩,不能急于求成,好高骛远。

最后,系统思维要求充分做好应对风险与挑战的准备。运用系统思维进行前瞻性思考应当注重全面统筹与考虑,不仅要看到前进道路上的光明,也要充分预估前进过程中遇到的困难,特别是要对可能出现的风险与重大挑战有充分的认识和准备。习近平总书记指出:"形势有利的时候,要善于看到潜伏着的不利因素,始终保持清醒的头脑,增强忧患意识,居安思危,未雨绸缪,充分做好应对不利局面的准备。形势不利的时候,要善于发现蕴藏着的转机,坚定扭转不利局面的信心,化挑战为机遇,化不利因素为有利因

---

① 习近平:《在经济社会领域专家座谈会上的讲话》,人民出版社,2020年,第12页。

素。"①这就要求我们要以辩证的观点分析形势,在正确认识不利因素和有利因素的基础上,把握两种因素之间相互作用、相互转化的规律,未雨绸缪、防微杜渐,找到应对风险和挑战的办法,打好主动仗。

2.始终胸怀大局,注重顶层设计,加强全局性谋划

系统思维要求进行全局性谋划,从全局出发,用全面、联系和发展的观点分析和研究问题,并处理好全局与局部、全面与重点之间的关系,统筹谋划,谋求问题的综合解决之道。

系统思维要求胸怀大局。在运用系统思维进行全局谋划时,不仅要求把全局放在突出位置,把全局作为观察和处理问题的出发点和归宿,还要求把立足时代和现实的大局作为谋划工作的出发点,将战略目标精准定位于全局中。

系统思维要求加强顶层设计。运用系统思维进行全局性谋划的过程中,必须对全局做出统筹设计,加强各个部分、各个领域的关联性研究,努力做到全局与局部相协调、相配套。之所以如此强调顶层设计,是因为如果将注意力放在局部问题上就只会导致工作与决策各自为政,相互独立,相互掣肘,最终难以真正化解问题。这就需要通过顶层设计打破各个部分的隔阂,从不同领域、不同角度进行统筹,实现治标与治本、连续性和突破性的辩证统一。

正如习近平总书记指出的:"我们要统筹谋划深化改革各个方面、各个层次、各个要素,注重推动各项改革相互促进、良性互动、协同配合。"②只有如此,才能够使各项措施、各项政策能够相互协调、相互配合、相互促进,产生相得益彰的效果。顶层设计虽然是全局性的设计,但是这并不意味着它可以代替局部的设计。顶层设计应该是自上而下层层设计,不仅要求创造

① 习近平:《干在实处 走在前列——推进浙江新发展的思考与实践》,中共中央党校出版社,2006年,第27页。
② 中共中央文献研究室编:《习近平关于全面深化改革论述摘编》,中央文献出版社,2014年,第44页。

条件,使整个系统中的每个层级都参与到设计之中,发挥整体的统筹、指导和督促作用,推动工作开展,同时也强调要调动地方和部门的积极性,让他们结合自身的实际,完善整个顶层设计的局部方案和细节,把顶层设计转化为实施方案,推动工作落地生根。

系统思维要求进行精准施策。运用系统思维进行全局性谋划并不是纯粹的抽象思考的过程,而是一个将整体谋划具体化、精细化的过程。全局性谋划需要我们透过复杂的现象,寻求其背后的本质和规律,从个性之中寻找共性。全局谋划形成的成果不应是抽象的原则或条文。而该谋划要实现最终落地,依靠的是在全局性框架指导下的具体、准确、可操作的政策和方案。这就需要我们运用马克思主义的辩证思维,从具体到抽象,再从抽象到具体,通过这样的循环来实现不断完善和升级。正如习近平总书记强调的那样,必须在精准施策上出实招、在精准推进上下实功、在精准落地上见实效。只有稳扎稳打,积少成多,运用好质量互变规律,既要着眼全局,同时也要善于从具体问题出发寻找解决问题的关键和带动全局的突破口,才能有效破解各类难题。

(三)以系统思维破解大党独有难题

大党独有难题作为中国共产党在新时代新征程上实现中华民族伟大复兴和社会主义现代化强国目标使命所面对重大难题的"集合体",本身就是一个由多种要素、环节、要求构成的具有内在逻辑的"难题系统"。要破解这一"难题系统"就必须坚持系统思维,进行全面思考、总体统筹和综合发力。

1.运用系统思维剖析大党独有难题的内在结构

习近平总书记指出:"事物是普遍联系的,事物及事物各要素相互影响、相互制约,整个世界是相互联系的整体,也是相互作用的系统。"[①]在剖析大

---

① 习近平:《深入理解新发展理念》,《求是》,2019年第10期。

党独有难题时,习近平总书记的重要论述就呈现出鲜明的系统思维:"如何始终不忘初心、牢记使命"阐明了中国共产党是谁、要干什么的逻辑起点;在此基础上"如何始终统一思想、统一意志、统一行动"指出了依靠谁的问题;"如何始终具备强大的执政能力和领导水平"阐释了如何领导的问题;"如何始终保持干事创业精神状态"指明了如何干的问题;"如何始终能够及时发现和解决自身存在的问题"强调如何保障的问题;"如何始终保持风清气正的政治生态"阐述了政治生态的问题。在此逻辑体系中,各部分紧密联系、相互支撑,共同构成一个完整的系统,为我们准确理解和破解大党独有难题提供了思维启迪。

首先,从系统思维的层次性特征来剖析大党独有难题。"如何始终不忘初心、牢记使命"的命题彰显了中国共产党人的身份自觉、目标要求和理想抱负,其他难题的形成和解决都有赖于此难题的形成和解决,因此此难题处于该系统中的最高层次,起决定作用。在最高层次之下,则是破解难题的组织力量、领导水平、创业精神、自我纠正、政治生态难题。只有把握大党独有难题的层次性,才能更有效找到破解难题之策。

其次,从历史逻辑、现实逻辑和实践逻辑中系统把握大党独有难题。从历史逻辑来看,大党独有难题的形成有其特定的历史渊源,破解难题也必须从历史经验中汲取智慧。从现实逻辑来看,大党独有难题的提出以问题意识为导向,紧扣全面从严治党的目标要求,目标就是推进新时代党的建设新的伟大工程。从实践逻辑来看,中国共产党要领导伟大的社会革命,必须将自身锻造得更加坚强有力,积极推进党的自我革命迈出新步伐、取得新进展。

再次,在组织系统内部各要素的互动和与外部环境关系中把握大党独有难题。"六个如何始终"不仅从内部关注党的自身建设问题,比如统一思想、统一意志、统一行动的问题,干事创业精神状态的问题,及时发现并解决自身存在的问题,而且关注国内外环境变化对政治生态的影响,例如在对外开放环境下继续保持党的优良作风等问题。因此,破解大党独有难题就要求我们不仅要处理好内部诸要素之间的关系,也要处理好系统与外部环境之间的关系。

最后,从个人、党组织和国家三者相统一的关系中把握大党独有难题。党员个人干事创业的精神状态和能否及时发现和解决自身存在的问题,事关党组织是否做到统一思想、统一意志、统一行动,也直接影响到党的执政能力、领导水平和政治生态,以及党是否能够完成自己的初心和使命,带领人民实现中华民族伟大复兴历史重任的关键性问题。因此,理解大党独有难题,必须从微观到宏观,有效把握个人、党组织和国家三者的关系。

2.运用系统思维解析大党独有难题的生成逻辑

大党独有难题绝非从来就有,而是具有深刻的生成逻辑。中国共产党所面对的大党独有难题有其特定的形成背景、依据和特点。

首先,大党独有难题源自党员数量之大。中国共产党党员的数量是世界上其他任何党派所无法企及的。习近平总书记指出:"我们党是世界上最大的政党,大就要有大的样子,同时大也有大的难处。"[1]当前,中国共产党有9900多万名党员,是世界上最大的执政党,党员人数巨大、年龄结构和职业结构复杂,必然带来组织、管理难度大的问题。尤其中国共产党有严格的入党标准、程序和党员教育管理制度,组织体系十分严密、完备,并不是管理松散的党派,这就加大了党员教育和管理的难度。此外,大党独有难题还表现在党的使命重大。中国共产党的性质决定了其不代表任何权势集团、特权阶层和利益团体的利益,而是始终代表中国最广大人民的根本利益。中国共产党的使命任务就是带领14亿多中国人民实现中华民族伟大复兴的历史任务,这种胸襟和担当是世界上其他政党所不具备的。

其次,大党独有难题源自在大国执政。从国土面积来说,中国幅员广

---

① 习近平:《推进党的建设新的伟大工程要一以贯之》,《求是》,2019年第19期。

阔;从人口规模来说,中国是世界上人口最多的国家之一;从民族构成来说,中国有 56 个民族,不同地区之间发展不平衡,在这样的条件下长期执政,其复杂性、艰巨性和挑战性是史无前例的,必然会面对许多小国执政条件下难以想象的难题。当前,中国作为世界上最大的发展中国家,处于世界百年未有之大变局之下,面临的新困难、新风险、新挑战都是前所未有的,这对中国共产党的执政能力和水平提出了更高的要求,由此促成了大党独有难题之难。

最后,大党独有难题还源自中国共产党执政时间之久。中国共产党已经连续执政 75 年,带领中国人民取得了举世瞩目的成就,有着光荣传统和丰富的执政经验,但也要清醒地认识到自身存在的问题。正是由于执政时间长,离出发地的距离越远,自己为何出发的认识就越容易淡化。习近平总书记指出:"一个人也好,一个政党也好,最难得的就是历经沧桑而初心不改、饱经风霜而本色依旧。"①因此,要涵养初心使命,永葆党的生机活力和基业长青,就不仅要对党员干部进行"不忘初心、牢记使命"的主题教育,并根据实践要求不断丰富党的初心和使命内涵,还要避免被经验主义束缚手脚。中国共产党虽然执政经验丰富,但是要避免经验主义,必须坚持实事求是,善于学习新知识和新技能。百年大党成就斐然,要避免躺在功劳簿上,滋生骄傲自满的情绪,要时刻保持进取心,做到居安思危,这也是难题生成的重要原因。

3.运用系统思维谋划大党独有难题的破解之法

中国共产党所面对的大党独有难题具有自身的独特性,不是其他政党都会面对的普遍问题或共性问题,而是中国共产党在长期执政过程中所遇到的特有难题。而破解大党独有难题必须致力于中国共产党的自我完善和自我提高,通过管党治党服务于党的治国理政。因此,需要秉持"大党建"思

---

① 习近平:《在"不忘初心、牢记使命"主题教育总结大会上的讲话》,人民出版社,2020年,第 11 页。

维，通过系统举措破解大党独有难题。

以政治建设引领"大党"的系统整合。习近平总书记指出："治理我们这样的大党大国，如果没有党中央权威和集中统一领导，如果没有全党全国思想统一、步调一致，什么事也办不成。"①显然，这也意味着，要破解大党独有难题，就必须以加强政治引领为杠杆推动系统统合，维护"大党"的团结统一。一方面，要自觉维护党中央权威和集中统一领导，自觉在思想上、政治上、行动上同党中央保持高度一致。在党内，每一个党员干部、每一个党组织都要服从党的集中统一领导。党中央作出的决策部署，政党组织、国家机关、事业单位、武装力量、人民团体都要贯彻落实，以实际行动维护党中央定于一尊的权威。同时，要坚持以党的旗帜为旗帜，以党的方向为方向、以党的意志为意志，实现"大党"整体上的思想统一、政治团结和行动一致，同时也要把党中央的集中统一领导贯彻落实到改革发展稳定、内政外交国防、治党治国治军等各领域各方面各环节。另一方面，必须坚持和完善党的领导体制机制。在长期的实践中，中国共产党形成了有利于维护政治团结和集中统一的优良传统和体制机制，"党的总书记、国家主席、军委主席三位一体这样的领导体制和领导形式，对我们这样一个大党、大国来说，不仅是必要的，而且是最妥当的办法"②，同时也要形成党的中央组织、地方组织、基层组织上下贯通、执行有力的严密体系，不断强化党中央决策议事协调机构职能作用，完善推动党中央重大决策落实机制、严格执行向党中央请示报告制度，以确保党中央政令畅通。

以政治自觉引领"大党"的系统各要素。"大党"的系统要素质量是有效发挥"大党"作用的前提和基础。因此，破解百年大党独有难题，就要从党的系统要素入手，培育和提升党的系统要素的政治自觉。第一，坚定党员及领导干部理想信念，补足精神之"钙"。习近平总书记告诫全体党员："理想信

① 习近平：《在二十届中央政治局第一次集体学习时的讲话》，《求是》，2023年第2期。
② 《江泽民文选》(第三卷)，人民出版社，2006年，第603页。

念是共产党人精神上的'钙',理想信念坚定,骨头就硬;没有理想信念,或理想信念不坚定,精神上就会'缺钙',就会得'软骨病'。"①因此,破解大党独有难题,就必须加强党员及党员干部的理想信念教育,推动理想信念教育工作常态化、制度化,并不断完善党内法规、组织机制,严格要求党员,使党员都能够自觉地做坚定理想信念的模范和忠实实践者。第二,凝心聚魂,加强党员及领导干部的理论学习。马克思主义是党的根本指导思想,也是破解各类难题的科学"行动指南"。习近平总书记强调:"新时代,中国共产党人仍然要学习马克思,学习和实践马克思主义,不断从中汲取科学智慧和理论力量。"②对破解大党独有难题也是如此。只有在新的时代条件下,始终坚持不懈地用马克思主义中国化时代化的创新理论成果武装党员干部头脑,坚持不懈地用党的理论创新成果凝心铸魂,强基固本,深刻领悟蕴含其中的精神实质、改革创新的实践要求,以及以人民为中心的价值理念,不断增强洞察力、判断力、决策力和执行力,才能有效破解大党独有难题。第三,加强党史学习教育,涵养奋斗精神。"一个党,一个民族,一个国家,特别是像我们这样的大党,这样十多亿人口、由五十六个民族组成的多民族大国,必须有正确的理论指导和强大的精神支柱。"③只有加强对党员及领导干部的党史学习教育,强基铸魂,增强党史修养,提升自身精神境界,才能增强破解百年大党独有难题的历史主动和思想自觉。而这不仅要从世界政党兴衰中汲取破解难题的历史经验教训,还要从党的光荣历史和优良作风中坚定信念、凝聚力量、踔厉奋发、勇毅前行,涵养"大党"应有的奋斗精神,筑牢精神"堤坝",才能有效破解大党独有难题。

以制度体系优化"大党"的系统结构。从"大党"所具有的"大"的特征来讲,大党独有难题作为难题的系统和集合,其破解离不开多方发力和系统统

---

① 《习近平著作选读》(第一卷),人民出版社,2023年,第133页。
② 习近平:《在纪念马克思诞辰200周年大会上的讲话》,人民出版社,2018年,第15页。
③ 江泽民:《论党的建设》,中央文献出版社,2001年,第120页。

筹，而要有效协调多方力量和要素，形成系统联动、同向同行和同频共振，就离不开科学制度体系的规范和引导。从大党所有的"难题"之"难"的特征来看，"难题"的破解需要在健康有序、紧密稳定的组织机制基础上。从"大党"和"难题"双重要素来看，培育"大党"和破解"难题"更需要我们坚持系统思维，不仅要充分发挥"大党"的核心作用，也要不断团结和巩固党组织系统的"周边"，只有全党同志紧紧团结在以习近平同志为核心的党中央周围，深刻领悟"两个确立"的决定性意义，增强"四个意识"、坚定"四个自信"、做到"两个维护"，既要实现稳定"大党"所具有的"大"的稳定形态，也助力化解"难题"之"难"的系统特征，才能有助于大党独有难题的破解。

改善系统化执政环境。大党独有难题的产生离不开由多种因素、环节共同构成的政党执政环境的影响。为此，这一难题的破解也需要从改善系统环境着手。只有不断增强大党的环境适应性，实现大党与系统性执政环境的良性互动，才能增强自身"免疫力"，有效剔除滋生大党独有难题的诱因。要改善系统环境，就不仅要充分发挥大党对于整个系统环境的能动作用，吸收有利于大党发展的资源和信息，不断提高自身的政治领导力、思想引领力、群众组织力、社会号召力，也要胸怀"国之大者"，加强同人民群众的血肉联系，以大局思维统揽全局。总之，只有科学兼顾大党的系统化执政环境，发挥好大党独有的特质与功能，才能从根本上破解大党独有难题。

第六章

大党独有难题的破解之道

党的二十大报告指出："我们党作为世界上最大的马克思主义执政党，要始终赢得人民拥护、巩固长期执政地位，必须时刻保持解决大党独有难题的清醒和坚定。"① 在二十届中央纪委二次全会上，习近平总书记以"六个如何始终"深刻揭示了新时代新征程中国共产党面临的特殊难题，指明了解决大党独有难题的实践路径，强调要"把严的基调、严的措施、严的氛围长期坚持下去，把党的伟大自我革命进行到底"②。在二十届中央纪委三次全会上，习近平总书记进一步深刻阐述了党的自我革命重要思想，提出了"九个以"的实践要求，强调以解决大党独有难题为主攻方向深入推进党的自我革命。

---

① 习近平：《高举中国特色社会主义伟大旗帜 为全面建设社会主义现代化国家而团结奋斗——在中国共产党第二十次全国代表大会上的报告》，人民出版社，2022年，第63页。

② 《习近平在二十届中央纪委二次全会上发表重要讲话强调 一刻不停推进全面从严治党 保障党的二十大决策部署贯彻落实》，《人民日报》，2023年1月10日。

一、破解"六个如何始终"的大党独有难题

　　中国共产党作为世界上最大的马克思主义执政党，组织规模之大、党员人数之多，都是独一无二、前所未有的。"大党"不仅指党员人数众多、组织结构复杂，更在于党的政治属性、政治理想、使命追求等方面所彰显出的"大的样子"。辩证地看，大有大的优势，大也有大的难处。如果管党治党有力，汇聚磅礴力量，中国共产党就会无往而不胜，就能够办大事、建伟业、创奇迹，否则就会一事无成。党的自身建设史就是一部不断认识与破解大党独有难题的历史。党的二十大报告指出，作为世界上最大的马克思主义执政党，中国共产党必须时刻保持解决大党独有难题的清醒和坚定。① 在二十届中央纪委二次全会上，习近平总书记又用"六个如何始终"集中概括了中国共产党在长期执政过程中必须解决的特殊难题，强调"解决这些难题，是实现新时代新征程党的使命任务必须迈过的一道坎，是全面从严治党适应新形势新要求必须啃下的硬骨头"②，并指明了解决大党独有难题的实践路径。

（一）如何破解始终"不忘初心、牢记使命"的难题

　　习近平总书记之所以提出这个问题，就是要提醒全党，不要忘了中国共产党是什么、要干什么这个根本问题，不要忘记我是谁、为了谁、依靠谁。党的初心和使命是党的性质宗旨、理想信念、奋斗目标的集中体现。这个问题关系立党兴党强党的根本问题，关系中国共产党人的根与本、精神支柱与政

---

　　① 习近平：《高举中国特色社会主义伟大旗帜　为全面建设社会主义现代化国家而团结奋斗——在中国共产党第二十次全国代表大会上的报告》，人民出版社，2022年，第63页。
　　② 《习近平在二十届中央纪委二次全会上发表重要讲话强调　一刻不停推进全面从严治党　保障党的二十大决策部署贯彻落实》，《人民日报》，2023年1月10日。

治灵魂。

初心易得，始终难守。随着中国共产党取得政权并长期执政、国家富强、社会发展，少数党员滋生官僚主义倾向，脱离群众，忘记了人民、民族的期望和重托；随着全面深化改革进入攻坚期和深水区，调整经济结构、转变经济增长方式、建设民主政治、推进依法治国等均需要对现有利益关系进行重大调整，少数党员忘记了党的历史使命，安于现状，对改革不热忱，不敢攻坚克难，无法从适应生产力发展要求、实现中国式现代化的大局以及满足人民对美好生活的向往出发，解决深层次矛盾、突破发展的瓶颈；随着百年未有之大变局日渐显现，大国间的博弈加剧，有的党员满足于我国所取得的成就而丧失了"行百里者半九十"的清醒，有的党员看到国外敌对势力的打压及我国遭遇的暂时困难而丧失了对中国特色社会主义的自信及完成使命的坚定。

全面建设社会主义现代化国家是一场新的伟大社会革命。在人类历史上建成一个社会主义现代化国家，是科学社会主义在21世纪的伟大创举，要解决新的重大课题，战胜新的重大风险，应对新的重大挑战，前路绝不会是风平浪静、一帆风顺的。因此，中国共产党人更要对初心矢志不渝、对使命义无反顾。越是接近目标，越要慎终如始，把"不忘初心、牢记使命"作为加强党的建设的永恒课题，作为全体党员干部的终身课题。

坚持党的全面领导。党的全面领导是破解"不忘初心、牢记使命"难题的主心骨和根本保证。党的十八大以来，党和国家事业取得历史性成就、发生历史性变革，根本在于有以习近平同志为核心的党中央领航掌舵，有习近平新时代中国特色社会主义思想指引航向。"两个确立"符合全党全军全国人民的共同愿望。是否具有坚强的领导核心和科学的理论引领，是事关党和国家前途命运、党和人民事业成败的根本问题。中国共产党是中国特色社会主义事业的领导核心，也是推进国家制度优势转化为国家治理效能的根本保证。新时代"两个确立"的正式提出，既为当代中国推进伟大历史变革明确了领导核心和科学指导思想，又为中国共产党成为长期执政的马克思主义政党提供了重要政治保证。

坚持党的创新理论。"理论在一个国家实现的程度，总是取决于理论满足这个国家的需要的程度。"① 实践告诉我们，中国共产党为什么能，中国特色社会主义为什么好，归根到底是马克思主义行，是中国化时代化的马克思主义行。拥有马克思主义科学理论指导是中国共产党坚定信仰信念、把握历史主动的根本所在。② 科学理论是正确行动的先导，理想信念的坚定离不开理论上的坚定。实践没有止境，理论创新也没有止境。习近平新时代中国特色社会主义思想是当代中国马克思主义，是中华文化和中国精神的时代精华。这一理论创新是新时代中国共产党人的思想旗帜，是全党全国各族人民为实现中华民族伟大复兴而奋斗的行动指南。理论上清醒才能有政治上清醒，理论上坚定才能有理想信念的坚定。中国共产党人所选择并不断践行的理想信念，既具备科学的理论指导，也经过长时期的实践检验，承载着党的初心使命，成为全体中国人民共同的利益诉求与价值追求。新时代用党的创新理论武装头脑、指导实践，要坚持以习近平新时代中国特色社会主义思想为指导，毫不动摇地把习近平新时代中国特色社会主义思想作为开展工作的根本遵循，不断深化对这一思想的理解和认识，不断推进马克思主义中国化时代化新发展。

坚持健全完善制度。制度问题带有根本性、全局性、稳定性和长期性。制度优势是一个政党、一个国家的最大优势。2019年10月，党的十九届四中全会审议通过了《中共中央关于坚持和完善中国特色社会主义制度、推进国家治理体系和治理能力现代化若干重大问题的决定》，其中明确提出："要建立不忘初心、牢记使命的制度"，并将其作为坚持和完善党的领导制度体系

---

① 《马克思恩格斯选集》（第一卷），人民出版社，2012年，第11页。
② 习近平：《高举中国特色社会主义伟大旗帜　为全面建设社会主义现代化国家而团结奋斗——在中国共产党第二十次全国代表大会上的报告》，人民出版社，2022年，第16页。

的第一任务。制度建设要有针对性、可操作性,以便制度落实落地。根据《中共中央关于坚持和完善中国特色社会主义制度、推进国家治理体系和治理能力现代化若干重大问题的决定》关于"建立不忘初心、牢记使命的制度"的要求,一是要提升制度科学化水平,增强破解难题的韧劲与能力;二是要以自我革命制度规范体系为依托,推动"不忘初心、牢记使命"的制度落实落地;三是要强化制度执行,增强对"不忘初心、牢记使命"的制度的执行与监督。要切实保障全党将守初心、担使命的坚定,转化为自觉的行动力,为实现中华民族伟大复兴的中国梦、实现人民对美好生活的向往不懈奋斗。

(二)如何破解始终统一思想、统一意志、统一行动的难题

习近平总书记之所以提出这个问题,就是要提醒全党,治理我们这样一个大党大国,如果没有党中央权威和集中统一领导,没有全党全国思想统一、步调一致,就什么事也办不成。这个问题绝不是一般的问题和个人的事,而是方向性、原则性、根本性问题,关乎党和国家的前途命运,关乎人民群众的根本利益。

随着中国共产党不断发展壮大,维护党的团结统一存在诸多挑战。一是统一思想、统一意志难。随着党员人数增加,党员个体差异性及思想多元化、复杂性特征凸显,寻求"最大公约数"、求同存异凝聚共识、形成全党的统一思想、统一意志不容易。二是落实党中央权威和集中统一领导难。随着中国共产党的组织规模扩大,组织层级增多,管理链条拉长,党中央形成的科学决策在自上而下贯彻落实中更容易发生走样,决策执行信息在自下而上的组织传递中更容易发生信息损耗和失真,影响党中央权威及党的领导落到"最后一米"的实效。三是协调利益难。中国共产党在不断发展壮大的同时,内部利益关系更为复杂,存在大量利益矛盾。打破现有利益格局、协调处理好各种利益矛盾、尽可能满足党员、党组织多样化的利益需求存在难度。四是统一行动难。党员人数多、队伍结构复杂、思维生活行动方式不一

以及组织规模大等因素增加了有效教育管理党员的难度，容易出现管理宽松、监督缺位等情况，增加了全党步调一致统一行动的难度。

习近平总书记指出："我们党是高度集中统一的马克思主义政党，思想上的统一、政治上的团结、行动上的一致是党的事业不断发展壮大的根本所在。"①统一思想、统一意志、统一行动不仅是事关党中央权威和集中统一领导的关键因素，更是事关党和人民事业沿着正确方向前进的前提因素，是中国共产党必须解决的独有难题。

坚持以党的领导为统领。党的二十大报告明确强调："坚持和加强党的全面领导。坚决维护党中央权威和集中统一领导，把党的领导落实到党和国家事业各领域各方面各环节，使党始终成为风雨来袭时全体人民最可靠的主心骨。"②这是对中国共产党百年奋斗历史经验的深刻总结，同时也是对时代发展要求的现实回应。党的十八大以来，以习近平同志为核心的党中央坚持将党的全面领导提升到中国特色社会主义最本质特征和最大制度优势的高度，并在此基础上提出了一系列原创性思想、作出了一系列重要制度安排、取得了一系列重大实践成果，使得全党在思想上更加统一、在政治上更加团结、在行动上更加一致，使党的政治领导力、思想引领力、群众组织力和社会号召力显著增强，为推动党和国家事业发展提供了根本的政治保证。立足新时代新征程，我们必须牢牢把握和坚持党的全面领导这一重大原则，更加自觉地肩负起以中国式现代化全面推进中华民族伟大复兴的神圣使命，在把握历史主动中统一思想、统一意志、统一行动，推动时代的车轮滚滚向前。

坚持以理想信念为支柱。理想信念是中国共产党人的政治灵魂与精神支柱，是实现"统一思想、统一意志、统一行动"的思想基础。习近平总书记

① 习近平：《在全国党校工作会议上的讲话》，人民出版社，2015年，第9页。
② 习近平：《高举中国特色社会主义伟大旗帜 为全面建设社会主义现代化国家而团结奋斗——在中国共产党第二十次全国代表大会上的报告》，人民出版社，2022年，第26页。

指出："共产主义远大理想和中国特色社会主义共同理想,是中国共产党人的精神支柱和政治灵魂,也是保持党的团结统一的思想基础。"① 十月革命一声炮响,不仅开辟了俄国历史发展的新纪元,也给中国送来了马克思列宁主义,同时还吸引了一大批在"国破山河在"的困境中寻求救国救民真理的进步青年和志士仁人,走上为实现社会主义、共产主义而奋斗的道路,推动了中国共产党的诞生。社会主义和共产主义理想信念也成为中国共产党人的政治共识,并随着中国革命的不断深入,抽象为中国共产党人与全国人民紧密团结凝聚在中国共产党周围的思想基础,为中国共产党的不断发展壮大提供了源源不断的生命力、凝聚力和战斗力。立足新时代,要坚持以党的理想信念凝心聚力。首先,要正确认识个人理想与中国特色社会主义共同理想的关系,认识到个人理想与中国特色社会主义共同理想之间既存在共性又存在差异,将个人"小我"融入集体、人民和国家的"大我"之中,将个人的力量汇入民族振兴的力量之中,凝聚起全民族的强大力量,推动实现中华民族伟大复兴中国梦。其次,要在坚定理想信念中砥砺党的坚强意志,为实现中华民族伟大复兴汇聚起积极向上的正能量。最后,要在坚定理想信念中彰显党的价值取向,增强党团结广大人民群众的凝聚力。中国共产党作为人民利益的坚决维护者,必须始终团结广大人民群众,运用社会主义、共产主义理想信念教育武装人民群众,提高人民群众的政治觉悟、激发人民群众蕴藏的极大积极性、主动性、创造性,从而将巨大的精神力量转化为巨大的物质力量,在团结奋斗中一步步将理想信念变为现实。

坚持以组织体系为支撑。无产阶级政党组织体系建设是马克思主义政党建设的重要组成部分,是无产阶级联合起来战胜资产阶级、实现伟大使命的强大力量所在和物质基础。列宁曾指出:无产阶级政党"所以能够成为而且必然会成为不可战胜的力量,就是因为它根据马克思主义原则形成的思

---

① 习近平:《决胜全面建成小康社会　夺取新时代中国特色社会主义伟大胜利——在中国共产党第十九次全国代表大会上的报告》,人民出版社,2017年,第63页。

想一致是用组织的物质统一来巩固的,这个组织把千百万劳动者团结成一支工人阶级的大军"①。对于中国共产党而言,严密的组织体系是党长期执政的基础,是党力量倍增的重要来源。百余年来,正是因为对组织体系建设的高度重视,中国共产党才能够在势单力薄的初创时期形成坚不可摧的伟大合力,从而在腥风血雨的战争环境中战胜国内外顽固的反动势力,成为一个释放着强大组织效能的团结统一的整体,带领人民夺取各个时期的伟大胜利。立足新的发展时期,我们必须更加重视党的组织体系建设,不断增强党的政治领导力、思想引领力、群众组织力、社会号召力,将党员组织起来,将群众动员起来,在统一思想、统一意志、统一行动中进一步推动党的事业从胜利走向新的胜利。

坚持以团结奋斗为使命。"积力之所举,则无不胜也;众智之所为,则无不成也。"坚持团结奋斗是使命所在,也是破局所需。当前正经历世界百年未有之大变局,世界进入新的动荡变革期,中国共产党肩负着更加重大的时代使命、面临着更加艰巨的风险挑战。要使中国共产党像"铁一样地巩固起来",就必须在党的领导下,"像石榴籽一样紧紧抱在一起",既讲奋斗的决心与意志,又讲奋斗的策略与本领,既要同心同向、众志成城,敢于斗争、善于斗争,又要在初心不改、矢志不渝中淬炼团结奋斗的品格,形成开创新时代勇往直前、无坚不摧的强大力量,推动中国实现从站起来、富起来到强起来的历史性飞跃。

（三）如何破解始终具备强大的执政能力和领导水平的难题

习近平总书记之所以提出这个问题,就是要提醒全党,一个在14亿多人口大国长期执政的党,面对世界百年未有之大变局,面对我国正处于实现中华民族伟大复兴的关键时期,能力不足、本领不强,就无法团结带领人民完

---

① 《列宁全集》(第八卷),人民出版社,1986年,第415页。

成新时代新征程的使命任务。这个问题是加强和改进党的领导的关键问题,关系重大、决定全局。

长期执政是中国共产党更好践行性质宗旨、实现肩负历史使命的基本前提。作为长期执政的马克思主义政党,如何始终具备强大执政能力和领导水平是中国共产党亟须解决的难题。一是始终作出正确战略决策难。中国共产党是大党,领导拥有14亿多人口的大国推进伟大事业,绝不能犯战略性错误,"决不能在根本性问题上出现颠覆性错误,一旦出现就无法挽回、无法弥补"①,如何在兼顾当前和长远中始终保持战略定力、作出正确战略决策是中国共产党执政面临的重大难题。二是自我调适难。自我调适能力是执政能力的重要组成部分。经济结构转型、社会组织形态变迁、生产生活方式变革等及其引致的思想观念、价值理念、利益结构等方面的调整,要求中国共产党与时俱进地更新党的思想理论、组织体制、动员模式等以适应不断变化的社会环境,世界政党兴衰沉浮的历史警醒中国共产党从反思百年奋斗历史中汲取智慧营养调整政策策略以保持正确前进方向。中国共产党规模大、执政时间长,容易对之前卓有成效现在却成为经济社会发展约束的政策、制度产生路径依赖,出现"船大调头难"的问题,增加了根据形势环境变化及时调整政策、行动的难度。三是克服长期执政积弊难。中国共产党在长期执政中取得了辉煌成就,也出现了将商品交换原则带入党内生活、形式主义官僚主义问题导致脱离群众的危险增加、居安思危意识缺乏、应对复杂国际国内形势本领不足、创造性地推进中国式现代化的能力不足等问题,需要全方位提升执政能力以克服长期执政中的积弊。

中国共产党的执政能力和领导水平是党的自身建设的重要内容,关乎党的执政地位的稳固、国家治理体系的构建和中国特色社会主义事业的发展。面临以中国式现代化全面推进中华民族伟大复兴的历史使命,新时代

---

① 《习近平谈治国理政》(第一卷),外文出版社,2018年,第348页。

新征程党的执政能力和领导水平必须不断提升。只有在党的全面领导下，一以贯之推进党的建设新的伟大工程，多措并举，建设一支政治过硬、适应新时代要求、具备领导现代化建设能力的高素质干部队伍，才能更好完成新的目标任务。

注重思想锤炼。政治上的坚定源于思想上的清醒。中国共产党百余年来始终高度重视理论武装，在理论坚守与创新中推动党和国家事业稳步前进。无论是在革命战争年代还是和平建设时期，中国共产党始终坚持思想建党，注重思想上的锤炼。坚定的理想信念是一种精神支柱，能够激励人们不断地向前进。注重思想的锤炼，既要加强学习党的最新科学理论，始终坚定马克思主义的科学信仰和对共产主义的理想信念；又要坚持实事求是、解放思想，牢记全心全意为人民服务的宗旨，把党的使命宗旨牢牢地铭记在心，不被任何风险所吓倒，不被任何干扰所迷惑，自觉地抵抗着各种腐朽的思想观念，在面对重大问题时旗帜鲜明，在面对各种风雨挑战时一往无前，在面对各种诱惑时始终坚持自己的立场。

完善制度保障。制度具有根本性和长期性的特点，健全提高党的执政能力和领导水平制度是新时代新征程中国共产党实现科学执政、民主执政、依法执政目标的重要路径，也为新时代建设一支高素质干部队伍提供了制度保障。首先，要坚持民主集中制。民主集中制是中国共产党的工作制度，关系着党和国家的前途命运，坚持和完善民主集中制，为党带领人民全面建成社会主义现代化强国提供了根本制度保障。其次，要改进党的领导方式和执政方式。改进党的领导方式和执政方式是完善制度保障、建设高素质干部队伍的一个重要路径。最后，要健全决策机制和完善担当作为的激励机制。总之，要不断加强党的制度建设，提高党科学、民主、依法执政的水平，为培育具备领导现代化建设能力的高素质干部队伍提供重要保障。

加强队伍建设。党员干部是党的决策部署和方针政策的实施者，必须依靠党的全面领导，建设政治过硬、适应新时代要求、具备领导现代化建设能力的高素质干部队伍,为党和国家事业发展提供重要力量保障。目标越大越艰巨,形势越复杂挑战越大,这就越需要打造一支高素质干部队伍。所以应将全面从严治党的战略方针深入贯彻下去,努力加强新时代的队伍建设。既狠抓党员干部队伍的纪律建设,又落实全面从严治党的总体要求,持之以恒开展正风肃纪,通过运用监督执纪"四种形态"等继续纠治"四风",确保人民赋予的权力始终用来为人民谋福利,并深入推进反腐败斗争,持之以恒正风肃纪,打赢这场攻坚战。

(四)如何破解始终保持干事创业精神状态的难题

习近平总书记之所以提出这个问题,就是要提醒全党,大党长期执政,承平日久,容易追求安逸享乐,从而精神懈怠、意志消沉、不思进取。人无精神则不立,国无精神则不强。这个问题关系到中国共产党能不能永葆革命精神、坚定革命斗志,赓续共产党人精神血脉,鼓起奋进新征程、建功新时代的精气神,从而走好新的赶考之路。

中华民族伟大复兴呈现出前所未有的光明前景的同时,中国共产党面临的执政考验、改革开放考验、市场经济考验、外部环境考验更显长期性和复杂性,面临的精神懈怠危险、能力不足危险、脱离群众危险、消极腐败危险更具尖锐性和严峻性。精神懈怠是大党容易出现的问题,也是其他危险的根源。中国共产党长期执政,国家承平日久,少数党员没有正确认识新时代斗争的艰巨性,认为可以"刀枪入库、马放南山",有了喘气、歇脚、享受的想法,追求奢靡腐朽的生活方式,无法敬终如始保持谦虚、谨慎、不骄、不躁、艰苦奋斗的作风,荒废了斗争本领,无法居安思危、励精图治,迎难而上、拼搏进取劲头不足,影响党和国家事业的发展。

历史经验告诉我们,一个实际行动胜过一打纲领。无论是过去、现在还是将来,干事创业精神永不过时,尤其是中国共产党正在带领全国各族人民踏上实现中华民族伟大复兴不可逆转的伟大征程,面对世界百年未有之大变局和前进道路上的艰难险阻，坚持和发扬干事创业精神对于鼓舞全党实现第二个百年奋斗目标，激励全党全国各族人民大众创业、万众创新具有重要的教育价值。

提升学习本领。习近平总书记强调，要炼就"金刚不坏之身"，必须用科学理论武装头脑。重视思想建党、理论强党是中国共产党的优良传统，也是始终保持干事创业精神状态的重要举措。中国共产党从无到有、从弱到强，正是依靠学习走到今天，也必然要依靠学习走向未来。既要加强全党的理想信念教育，又要用党的创新理论，武装头脑、指导实践，同时坚持党内集中教育同日常教育相结合。

提升履职本领。办好中国的事，关键在党，关键在人。一支过硬的干部队伍，是推进事业发展的坚强支撑和有力保证。习近平总书记在党的二十大报告中提出："建设堪当民族复兴重任的高素质干部队伍。……坚持德才兼备、以德为先、五湖四海、任人唯贤，……树立选人用人正确导向，选拔忠诚干净担当的高素质专业化干部。"[1]应对前进路上的各种风险挑战，党员干部要增强政治历练、加强实践锻炼、强化专业训练，持续提升履职本领、担当精神，做到推进工作有办法、应对困难有思路、面临挑战敢斗争。

提升为民本领。习近平总书记指出："我们党发展壮大起来不容易，夺取政权不容易，建设新中国不容易。老百姓衷心拥护中国共产党，就是因为中国共产党始终全心全意为人民服务、为各民族谋幸福。"[2]坚持人民至上、践行为民初心是中国共产党百年奋斗的宝贵历史经验，是习近平新时代中国特色社会主义思想的鲜明品格。新征程完成新的使命任务，既要坚守人民立场、提升为民服务的思想境界，又要践行群众路线、提升为民服务的实

---

① 习近平：《高举中国特色社会主义伟大旗帜　为全面建设社会主义现代化国家而团结奋斗——在中国共产党第二十次全国代表大会上的报告》，人民出版社，2022年，第66页。

② 《习近平在青海考察时强调　坚持以人民为中心深化改革开放　深入推进青藏高原生态保护和高质量发展》，《人民日报》，2021年6月10日。

际能力,归根结底需要坚持发展为了人民、发展依靠人民、发展成果由人民共享,不断增强人民群众的获得感、幸福感和安全感。

(五)如何破解始终能够及时发现和解决自身存在的问题的难题

习近平总书记之所以提出这个问题,就是要提醒全党,要勇于坚持真理,修正错误。这个问题关系到中国共产党能不能突破"革别人命容易,革自己命难"的世界性难题,能不能在直面问题、克服不足中永葆青春活力而长盛不衰。

党的十八大以来,全面从严治党成效显著,党内许多突出问题得到解决,也纠治了一些多年未除的顽瘴痼疾。但也要清醒地认识到,党面临的"四大考验"和"四种危险"将长期存在,党内存在的政治不纯、思想不纯、组织不纯、作风不纯等突出问题尚未得到根本解决,一些已经解决的问题还可能反弹,新问题还会不断出现。随着中国共产党规模扩大、长期执政,以自我革命精神发现和解决自身存在的问题成为难题。一是自我监督难。自我监督是发现自身问题的重要举措。长期执政条件下,少数党员领导干部崇尚权力的强制支配力量,享受利用公权满足私利的便利,滋生特权思想,追求随心所欲、不受约束地行使权力而拒绝接受监督,忘记了接受监督是自觉的活动也是义务,导致难以及时发现并有效解决自身存在的问题。二是彻底消除腐败难。社会主义市场经济既要充分发挥资本促进生产的积极作用,又要完善制度以规范资本的运行。囿于体制机制不完善,我国市场经济运行中出现资本野蛮生长并向政治领域渗透破坏政治生态的现象,资本侵蚀权力运行,政商勾连时有发生,少数党员领导干部成为利益集团和权势团体的代言人,如何有效破解"资本+权力"的耦合成为难题。此外,资本扩张以及资产阶级腐朽思想、生活方式浸染党员干部的工作生活,使得"四风"问题长期存在,为滋生腐败问题提供了土壤。

在中国这样的大国进行革命、建设、改革,推进民族复兴历史伟业,是前无古人的伟大事业，在探索中出现问题是在所难免的。在世界百年未有之大变局和中华民族伟大复兴战略全局的大背景下，要善于透过现象看本质，在"变"中清除自身的各类问题，在实践中自觉检验解决问题的能力。习近平总书记强调："问题是时代的声音，人心是最大的政治。推进党和国家各项工作，必须坚持问题导向，倾听人民呼声。"[①] 要坚持有什么问题就解决什么问题，什么问题难就重点解决什么问题，什么问题突出就着力攻克什么问题。

坚持党的自我革命。在进行社会革命的同时不断进行自我革命，是中国共产党区别于其他政党最显著的标志，也是中国共产党不断从胜利走向新的胜利的关键所在。党的二十大报告强调："党的自我革命永远在路上，决不能有松劲歇脚、疲劳厌战的情绪"[②]，明确提出要完善党的自我革命制度规范体系。这是坚定不移全面从严治党，深入推进新时代党的建设新的伟大工程的重要任务之一。在新的历史条件下，要永葆党的马克思主义政党本色，全面建设社会主义现代化国家、全面推进中华民族伟大复兴，关键还得靠中国共产党自己。"坚持自我革命"是中国共产党百年奋斗的重要历史经验之一，新时代党的自我革命面临着更加艰巨复杂的任务，必须不断丰富和发展坚持自我革命的宝贵经验，在新的伟大征程上把党的伟大自我革命进行到底。

坚持加强理论武装。中国共产党始终保持马克思主义政党先进性和纯洁性、不断增强战斗力和创造力的重要法宝，就是思想建党、理论建党。在前进道路上，我们要加强全党的理论武装，按照建设马克思主义学习型政党的要求，不断用党的创新理论武装全党。一是把坚定理想信念作为思想建设的首要任务。坚定理想信念，坚守共产党人精神追求，始终是共产党人安身立命的根本。对马克思主义的信仰，对社会主义和共产主义的信念，是共

---

① 习近平：《在全国政协新年茶话会上的讲话》，《人民日报》，2015年1月1日。
② 习近平：《高举中国特色社会主义伟大旗帜　为全面建设社会主义现代化国家而团结奋斗——在中国共产党第二十次全国代表大会上的报告》，人民出版社，2022年，第64页。

产党人的政治灵魂,是共产党人经受住任何考验的精神支柱。二是坚持用习近平新时代中国特色社会主义思想凝心铸魂,这是新时代党的思想建设的根本任务。三是不断增强脚力、眼力、脑力、笔力,努力打造一支政治过硬、本领高强、求实创新、能打胜仗的宣传思想工作队伍。①

坚持把牢问题导向。中华民族伟大复兴绝不是轻轻松松、敲锣打鼓就能实现的,今天我们所面临问题的复杂程度、解决问题的艰巨程度明显加大,给辨别是非、保持政治定力、防范各种风险的能力提出了全新要求。当前党的建设面临的新情况新挑战,有来自党内的,也有来自党外的。这就要求广大党员干部要坚持具体问题具体分析,既要科学分析问题、深入研究问题,又要勇于攻坚克难、敢于触及深层次矛盾,还要强化责任担当、发扬斗争精神。认真研究解决重大问题,真正把握住问题的深层本质,主动担当作为,肩负起破解大党独有难题的历史重任。

(六)如何破解始终保持风清气正的政治生态的难题

习近平总书记之所以提出这个问题,就是要提醒全党,政治生态同自然生态一样,稍不注意就容易受到污染,一旦出现问题再想恢复就要付出很大代价。这个问题事关党的肌体健康,事关中国共产党能否汇聚起激浊扬清的强大正能量,事关中国共产党能否做到永远不变质、不变色、不变味。

政治生态是检验我们管党治党是否有力的重要标尺。习近平总书记指出:"做好各方面工作,必须有一个良好政治生态。政治生态污浊,从政环境就恶劣;政治生态清明,从政环境就优良。"②中国共产党长期执政,如何始终保持风清气正政治生态成为难题。随着党员数量增加尤其是年轻党员数量的增加并在一些新兴领域中成为党员队伍中的活跃力量,以及党组织不断

① 《习近平谈治国理政》(第三卷),外文出版社,2020年,第315页。
② 中共中央文献研究室编:《习近平关于全面从严治党论述摘编》,中央文献出版社,2016年,第33页。

延伸到新领域、新业态,如何在新业态中就业的党员群体内强化对党的理论路线方针政策的宣传并提高其吸引力传播力,如何强化党员的教育管理以解决党员中存在的"四个不纯"问题等,都是摆在中国共产党面前的难题。我国经济社会平稳发展,少数党员、党组织产生骄傲自满情绪,对提高自身执政能力缺乏紧迫感,正气不彰、邪气不除,批评和自我批评庸俗化问题突出,党内政治生活严肃性有待提高,健康积极政治文化的滋养功能有待进一步发挥。对此,习近平总书记强调:"解决党内存在的种种难题,必须营造一个良好从政环境,也就是要有一个好的政治生态。"①

以加强思想建设为着力点。从思想建设入手推动党的各方面建设,是中国共产党建设的一条重要经验。"无产阶级思想领导的问题,是一个非常重要的问题。"②百余年来,正是因为中国共产党不断加强全党思想理论武装,才使党的先进性、纯洁性得以保持,党的凝聚力、创造力、战斗力得以增强,党领导的革命、建设、改革得以发展。习近平总书记强调:"要解决党内存在的一些突出矛盾和问题,必须把党的思想政治建设摆在首位,营造风清气正的政治生态。"③以思想建设营造风清气正的政治生态,既要坚定理想信念,又要用马克思主义理论武装全党,还必须加强政德建设,不断增强自我净化、自我完善、自我革新、自我提高能力,更好担负起党和人民赋予的重要职责。

以抓住"关键少数"为关键点。从历史唯物主义角度来看,人民是历史的创造者和推动历史前进的根本性力量。但从辩证唯物主义角度来看,也不可轻视"关键少数"对历史发展的重要作用。具体到政治生态建设,领导干部因处于政治系统的权力中枢而成为政治生态建设的"关键少数",能否

---

① 中共中央纪律检查委员会、中共中央文献研究室编:《习近平关于党风廉政建设和反腐败斗争论述摘编》,中央文献出版社、中国方正出版社,2015年,第87页。
② 《毛泽东选集》(第一卷),人民出版社,1991年,第77页。
③ 中共中央文献研究室编:《习近平关于全面从严治党论述摘编》,中央文献出版社,2016年,第44页。

构建良好的政治生态在相当程度上取决于领导干部这个关键群体的信念、决心和行动。为此,习近平总书记强调:"营造良好从政环境,……也就是要从各级领导干部首先是高级干部做起。"①"要突出领导干部这个关键,教育引导各级领导干部立正身、讲原则、守纪律、拒腐蚀,形成一级带一级、一级抓一级的示范效应,积极营造风清气正的从政环境。"②

以严肃党内政治生活为支撑点。党内政治生活作为马克思主义政党的政治优势,既是党员进行党性锻炼的主要平台,也是党组织对党员进行教育和管理的有效载体,是营造良好党内政治生态的重要支撑。正如习近平总书记所说:"党要管党,首先要从党内政治生活管起;从严治党,首先要从党内政治生活严起。"③党的十八大以来,以习近平同志为核心的党中央把严肃党内政治生活摆在更加突出的位置来抓,更加注重提高党内政治生活的政治性、时代性、原则性、战斗性,加强全面从严治党,党内政治生活展现新气象。但是也要看到,一个时期以来,党内政治生活一定程度上存在的庸俗化、随意化、平淡化等现象,导致党内政治生态严重受损,一些党员干部腐败堕落,非常令人痛心。新的时代条件下,中国共产党要团结带领人民进行具有许多新的历史特点的伟大斗争,成功应对重大挑战、抵御重大风险、克服重大阻力、解决重大矛盾,迫切需要以严肃党内政治生活为支撑点,全面净化党内政治生态,把党建设得更加坚强有力。

以深化制度治党为落脚点。制度治党是马克思主义政党建设的基本要求,是构建风清气正的政治生态,实现党的建设目标的刚性保证。对于政治生态建设来讲,规范明确的制度是其重要支撑要素。要把党内存在的突出矛盾问题解决好,有效化解党面临的重大挑战和危险,为保持风清气正的政

①　中共中央纪律检查委员会、中共中央文献研究室编:《习近平关于严明党的纪律和规矩论述摘编》,中央文献出版社、中国方正出版社,2016年,第98页。

②　中共中央文献研究室编:《习近平关于全面从严治党论述摘编》,中央文献出版社,2016年,第33~34页。

③　《习近平谈治国理政》(第二卷),外文出版社,2017年,第44页。

治生态提供保障,很重要的一条就是要完善规范、健全制度,扎紧制度的笼子。其一,必须一以贯之、毫不动摇地贯彻落实民主集中制;其二,必须全方位完善和加强党内法规制度体系建设;其三,必须严管狠抓各类制度规章的制定完善与执行落实环节,为保持风清气正的政治生态提供坚强制度保障。

二、以党的自我革命破解大党独有难题

能否破解大党独有难题,关键在中国共产党本身,取决于中国共产党能否通过自我革命永葆先进性和纯洁性,始终做到不变质、不变色、不变味。自我革命作为跳出历史周期率的"第二个答案",党的自我革命永远在路上。新时代新征程,唯有不断推动全面从严治党向纵深发展,坚决以自我革命破解大党独有难题,才能巩固中国共产党的执政地位和群众基础,确保中国共产党始终成为中国特色社会主义事业的领导核心,继而以新的伟大奋斗创造新的历史伟业。

(一)党的自我革命:跳出历史周期率的"第二个答案"

跳出历史周期率,既是中国共产党面临的战略问题,也是解决党的建设的现实问题。新民主主义革命时期,毛泽东给出了跳出历史周期率的"第一个答案":让人民来监督政府。中国特色社会主义新时代,习近平总书记深刻总结百年党史特别是十八大以来党的自我革命成功实践,为跳出历史周期率提供了"第二个答案":党的自我革命。

党的十八大以来,习近平总书记经常讲跳出历史周期率的问题,强调这是关系党的千秋伟业的重大问题,关系党的生死存亡,关系我国社会主义制度的兴衰成败。他在党的十九届六中全会的讲话中指出:"我们党历史这么长、规模这么大、执政这么久,如何跳出治乱兴衰的历史周期率?毛泽东同志在延安的窑洞里给出了第一个答案,这就是'只有让人民来监督政府,政府才不敢松懈'。经过百年奋斗特别是党的十八大以来新的实践,我们党又给出了第二个答案,这就是自我革命。"① 党的二十大报告强调:"经过不懈努力,党找到了自我革命这一跳出治乱兴衰历史周期率的第二个答案,自我净化、自我完善、自我革新、自我提高能力显著增强,管党治党宽松软状况得到根本扭转,风清气正的党内政治生态不断形成和发展,确保党永远不变质、不变色、不变味。"② 二十届中央纪委三次全会进一步明确了推进自我革命"以跳出历史周期率为战略目标"。

从"让人民来监督政府"到"党的自我革命",中国共产党对"窑洞之问"的时代回答不断拓展深化,充分彰显了中国共产党"不忘初心、牢记使命",以史为鉴、开创未来的政治自觉和历史主动,体现了中国共产党对长期执政的规律性认识达到了新的高度。对此,习近平总书记总结道:"一百年来,党外靠发展人民民主、接受人民监督,内靠全面从严治党、推进自我革命,勇于坚持真理、修正错误,勇于刀刃向内、刮骨疗毒,保证了党长盛不衰、不断发展壮大。"③

人民监督和自我革命这两个答案,从人民和党自身的双重角度形成一个权力监督制约的完整闭环,为中国共产党成功跳出历史周期率提供了最有力的支撑,为以中国式现代化全面推进强国建设、民族复兴伟业提供了坚强政治保障。一方面,人民监督和自我革命具有内在一致性。两个答案都源于党的初心使命,在为谁执政、为谁用权、为谁谋利这个根本问题上具有同一价值立场。《共产党宣言》宣告:"共产党人不是同其他工人政党相对立的特殊政党。他们没有任何同整个无产阶级的利益不同的利益。"④中国共

① 《习近平著作选读》(第二卷),人民出版社,2023年,第559页。
② 习近平:《高举中国特色社会主义伟大旗帜 为全面建设社会主义现代化国家而团结奋斗——在中国共产党第二十次全国代表大会上的报告》,人民出版社,2022年,第14页。
③ 《习近平著作选读》(第二卷),人民出版社,2023年,第588页。
④ 《共产党宣言》,人民出版社,2018年,第41页。

产党是马克思主义政党，党的性质和宗旨决定了中国共产党的初心使命是为中国人民谋幸福、为中华民族谋复兴。无论是接受人民监督还是进行自我革命，其目的都是加强对权力的监督，使党的长期执政得到保障、中国特色社会主义制度得以行稳致远，最终目的是实现为人民谋幸福、为民族谋复兴的历史使命。百余年来，人民监督和自我革命相辅相成，生动有力地回答了如何跳出历史周期率这个重大课题。另一方面，人民监督和自我革命具有相互促进性。接受人民监督是祛病除疴的"外在良方"，自我革命是强身健体的"内在免疫"。敢于自我革命才能真正接受人民监督、欢迎人民监督，才敢同一切损害党的先进性和纯洁性的因素作最坚决的斗争；才能摆脱任何利益集团、权势团体、特权阶层的利益牵绊，并真正刮骨疗毒、去腐生肌。人民监督有助于推进自我革命。因为"身在此山中"，再优秀的政党也会有认识"死角""盲区"，也会存在"灯下黑"的现象。对党内存在的一些突出问题，只有通过实行全过程人民民主、接受人民监督，才能让人民群众帮助我们，更好、更有针对性地开展自我革命，改正缺点、纠正偏差，真正实现党与人民同呼吸、共命运、齐奋斗。

全面建设社会主义现代化国家、全面推进中华民族伟大复兴，关键在党。中国共产党作为世界上最大的马克思主义执政党，要实现跳出历史周期率的战略目标，必须始终坚持党的性质和宗旨，筑牢党长期执政最坚实的根基，必须持续推进新时代党的建设新的伟大工程，必须在自我革命中把党锻造得更加坚强有力。习近平总书记强调："在进行社会革命的同时不断进行自我革命，是我们党区别于其他政党最显著的标志，也是我们党不断从胜利走向新的胜利的关键所在。"[①]自我革命就是补钙壮骨、排毒杀菌、壮士断腕、去腐生肌，不断清除侵蚀党的健康肌体的病原体，不断提高自身免疫力。中国共产党要实现跳出历史周期率的战略目标，就要以自我革命的政治勇

① 中共中央党史和文献研究院编：《习近平关于防范风险挑战、应对突发事件论述摘编》，中央文献出版社，2020年，第134页。

气,勇于正视自身问题,坦诚地面对自己的缺点和错误,以强烈的责任意识和担当精神,不为任何风险所惧、不为任何干扰所惑、不为任何艰险所阻,以壮士断腕的决心向党内顽瘴痼疾开刀,不断克服党内存在的矛盾和问题,永葆党的生机和活力。

(二)党的自我革命永远在路上

党的二十大报告强调:"全面从严治党永远在路上,党的自我革命永远在路上,决不能有松劲歇脚、疲劳厌战的情绪,必须持之以恒推进全面从严治党,深入推进新时代党的建设新的伟大工程,以党的自我革命引领社会革命。"①中国共产党要实现跳出历史周期率的战略目标,始终成为时代先锋、民族脊梁,始终成为马克思主义执政党,自身必须始终过硬。

先进的马克思主义政党不是天生的,而是在不断自我革命中淬炼而成的。作为百年大党,中国共产党之所以能够始终站在时代前列、引领时代潮流,根本就在勇于自我革命、永葆先进性和纯洁性。新民主主义革命时期,中国共产党实施和推进党的建设伟大工程。从古田会议确立"思想建党、政治建军"原则,到延安整风使全党在思想上政治上组织上达到空前团结统一,再到党的七大明确三大优良作风,努力建设全国范围的、广大群众性的、思想上政治上组织上完全巩固的马克思主义政党。社会主义革命和建设时期,中国共产党着重提出执政条件下党的建设的重大课题。坚持"两个务必"警惕糖衣炮弹,开展"三反"运动坚决从严治党,从思想上组织上作风上加强党的建设、巩固党的领导,高度警惕并着力防范党员干部腐化变质。改革开放和社会主义现代化建设新时期,中国共产党开创和推进党的建设新的伟大工程,强调治国必先治党、治党务必从严,提出解决好"提高领导水平

---

① 习近平:《高举中国特色社会主义伟大旗帜　为全面建设社会主义现代化国家而团结奋斗——在中国共产党第二十次全国代表大会上的报告》,人民出版社,2022年,第64页。

和执政水平、增强拒腐防变和抵御风险的能力"①两大历史性课题,加强党的执政能力建设和先进性建设,提高党的建设科学化水平,使党在革命性锻造中坚定走在时代前列,始终是中国人民和中华民族的主心骨。中国特色社会主义新时代,以习近平同志为核心的党中央以前所未有的巨大勇气和强大定力全面从严治党,提出新时代党的建设总要求,强调坚持党的全面领导,深入推进自我革命,打出了一套自我革命的"组合拳",形成了一整套党自我净化、自我完善、自我革新、自我提高的制度规范体系,落实管党治党政治责任,把全面从严治党贯穿于党的建设各方面。

百余年来,中国共产党一路风雨兼程,自我革命精神一以贯之。从1945年党的第一个历史决议总结"党正是在克服这些错误的斗争过程中而更加坚强起来"②,到1981年党的第二个历史决议明确"坚持真理,修正错误"③,再到2021年党的第三个历史决议宣示"党的伟大不在于不犯错误,而在于从不讳疾忌医,积极开展批评和自我批评,敢于直面问题,勇于自我革命"④。从小到大、由弱及强,中国共产党之所以能够成为永远打不倒、压不垮的马克思主义政党,根本原因就在于其在长期奋斗中锤炼出自我革命的鲜明品格,敢于直面问题,勇于自我革命,一次次拿起手术刀革除自身病症,一次次靠自己解决了自身问题,在革故鼎新、去腐生肌中实现自我更新、自我超越。

勇于自我革命是熔铸在中国共产党人血脉里的政治基因。中国共产党之所以拥有自我革命的勇气,是因为其除了国家、民族、人民的利益,没有任何自己的特殊利益。《中国共产党章程》规定,中国共产党是中国工人阶级的先锋队,同时是中国人民和中华民族的先锋队。党的根本宗旨是全心全意

①　中共中央文献研究室编:《十五大以来重要文献选编》(中),人民出版社,2001年,第1228页。
②　中共中央文献研究室、中央档案馆编:《建党以来重要文献选编(一九二一——一九四九)》(第二十二册),中央文献出版社,2011年,第111页。
③　《中国共产党中央委员会关于建国以来党的若干历史问题的决议》,人民出版社,1981年,第11页。
④　《中共中央关于党的百年奋斗重大成就和历史经验的决议》,人民出版社,2021年,第70页。

为人民服务。中国共产党是什么、要干什么这个根本问题,回答的是图什么、谋什么的利益取向,坚持自我革命,排除一切自身利益的勇气。中国共产党代表中国最广大人民的根本利益,与人民休戚与共、生死相依,没有任何自己特殊的利益,从来不代表任何利益集团、任何权势团体、任何特权阶层的利益,这是中国共产党立于不败之地的根本所在。纵观世界各国政党,真正像中国共产党这样能够始终如一正视自身问题,能够形成一整套自我约束的制度规范体系,能够严肃惩处党内一大批腐化变质分子的,可谓少之又少。归根到底,"不私,而天下自公"。作为一个根植于中华文明沃土、科学理论武装的马克思主义政党,没有自己利益是敢于自我革命的底气所在。不谋私利,才能谋根本、谋大利,才能从党的性质和根本宗旨出发,从人民根本利益出发,检视自己;才能不掩饰缺点、不回避问题、不文过饰非,有缺点克服缺点,有问题解决问题,有错误承认并纠正错误。

"胜人者有力,自胜者强。"中国共产党在有50多名党员时建立、在有440多万名党员时夺取全国政权、到如今历经百年成长为拥有9900多万名党员的世界第一大执政党。越是长期执政,越不能丢掉马克思主义政党的本色,越不能忘记党的初心使命,越不能丧失自我革命精神。习近平总书记指出,我们这样一个世界上最大的马克思主义执政党是没有什么外力可以打倒的,堡垒最容易从内部被攻破。一个政党最难的就是历经沧桑而初心不改、饱经风霜而本色依旧。坚持自我革命精神,关键要有正视问题的自觉和刀刃向内的勇气。"要兴党强党,保证党永葆生机活力,就必须实事求是认识和把握自己,以勇于自我革命精神打造和锤炼自己。"①党的十八大以来,"刀刃向内""治病疗伤""猛药去病""重典治乱""刮骨疗毒""壮士断腕"等,反腐败斗争取得了压倒性胜利并全面巩固,全面从严治党的伟大实践彰显了中国共产党前所未有的自我革命的勇气和魄力。但党风廉政建设和反腐败斗争

①　《习近平著作选读》(第一卷),人民出版社,2023年,第578页。

永远在路上，一刻也不能放松。习近平总书记告诫全党："在新的历史条件下，要永葆党的马克思主义政党本色，关键还得靠我们党自己。"①这就需要以自我革命的政治勇气，着力解决中国共产党自身存在的突出问题，增强全面从严治党永远在路上的政治自觉，继续推进新时代党的建设新的伟大工程，坚决清除一切损害党的先进性和纯洁性的因素，清除一切侵蚀党的健康肌体的病毒，确保党不变质、不变色、不变味，确保党在新时代坚持和发展中国特色社会主义的历史进程中始终成为坚强领导核心。

（三）新征程上以党的自我革命破解大党独有难题

科学的世界观和方法论是我们研究与解决问题的"总钥匙"。新时代新征程破解大党独有难题，要把握好习近平新时代中国特色社会主义思想的世界观和方法论，整体运用"六个必须坚持"，以自我革命永远在路上的勇气和定力深入推进新时代党的建设新的伟大工程，确保中国共产党始终走在时代前列，成为中国特色社会主义事业的坚强领导核心。

坚持人民至上。中国共产党是中国工人阶级的先锋队，也是中国人民和中华民族的先锋队，党的根基在人民、血脉在人民、力量在人民。中国共产党之所以能够持续不断地推进自我革命，其底气和勇气在于中国共产党除了人民利益，没有任何自己的特殊利益，由此才能摆脱各种局限和束缚，主动检视自身不足。新时代新征程继续推进党的自我革命，必须始终坚持人民至上的价值理念，坚持为了人民进行自我革命，依靠人民进行自我革命，虚心接受人民群众的监督和评判。习近平总书记指出："我们不能关起门来搞自我革命，而要多听听人民群众意见，自觉接受人民群众监督。"②坚持人民至上的价值立场，要求中国共产党主动接受各方监督，以确保自我革命的质量和效果。同时，关于自我革命的成效究竟如何，不应由中国共产党

---

① 《习近平谈治国理政》（第四卷），外文出版社，2022年，第32页。
② 《习近平谈治国理政》（第三卷），外文出版社，2020年，第533页。

说了算,而应"以最广大人民根本利益为最高标准……要看人民是否真正得到了实惠,人民生活是否真正得到了改善,人民权益是否真正得到了保障"①。

坚持自信自立。自信自立是中国共产党人的鲜明品格,就内涵而言,包含自信与自立两个基本向度,是自尊自信的精神气度和依靠自己力量的重要原则的有机结合。在新时代党的自我革命实践中更好发扬自信自立的精神品格,既要充分肯定中国共产党以往开展自我革命的突出成就、宝贵经验和重大意义,对党的自我革命的历史进程和未来前景充满信心;又要坚定依靠自己力量推进自我革命。中国共产党自成立之日起就十分重视自身建设,不断以自我革命引领和推动社会发展。经过八七会议、遵义会议、延安整风运动、新中国成立初期整风整党运动、党的十一届三中全会之后的拨乱反正等实践探索,中国共产党在坚持真理、修正错误的过程中不断实现自身跨越,积累了丰富经验。党的十八大以来,中国共产党适时提出并执行了一系列自我革命的重大举措,将自我革命推向更高境界,使得党焕发出新的强大生机活力。这些成就与经验,对于激励、指导未来党的自我革命实践具有重要意义。党的历史生动证实,中国共产党有能力带领人民进行伟大社会革命,也有能力和魄力进行伟大自我革命。在新的赶考之路上继续推进党的自我革命,必须始终坚持独立自主的根本原则,坚持由党和人民自己来做主,而不是通过依赖外力或者跟在他人身后亦步亦趋来实现目标。

坚持守正创新。守正创新是中国共产党在新时代治国理政的重要思想方法,守正才能不迷失方向、不犯颠覆性错误,创新才能把握时代、引领时代。新时代新征程不断推进党的自我革命,必须弘扬守正创新的进取精神。一方面,推进党的自我革命需要站稳"守"的立场。守正的实质在于判定正确且自觉坚守,就是坚守真理和正道。中国共产党百年管党治党的成功实

---

① 习近平:《在纪念毛泽东同志诞辰120周年座谈会上的讲话》,人民出版社,2013年,第19页。

践业已证实，党的坚强领导、科学理论的思想指引、人民至上的价值立场、居安思危的忧患意识、直面问题的斗争精神、整体推进的系统观念等重要经验和基本遵循，对于推进党的自我革命具有极其关键的作用，必须始终坚持毫不动摇。另一方面，推进党的自我革命需要提振"创"的勇气。"惟创新者进，惟创新者强，惟创新者胜。"① 在守正的基础上必须创新，创新是一个民族进步的灵魂，是一个国家兴旺发达的不竭动力，也是中华民族最深沉的民族禀赋。抓创新就是抓发展，谋创新就是谋未来。当前，我们正在经历着中国历史上最为广泛深刻的社会变革，也正在进行着人类历史上最为宏大独特的实践创新。时代和实践发展带来的全新挑战要求我们必须紧跟时代步伐，顺应实践发展，在遵从过往经验和原则的基础上不断探索新的规律，为推进党的自我革命提供新的解决思路和可行办法。

　　坚持问题导向。问题是时代的声音，发现和解决问题是推动理论创新与实践发展的根本路径。一部党的自身建设史，就是不断发现并解决各种问题的历史。新时代新征程持续深化党的自我革命，必须注重增强问题意识。一是善于发现问题。马克思指出："主要的困难不是答案，而是问题。"② 党的十八大以来，中国共产党关于加强自身建设的一切新思想新论断新实践，从根本上来说都是聚焦于"建设什么样的长期执政的马克思主义政党、怎样建设长期执政的马克思主义政党"这一重大时代课题。只有从纷繁复杂的表象中抓住问题所在，才能找到推进党的自我革命的突破点和生长点。二是敢于直面问题。敢于承认错误、直面问题是中国共产党的显著优势。正是始终保持直面问题的自觉和刀刃向内的勇气，中国共产党才能够一次次拿起"手术刀"革除自身病症，确保党不变质、不变色、不变味。随着经济社会和时代条件不断发展变化，中国共产党推进自我革命所面临问题的复杂程度和解决难度还将进一步加大，为此需要抱有更大勇气和信心，以更加

① 中共中央文献研究室编：《习近平关于科技创新论述摘编》，中央文献出版社，2016年，第3页。
② 《马克思恩格斯全集》（第一卷），人民出版社，1995年，第203页。

坚定的胆识和魄力直面挑战。三是勇于解决问题。找准问题、直面问题是过程,解决问题才是目的。解决大党独有难题,必须狠抓落实,充分发扬钉钉子精神,以咬定青山不放松的耐心和毅力,通过一个又一个问题的妥善解决,不断把党的自我革命推向前进。

坚持系统观念。系统观念是具有基础性的思想和工作方法,要求以普遍联系、全面系统和发展变化的观点去认识和处理问题。党的自我革命是一项复杂工程,对于树牢整体推进的系统观念提出了更高要求。一是要以前瞻性思考把握党的自我革命的发展趋势。既要善于从新时代管党治党的新实践,以及面临的现实问题出发来思考对策,也要学会跳出眼前局限,从党的自身建设不断发展的历史长河中整体把握,充分预估国内外形势的可能变化及接踵而至的风险挑战,立足未来发展趋势进行合理谋划。二是要以全局性谋划部署党的自我革命的总体布局。自我革命涉及党的发展建设的各个领域和层次,是一项需要统筹兼顾、协同推进的系统工程。顺利推进党的自我革命,必须不断健全完善内容上全涵盖、对象上全覆盖、责任上全链条、制度上全贯通的全面从严治党体系,确保党的建设各个环节有机衔接、联动集成、协同协调。三是要以整体性推进确保党的自我革命的成功实践。推进党的自我革命需要以政治建设为统领,确保自我革命的根本方向;坚持以思想建设为基础,淬炼自我革命的思想武器;坚持以作风建设和纪律建设为抓手,丰富自我革命的有效途径;坚持以反腐惩恶为切口,打好自我革命攻坚战、持久战;坚持增强党组织政治功能和组织功能,锻造自我革命的主体力量;坚持构建自我净化、自我完善、自我革新、自我提高的制度规范体系,巩固自我革命的制度保障。

坚持胸怀天下。中国共产党是为中国人民谋幸福的政党,也是为人类进步事业而奋斗的政党,具有胸怀天下的格局和情怀。推进党的自我革命,其视野和立场不能仅局限于本国一隅,而应放到人类发展大潮流、世界变化大格局中加以审视,以为人类作出新的更大贡献作为使命担当,彰显胸怀天下的格局境界。一方面，拓展世界眼光，正确看待人类一切优秀的政治文明成果，在保持自身独立性的同时，汲取国外一些执政党的经验教训，不断实现自身发展。另一方面，以中国共产党的自我革命成功实践为世界政党提供启示借鉴。中国共产党以依靠自身力量和人民群众磅礴伟力共同推动政党治理向更高形态发展的成功实践，超越了西方政党主要依赖外部力量实现发展的旧路径，为解决政党难题贡献了中国智慧，提供了中国方案，引领了新的政党治理文明发展方向。随着自我革命实践不断深入，中国共产党将积累更多宝贵经验，必须更加积极地与各国政党进行分享、开展交流对话，努力以党的自身建设新成就为世界政党政治发展提供借鉴。

三、以解决大党独有难题为主攻方向
深入推进党的自我革命

解决大党独有难题，是中国共产党从所处的历史方位、肩负的使命任务、面临的复杂环境出发，紧紧围绕党的性质宗旨和党情发展变化，对新时代新征程全面从严治党提出的新的重大命题，是党的自我革命必须全力解决的时代课题。在二十届中央纪委三次全会上，习近平总书记深刻阐述了党的自我革命，明确提出"九个以"的实践要求，强调"以解决大党独有难题为主攻方向"，时刻保持解决大党独有难题的清醒和坚定，深入推进党的自我革命。

（一）习近平总书记关于党的自我革命的重要思想

在新时代全面从严治党的伟大实践中，习近平总书记深刻总结党的历史经验特别是党的十八大以来的新鲜经验，创造性地提出一系列具有原创性、标志性的新理念新思想新战略，形成了关于党的自我革命的重要思想，指引百年大党开辟了自我革命的新境界。

习近平总书记关于党的自我革命的重要思想有一个历史过程。2015年5月5日,习近平总书记在中央全面深化改革领导小组第十二次会议上的讲话中,首次提出"自我革命"的概念,强调要勇于自我革命,敢于直面问题,共同把全面深化改革这篇大文章做好。2016年7月1日,习近平总书记在庆祝中国共产党成立95周年大会上的讲话中,将"自我革命"引入党的建设,提出"全党要以自我革命的政治勇气,着力解决党自身存在的突出问题,不断增强党自我净化、自我完善、自我革新、自我提高能力,经受'四大考验',克服'四种危险',确保党始终成为中国特色社会主义事业的坚强领导核心"①。

2017年10月18日,习近平总书记在党的十九大报告中,对自我革命和全面从严治党的关系进行了阐发,提出了"勇于自我革命,从严管党治党,是我们党最鲜明的品格"的重要论断,并强调"只有以反腐败永远在路上的坚韧和执着,深化标本兼治,保证干部清正、政府清廉、政治清明,才能跳出历史周期率,确保党和国家长治久安"②。10月25日,在十九届中共中央政治局常委同中外记者见面时,习近平总书记在讲话中将自我革命与社会革命并列起来,提出了"中国共产党能够带领人民进行伟大的社会革命,也能够进行伟大的自我革命"的重要论断。2018年1月5日,习近平总书记在新进中央委员会的委员、候补委员和省部级主要领导干部学习贯彻习近平新时代中国特色社会主义思想和党的十九大精神研讨班开班式的讲话中,阐述了党的自我革命与党领导的社会革命的辩证关系。2019年1月11日,习近平总书记在十九届中央纪委三次全会上的讲话中,明确提出了党的自我革命的目标任务,论述了中国共产党实现自我净化、自我完善、自我革新、自我提高的内涵要求。6月24日,习近平总书记在十九届中央政治局第十五次集体

① 习近平:《在庆祝中国共产党成立95周年大会上的讲话》,人民出版社,2016年,第22~23页。
② 习近平:《决胜全面建成小康社会 夺取新时代中国特色社会主义伟大胜利——在中国共产党第十九次全国代表大会上的报告》,人民出版社,2017年,第26、67页。

学习时的讲话中，总结了中国共产党推进自我革命的重要经验。2021年11月11日，党的十九届六中全会通过的党的第三个历史决议，将"坚持自我革命"作为党的十个方面的历史经验之一写入决议，习近平总书记在全会上的讲话中，将自我革命作为中国共产党跳出治乱兴衰历史周期率的第二个答案。

2022年1月18日，习近平总书记在十九届中央纪委六次全会上的讲话中，深刻总结新时代党的自我革命的成功实践，阐述了"九个坚持"的规律性认识和"六个必须"的原则性要求。"九个坚持"规律性认识，即坚持党中央集中统一领导，坚持党要管党、全面从严治党，坚持以党的政治建设为统领，坚持严的主基调不动摇，坚持发扬钉钉子精神加强作风建设，坚持以零容忍态度惩治腐败，坚持纠正一切损害群众利益的腐败和不正之风，坚持抓住"关键少数"以上率下，坚持完善党和国家监督制度。这"九个坚持"，进一步深化了对建设长期执政的马克思主义政党的规律性认识，是理论创新的重大成果，是习近平新时代中国特色社会主义思想的重要组成部分。"六个必须"原则性要求，即必须坚持以党的政治建设为统领，坚守自我革命根本政治方向；必须坚持把思想建设作为党的基础性建设，淬炼自我革命锐利思想武器；必须坚决落实中央八项规定精神、以严明纪律整饬作风，丰富自我革命有效途径；必须坚持以雷霆之势反腐惩恶，打好自我革命攻坚战、持久战；必须坚持增强党组织政治功能和组织力凝聚力，锻造敢于善于斗争、勇于自我革命的干部队伍；必须坚持构建自我净化、自我完善、自我革新、自我提高的制度规范体系，为推进伟大自我革命提供制度保障。这"六个必须"，是对新时代党的自我革命的深刻总结，是开辟百年大党自我革命新境界的奥秘所在。

2022年6月17日，习近平总书记在十九届中央政治局第四十次集体学习时的讲话中，进一步归纳了反腐败斗争的"六条经验"：一是构建起党全面领导的反腐败工作格局，健全了党中央统一领导、各级党委统筹指挥、纪委监委组织协调、职能部门高效协同、人民群众参与支持的反腐败工作体制机制;二是从治标入手,把治本寓于治标之中,让党员干部因敬畏而"不敢"、因制度而"不能"、因觉悟而"不想";三是始终坚持严的主基调不动摇,以零容忍态度惩治腐败,坚决遏制增量、削减存量,严肃查处阻碍党的理论和路线方针政策贯彻执行、严重损害党的执政根基的腐败问题,坚决清除对党阳奉阴违的两面人、不收敛不收手的腐败分子,深化重点领域反腐败工作,态度不变、决心不减、尺度不松;四是扎紧防治腐败的制度笼子,形成了一整套比较完善的党内法规体系和反腐败法律体系,增强制度刚性,防止"破窗效应",贯通执纪执法,强化综合效能,确保各项法规制度落地生根;五是构筑拒腐防变的思想堤坝,用理想信念强基固本,用党的创新理论武装全党,用优秀传统文化正心明德,补足精神之"钙",铸牢思想之"魂",筑牢思想道德防线;六是加强对权力运行的制约和监督,深化党的纪律检查体制改革、国家监察体制改革,实现党内监督全覆盖、对公职人员监察全覆盖,强化党的自我监督和群众监督,把发现问题、推动整改、促进改革、完善制度贯通起来,教育引导党员干部秉公用权、依法用权、廉洁用权、为民用权。这就形成了习近平总书记关于党的自我革命战略思想的基本框架和科学体系。

2022年10月16日,习近平总书记在党的二十大报告中指出:"经过不懈努力,党找到了自我革命这一跳出治乱兴衰历史周期率的第二个答案,自我净化、自我完善、自我革新、自我提高能力显著增强,管党治党宽松软状况得到根本扭转,风清气正的党内政治生态不断形成和发展,确保党永远不变质、不变色、不变味。"①同时,习近平总书记提出"必须时刻保持解决大党独有难题的清醒和坚定"的重要要求,强调"全面从严治党永远在路上,党的自

---

① 习近平:《高举中国特色社会主义伟大旗帜　为全面建设社会主义现代化国家而团结奋斗——在中国共产党第二十次全国代表大会上的报告》,人民出版社,2022年,第14页。

我革命永远在路上"①。2023年1月9日，习近平总书记在二十届中央纪委二次全会上的讲话中，对解决大党独有难题用"六个如何始终"进行了深刻阐述，即如何始终"不忘初心、牢记使命"，如何始终统一思想、统一意志、统一行动，如何始终具备强大的执政能力和领导水平，如何始终保持干事创业精神状态，如何始终能够及时发现和解决自身存在的问题，如何始终保持风清气正的政治生态。解决好上述难题，是实现新时代新征程党的使命任务必须迈过的一道坎，是全面从严治党适应新形势新要求必须啃下的硬骨头。

2024年1月8日，二十届中央纪委三次全会明确提出了习近平总书记关于党的自我革命的重要思想的重大概念，强调了深入推进党的自我革命"九个以"的实践要求，即以坚持党中央集中统一领导为根本保证，以引领伟大社会革命为根本目的，以习近平新时代中国特色社会主义思想为根本遵循，以跳出历史周期率为战略目标，以解决大党独有难题为主攻方向，以健全全面从严治党体系为有效途径，以锻造坚强组织、建设过硬队伍为重要着力点，以正风肃纪反腐为重要抓手，以自我监督和人民监督相结合为强大动力。可以说，"九个以"是在继承发展中国共产党一百多年来自我革命探索成果和宝贵经验的基础上，对新时代全面从严治党实践经验的理论总结，是对马克思主义建党学说的创新发展，使党的自我革命的理论得到进一步丰富发展，把中国共产党对这一问题的认识提升到了新高度。

习近平总书记关于党的自我革命的重要思想，坚持马克思主义建党学说的基本原理，深刻回答了经典作家未曾明确讲过的重大理论和现实问题，极大丰富和发展了马克思主义建党学说，将中国共产党对马克思主义执政党建设规律的认识提升到新高度，谱写了21世纪马克思主义建党学说的光辉篇章。

这一系列重要论述坚持和发展马克思主义辩证法和认识论，深刻揭示

---

① 习近平：《高举中国特色社会主义伟大旗帜 为全面建设社会主义现代化国家而团结奋斗——在中国共产党第二十次全国代表大会上的报告》，人民出版社，2022年，第64页。

了马克思主义政党在改造客观世界的同时也要改造主观世界的理论基础。唯物辩证法认为,事物内部固有的矛盾双方既统一又斗争,这种对立统一推动事物发展变化。在事物发展变化的矛盾运动中,内因是根本动力,决定事物发展的性质和方向,外因是条件,外因通过内因发挥作用。习近平总书记关于党的自我革命的重要思想坚持和发展唯物辩证法的对立统一规律,系统阐明了马克思主义政党建设的内因是什么、如何充分发挥内因统摄作用等重要问题,深刻揭示了自我革命对于马克思主义政党永葆先进性、纯洁性的理论基础。习近平总书记强调,一个马克思主义政党,要保持先进性和纯洁性,实现崇高使命,必须一刻不放松地解决自身存在的问题,始终跟上时代、实践、人民的要求,以勇于自我革命精神打造和锤炼自己。不断强化自身建设,关键在于始终坚持和不断强化党的自我革命,在主动自我革命中防范被瓦解、被腐化的危险,防止内部变质、变色、变味,永葆马克思主义政党的政治本色。中国共产党坚持不懈推进自我革命,持续深入开展反腐败斗争,不是别人要我们做,而是在党的政治属性、政治自觉、政治勇气的内在驱动下,中国共产党主动发现、主动清除一切弱化先进性、损害纯洁性的因素。

这一系列重要论述是中国共产党坚持"两个结合"推进理论创新取得的重要成果,标志着中国共产党对马克思主义政党建设规律、共产党执政规律的认识达到新高度。坚持马克思主义基本原理同中国具体实际相结合,为习近平总书记关于党的自我革命的重要思想提供了实践源泉。这一重要思想根植于马克思主义政党的性质宗旨、初心使命,以中国共产党百余年来雨雪风霜、大浪淘沙、淬火成钢的波澜壮阔的历程为历史基点,凝结着新时代全面从严治党的新认识、新实践、新经验,构筑了系统性、原创性、前瞻性的科学思想体系,以一系列原创性理论贡献标注了马克思主义建党学说发展的新高度。坚持马克思主义基本原理同中华优秀传统文化相结合,为习近平总书记关于党的自我革命的重要思想提供了丰厚沃土。习近平总书记关于党的自我革命的重要思想的形成和发展,立足五千多年连绵不断的中华优秀传统文化，将马克思主义建党学说与中华优秀传统文化有机融合，在赓续红色血脉和历史文脉中实现了中华优秀传统文化的创造性转化和创新性发展，既为中华优秀传统文化赋予时代价值，也让马克思主义建党学说呈现出更多中国特色、时代特征，让经由"结合"而形成的这一重要思想，成为新时代中国共产党人坚持真理、勘误纠错、砥砺前行的根本遵循。

实践发展永无止境，理论创新也永无止境。习近平总书记关于党的自我革命的重要思想是一个不断展开的、开放式的思想体系，这一重要思想必将随着实践的发展、历史的变革而进一步得到丰富发展，中国共产党对自我革命的规律性认识将不断得到深化，对党的自我革命的思路举措将会更加严密，每条战线、每个环节将会更具体、更深入。

（二）深入推进党的自我革命"九个以"实践要求

中国共产党作为世界上最大的马克思主义执政党，如何成功跳出治乱兴衰的历史周期率，确保党永远不变质、不变色、不变味？这是关系党和国家前途命运、中华民族前途命运的战略性问题。中国特色社会主义新时代，在全面从严治党的伟大实践中，中国共产党积累了丰富的实践经验，形成了一系列重要理论成果，系统回答了中国共产党为什么要自我革命、为什么能自我革命、怎样推进自我革命等重大问题。习近平总书记在二十届中央纪委三次全会上发表重要讲话，提出"在深入推进党的自我革命实践中需要把握好九个问题"①。"九个以"的实践要求凝结了新时代全面从严治党丰富实践经验和重要理论成果，深化了对党的自我革命的规律性认识，具有重大的理论意义和现实意义。

第一，以坚持党中央集中统一领导为根本保证。中国特色社会主义最本质的特征是中国共产党领导，中国特色社会主义制度的最大优势是中国

---

① 《习近平在二十届中央纪委三次全会上发表重要讲话强调　深入推进党的自我革命　坚决打赢反腐败斗争攻坚战持久战》，《人民日报》，2024年1月9日。

共产党领导。党的领导制度是我国的根本领导制度,党的领导是全面的、系统的、整体的。党的领导要通过发挥全党组织体系的作用来实现。其中,党中央是全党的总指挥部,是党的全部组织的中枢,正如习近平总书记所说:"坚持党的领导,最根本的是坚持党中央权威和集中统一领导。"①在推进党的自我革命实践中坚持党中央集中统一领导,首先必须大力加强党的政治建设,把政治建设作为党的根本建设,坚决维护习近平总书记党中央的核心、全党的核心地位,坚决维护党中央权威和集中统一领导,确保全党在思想上政治上行动上同党中央保持高度一致,以全党政治上坚强有力为党的自我革命提供根本保证。坚持全面从严治党的总方针,增强全党贯彻落实全面从严治党的战略方针和新时代党的建设总要求的自觉性,准确理解和把握中央全面从严治党的方针、原则、要求和精神实质,提高贯彻执行中的能力和水平,确保党中央关于全面从严治党的各项要求得到切实贯彻。

第二,以引领伟大社会革命为根本目的。习近平总书记指出:"在新时代,我们党必须以党的自我革命来推动党领导人民进行的伟大社会革命。"②在中国共产党的奋斗实践中,进行社会革命和进行自我革命是辩证统一、相辅相成、紧密联系的。百余年来,中国共产党始终把搞好自我革命作为搞好社会革命的前提,始终高度重视作为社会革命领导者的党的自身建设。从古田会议、延安整风,到新中国成立初期的整党整风运动,再到改革开放后的全面整党,一直到新时代的多次专题学习教育,都有效地解决了影响党的先进性、纯洁性的问题,提高了党的战斗力、号召力、领导力,引领和保证了党领导的伟大社会革命。新时代深入推进党的自我革命,必须大力吸收百余年来中国共产党领导社会革命和自我革命相辅相成的成功经验,决不能离开党的中心任务、离开党领导的伟大社会革命实践,必须坚持以党的自身建设为实现党的中心任务服务的方针,党的自我革命、全面从严治党的方针

---

① 习近平:《论坚持党对一切工作的领导》,中央文献出版社,2019年,第223页。
② 《习近平著作选读》(第二卷),人民出版社,2023年,第101页。

举措,都要有利于全面建成社会主义现代化强国,有利于以中国式现代化全面推进中华民族伟大复兴这个党的中心任务,以党的自我革命引领、促进、保证党领导的社会革命。

第三,以习近平新时代中国特色社会主义思想为根本遵循。中国共产党为什么能,中国特色社会主义为什么好,归根到底是马克思主义行,是中国化时代化的马克思主义行。马克思主义科学理论的指导,是中国共产党能够排除万难、创造辉煌的根本所在,也是党的自身建设、搞好自我革命的根本所在。习近平新时代中国特色社会主义思想,是当代中国马克思主义、二十一世纪马克思主义。新时代新征程上,深入推进党的自我革命,必须坚持以习近平新时代中国特色社会主义思想为根本遵循,在这个科学理论指导下搞好党的自身建设。一方面,全面理解贯彻习近平新时代中国特色社会主义思想,系统掌握这一思想的基本观点、科学体系,把握好这一思想的世界观方法论,坚持好、运用好贯穿其中的立场观点方法,在党的自我革命、党的建设实践中,始终坚持人民至上、坚持自信自立、坚持守正创新、坚持问题导向、坚持系统观念、坚持胸怀天下。另一方面,系统学习、深入理解、全面贯彻落实好习近平总书记关于党的建设的重要思想,充分看到中国共产党面临的"四大考验""四种危险"的长期性,时刻保持解决大党独有难题的清醒和坚定,坚持坚定理想信念,坚持"不忘初心、牢记使命",坚持党的性质、宗旨,坚持落实新时代党的建设总要求,不断健全全面从严治党的制度体系。

第四,以跳出历史周期率为战略目标。中国共产党自我革命的战略目标是跳出历史周期率。以跳出历史周期率为战略目标,推进党的自我革命,首先,必须把保持积极向上的进取精神当作自我革命的长期任务。习近平总书记多次强调"生于忧患、死于安乐"这个重要古训,多次强调"我们党是马克思主义执政党,但同时是马克思主义革命党,要保持过去革命战争时期的那么一股劲、那么一股革命热情、那么一种拼命精神,把革命工作做到底"①。其次,必须把过好权力关作为自我革命的长期任务。历史周期率表明,古往今来,执政者成败的关键点之一,就是能不能经得起掌权的考验、能不能过得了权力这个关。进行党的自我革命,就是要坚持以马克思主义立场对待权力,坚持权力属于人民,权力只能用来为人民服务,权力的行使必须受到党和人民监督制约,必须把权力关进制度的笼子里,防止滥用权力,以权谋私。此外,还必须始终坚持人民至上。中国共产党始终坚持全心全意为人民服务的宗旨,坚持人民至上、以人民为中心,从来不代表任何利益集团、任何权势团体、任何特权阶层的利益,永远保持党同人民群众的血肉联系,这是中国共产党推进自我革命跳出历史周期率必须始终坚持的方针原则。

第五,以解决大党独有难题为主攻方向。深入推进党的自我革命,需要明确主攻方向,这个主攻方向就是要解决大党独有难题。党的二十大报告强调:"我们党作为世界上最大的马克思主义执政党,要始终赢得人民拥护、巩固长期执政地位,必须时刻保持解决大党独有难题的清醒和坚定。"②其一,把"不忘初心、牢记使命"作为加强党的建设的永恒课题和全体党员干部的终身课题常抓不懈,切实解决"如何始终不忘初心、牢记使命"的难题。其二,深刻领悟"两个确立"的决定性意义,增强"四个意识"、坚定"四个自信"、做到"两个维护",切实解决"如何始终统一思想、统一意志、统一行动"的难题。其三,把加强党的长期执政能力建设作为重要内容,全面增强执政本领,切实解决"如何始终具备强大执政能力和领导水平"的难题。其四,牢记"三个务必",发扬将革命进行到底的精神,切实解决"如何始终保持干事创业精神状态"的难题。其五,敢于直面问题,坚持问题导向,切实解决"如何始终能够及时发现和解决自身存在的问题"的难题。其六,严肃党内生活、

① 习近平:《坚持和发展中国特色社会主义要一以贯之》,《求是》,2022年第18期。
② 习近平:《高举中国特色社会主义伟大旗帜　为全面建设社会主义现代化国家而团结奋斗——在中国共产党第二十次全国代表大会上的报告》,人民出版社,2022年,第63页。

净化党内政治生态，切实解决"如何始终保持风清气正的政治生态"的难题。

第六，以健全全面从严治党体系为有效途径。推进党的自我革命，要以健全全面从严治党体系为有效途径。就是说，要通过健全一整套科学有效的全面从严治党体系，把党的自我革命各项任务实现好。习近平总书记在党的二十届中央纪委二次全会上提出："全面从严治党体系应是一个内涵丰富、功能完备、科学规范、运行高效的动态系统。"①健全全面从严治党体系，要准确把握坚持内容上全涵盖，把全面从严治党战略方针所蕴含的"全"的要求、"严"的基调、"治"的理念都落实到党的政治建设、思想建设、组织建设、作风建设、纪律建设、制度建设和反腐败斗争的各个方面，以全面从严治党体系保证党的建设任务实现；坚持对象上全覆盖，以全面、从严的方针管全党、治全党，做到管党治党没有例外、没有特殊、没有选择，特别是对党员领导干部要坚持高标准、严要求，将严的基调、严的要求、严的措施真正落实到党的各个组织、各个党员身上；坚持责任上全链条，每个党员干部应行使应有权力、履行应尽责任，构建起管党治党各主体各负其责、齐抓共管，各类责任环环相扣、有机协同、有效传导的全面从严治党责任体系；坚持制度上全贯通，健全全面从严治党体系，在高度重视思想建设、理论引领的同时，高度重视制度治党、依规治党，将制度建设的理念、内容、原则、要求落实到全面从严治党全过程、各方面、各层级、各单位。

第七，以锻造坚强组织、建设过硬队伍为重要着力点。中国共产党是按照民主集中制组织原则组织起来的统一整体。在这个组织整体中，有党的中央组织、地方组织、基层组织，有各个行业、各个方面的党组织，还有设立在国家治理体系各内容中的组织，所有这些组织都应成为坚强的战斗堡垒，全党所有党员都应发挥好先锋模范作用，这是实现党的领导、保证党的事业兴旺发达的组织前提，也是深入推进党的自我革命，搞好党的建设的重要着

---

① 《习近平在二十届中央纪委二次全会上发表重要讲话强调　一刻不停推进全面从严治党　保障党的二十大决策部署贯彻落实》，《人民日报》，2023年1月10日。

力点。其一，必须全面贯彻落实新时代党的组织路线。全面贯彻习近平新时代中国特色社会主义思想，以组织体系建设为重点，着力培养忠诚干净担当的高素质干部，着力集聚爱国奉献的各方面优秀人才，坚持德才兼备、以德为先、任人唯贤，为坚持和加强党的全面领导、坚持和发展中国特色社会主义提供坚强组织保证。其二，必须全面加强党的组织建设。要不断完善包括党的中央组织、地方组织、基层组织在内的严密组织体系。各级党组织都要坚持把政治建设摆在首位，始终把坚定政治方向、站稳政治立场、提高政治能力作为重要任务，确保党中央权威和集中统一领导，确保党的各个组织成为贯彻落实党的路线、方针、政策的坚强堡垒。其三，必须建设忠诚干净担当的高素质干部队伍。继续建立健全干部素质培养、知事识人、选拔任用、管理监督、正向激励等的制度体系，进一步健全德才兼备、以德为先、任人唯贤的选拔任用制度，建立健全管思想、管工作、管作风、管纪律的从严管理体系。

第八，以正风肃纪反腐为重要抓手。深入推进党的自我革命，本质上就是及时解决党内存在的种种消极现象、不正之风，以保持党的先进性、纯洁性。因此，坚持不懈抓好正风肃纪，搞好反腐败斗争，必然是自我革命实践中应始终坚持的重要抓手。以反腐败斗争为重要抓手深入推进党的自我革命，必须坚持反腐败斗争的正确方针、方略，坚持一体推进不敢腐、不能腐、不想腐，深化标本兼治、系统施治，不断拓展反腐败斗争深度、广度，对症下药、精准施治、多措并举。持续保持惩治腐败高压态势，坚持反腐败绝对不能回头、不能松懈、不能慈悲，永远吹冲锋号。进一步堵塞制度漏洞，规范自由裁量权，减少设租寻租机会。要建立腐败预警惩治联动机制，加快廉洁风险隐患动态监测，强化对新型腐败和隐形腐败的快速处置。进一步健全反腐败法规制度，围绕一体推进不敢腐、不能腐、不想腐等完善基础性法规制度，健全对"一把手"和领导班子监督配套制度，持续推进反腐败国家立法，加强重点法规制度执行情况监督检查，确保一体遵循、一体执行。

第九，以自我监督和人民监督相结合为强大动力。深入推进党的自我革命，必须把自我监督和人民监督相结合。习近平总书记指出："勇于自我革命和接受人民监督是内在一致的，都源于党的初心使命。"①百余年来，中国共产党外靠发展人民民主、自觉接受人民监督，内靠全面从严治党、进行自我革命，保证了百年风华正茂，不断发展壮大。党和人民群众血肉相连的关系、党的性质和宗旨，决定了党的自我监督必须和人民监督是统一的关系。接受人民监督，切实保证人民对执政党的监督权，是我国社会主义民主政治的必然要求。新时代新征程推进党的自我革命，把自我监督和人民监督相结合，充分认识和发挥两方面监督的各自优势、特点，使中国特色权力监督体系更科学、更全面、更有效，使党的自我监督与人民监督相辅相成、相互促进。高度重视人民监督，发展全过程人民民主，保证人民群众对权力的监督覆盖每个领域、每个角落，使人民监督主体覆盖全社会，监督内容涉及政治、经济、社会生活等各方面，监督工作贯彻权力行使全过程，监督形式和渠道多种多样，实现人民群众对党和国家权力行使的全过程、各方面的有效监督。

（三）以解决大党独有难题为主攻方向

中国共产党在回应历史和时代之问，解决每一历史阶段的难题中推进了理论创新、制度完善、事业发展，锻造了强大的马克思主义执政党。解决大党独有难题是中国共产党立足新的历史方位加强全面领导、推进自身建设的重大时代命题。全面从严治党永远在路上，党的自我革命永远在路上。习近平总书记强调，深入推进党的自我革命，要以解决大党独有难题为主攻方向。

强化理论武装，保持解决大党独有难题的战略定力。政治上的坚定源

---

① 《习近平著作选读》（第二卷），人民出版社，2023年，第588页。

于理论上的清醒。中国共产党能够团结带领人民取得革命、建设、改革的伟大胜利,根本在于中国共产党始终拥有崇高理想,并能结合时代特征提出凝聚人民群众为之奋斗的具体目标任务,并在实践探索中坚持把马克思主义基本原理同中国具体实际相结合、同中华优秀传统文化相结合,使其展现出永恒的真理光芒和实践伟力。以中国式现代化实现强国建设、民族复兴伟业是新时代最大的政治,也是以党的自我革命引领伟大社会革命的历史必然。更加复杂严峻的国际形势和国内发展面临的压力,迫切要求强化党的思想理论武装,凝聚起民族振兴的磅礴力量。习近平新时代中国特色社会主义思想是马克思主义中国化时代化新的理论飞跃,体现了中国共产党在解决独有难题中追求真理、揭示真理、笃行真理的理论创新。习近平总书记关于党的自我革命的重要思想、党的建设的重要思想具有深厚的哲学意蕴和极强的方法论指导意义,提供了中国共产党解决大党难题、锻造强大政党的哲学思维、实践路径和改革要求。坚持用习近平新时代中国特色社会主义思想解决大党独有难题,全面把握习近平总书记关于党的自我革命的重要思想、党的建设的重要思想的丰富内涵和深层逻辑,深刻领悟"两个确立"的决定性意义、坚决做到"两个维护",必须深刻把握"九个以"的实践要求和"十三个坚持"的核心要义,形成解决大党独有难题的科学思路,增强与推进中国式现代化相适应的政治能力、领导能力、工作能力,才能确保治党管党建设党的方向不偏、立场不移、信仰不变。

　　加强组织建设,锻造解决大党独有难题的坚强力量。科学严密的组织体系、纪律严明的干部队伍是中国共产党的独特优势之一。"无产阶级在争取政权的斗争中,除了组织,没有别的武器。"①党的二十大报告把"增强党组织政治功能和组织功能"作为"坚定不移全面从严治党,深入推进新时代党的建设新的伟大工程"的重要任务,对中国共产党走好新的赶考之路具有重

---

　　① 《列宁选集》(第一卷),人民出版社,1995年,第526页。

要意义。破解大党独有难题必须坚决落实新时代党的组织路线，扎实推进党的组织体系建设，构建具有高度凝聚力和战斗力的组织形态。一方面，增强党组织的政治功能和组织功能。政治功能是党组织的基本功能，组织功能服务于政治功能，二者相辅相成、内在统一，实现"两个功能"都增强，党的政治优势、组织优势才能充分发挥。增强党组织政治功能和组织功能，本质上是提升党的政治领导力、思想引领力、群众组织力、社会号召力的过程，在实践中既要推进党的组织和党的工作有效覆盖和凝聚社会各类群体；又要坚持问题导向，结合实际将党中央决策部署变成推动党和人民事业发展的具体措施；还需走好新时代党的群众路线，尊重人民群众的首创精神，自觉接受群众监督，激发全体人民干事创业的积极性、主动性、创造性，凝聚破解独有难题的智慧与力量。另一方面，加强高素质干部队伍建设。毛泽东指出："指导伟大的革命，要有伟大的党，要有许多最好的干部。"① 中国共产党能够避免许多大党、老党出现的思想僵化、组织老化、先进性退化问题，就在于其能够始终以自我革命精神加强党员队伍先进性和纯洁性建设，保持党的旺盛生命力和强大战斗力。贯彻新时代党的组织路线，既要坚持党管干部原则，树立科学的用人导向，严格按照新时代好干部标准来察人、选人、用人，推动干部能上能下机制建设；又要加强干部教育培训和实践锻炼，推动政治理论与业务工作深度融合，提升领导干部"政治三力"和履职尽责水平；还需把从严管理监督和鼓励担当作为统一起来，落实"三个区分开来"，进一步完善干部考核评价体系和容错纠错机制，明晰公私边界、权责关系，高线引导和底线约束，激励干部在推进中国式现代化过程中敢于担当、善于作为。

完善制度规范，强化解决大党独有难题的制度保障。党的十八大以来，中国共产党坚持思想建党与制度治党相统一，不断推进党的建设制度改革，

---

① 《毛泽东选集》（第一卷），人民出版社，1991年，第277页。

形成了较为完善、成熟的党内法规体系,确保党的自我革命行动有据、实践有效、推进有方。实践表明,完善党的自我革命制度规范体系是兴党强党、推进国家治理体系和治理能力现代化的重要保障,也是化解风险挑战和解决大党难题的关键举措。坚持制度治党、依规治党,进一步完善党的自我革命制度规范体系,必须发挥好制度固根本、扬优势、补短板、利长远的作用。第一,完善党内法规制度,这既是党组织规范运行的保障,也是党统一思想、统一意志、统一行动的根本要求。新时代破解大党独有难题,必须紧紧围绕党的中心任务,不断完善领导制度体系、党和国家监督体系、党的纪律建设制度规范、反腐败斗争制度机制,以及落实中央八项规定精神的常态化制度等,构建起要素匹配、机制健全的自我革命制度规范体系。第二,统筹推进各层级各环节制度建设,既保证党内不同位阶法规制度有机衔接,又保证实体性制度规范、程序性制度规范、保障性制度规范协调推进,促进党的自我革命制度规范体系与国家法律相互贯通,推动形成"层次合理、科学规范、运行有效"的党的自我革命制度规范体系,增强制度合力。第三,重视党的自我革命制度规范体系的刚性运行。一要强化纪法意识与法治思维,及时发现和正确解决党内有令不行、有禁不止等突出问题,确保党的自我革命制度规范体系的运行效能;二要按照集中统一、全面覆盖和权威高效的部署要求,打通理顺纪检监察体制改革的堵点和难点,织密扎牢制度执行监督体系和网络,促进"四项监督"统筹衔接常态化制度化,推动各类监督力量整合和工作融合,严格落实责任追究制度,把全党思想和行动统一到推进中国式现代化这个最大的政治上来,以有力有效监督提升制度执行效果,为破解大党独有难题提供可靠的制度供给和规则支撑。

坚守反腐肃纪,构建解决大党独有难题的政治生态。加强党风廉政建设和反腐败斗争,推进全面从严治党是习近平总书记关于党的自我革命的重要思想的伟大实践。党风问题是关系执政党生死存亡的问题,党的纪律是贯彻党的路线、密切党群关系、完成党的任务的重要保证,反腐败是最彻底的自我革命，坚定不移正风肃纪反腐是党的建设的永恒主题，也是以党的自我革命解决大党独有难题的重要内容和必然要求。一是弘扬党的光荣传统和优良作风。中国共产党在伟大斗争实践中凝成的光荣传统和优良作风是党用以凝聚力量、永葆生机活力的基础，体现了党的政治品格，也是解决大党独有难题的有效方法。要紧紧围绕全面加强党的作风建设的总体布局，找准败坏党的风气的要素条件，把解决问题和建章立制结合起来，促进作风建设常态长效体制机制建设，以优良党风带动政风、促进社会风气好转。二是全面加强党的纪律建设。科学总结党的纪律建设的经验，不断丰富新时代纪律建设的内涵要义，认真开展党纪学习教育，严格执行党的各项纪律，及时校准思想行为偏差，提高斗争本领，增强遵规守纪的自觉，形成有利于坚定理想信念的"自觉的纪律"。三是持续发力纵深推进反腐败斗争。准确判断反腐败斗争依然严峻复杂的形势，清醒认识反腐败斗争的新情况新动向、腐败问题产生的土壤和条件，坚持标本兼治、系统施治，一体推进不敢腐、不能腐、不想腐，让反复发作的老问题逐渐减少，让新出现的问题难以蔓延，推动党的自我革命不断取得新成效。四是严肃党内政治生活。严肃党内政治生活是全面从严治党的逻辑起点，必须长期坚持严的基调、严的措施、严的氛围，突出党内组织体系建设，涵养党内政治文化，加强新时代廉洁文化建设，完善新时代党员干部的廉能标准，营造崇廉拒腐的良好风尚，构建风清气正的党内政治生态。

中国共产党的政治属性、政治理想和使命追求，决定了党的成长发展必然会遇到一系列其他政党不曾遇到的难题。大党独有难题是在党长期执政的背景下产生的，涉及党的建设各个领域和各个方面，是一个具有理论结构与实践逻辑的高度复杂的命题。这就决定了大党独有难题的破解，必然是一项十分艰巨的系统工程。可以说，中国共产党的自身建设史，就是一部不断认识和破解大党独有难题的历史。"六个如何始终"是破解大党独有难题需要把握的重点任务，其核心意蕴是以自我革命精神推进党的建设。中国共产党成立百余年来,始终敢于直面问题、勇于自我革命,在探索党的建设规律中不断认识和破解各种难题,在不断破解大党独有难题中实现革命性锻造,确保党始终保持自己的政治本色,确保党始终成为中国特色社会主义事业的领导核心。

全面建成社会主义现代化强国,实现中华民族伟大复兴,关键在党。当前,国内外形势错综复杂,逆经济全球化态势加深,大国博弈日趋激烈,中国共产党的自身建设依然面临诸多深层次问题。这就要求我们必须时刻保持解决大党独有难题的清醒和坚定,以彻底的自我革命精神检视自身,确保党永远不变质、不变色、不变味。新时代新征程,我们更需聚焦解决"六个如何始终",按照"九个以"的实践要求,以解决大党独有难题为主攻方向深入推进党的自我革命,标本兼治、综合施策、协同发力,把中国共产党建设好建设强,确保中国式现代化劈波斩浪、行稳致远。

主要参考文献

一、著作

1.《毛泽东选集》(第三卷),人民出版社,1991年。

2.《习近平谈治国理政》(第一卷),外文出版社,2018年。

3.《习近平谈治国理政》(第二卷),外文出版社,2017年。

4.《习近平谈治国理政》(第三卷),外文出版社,2020年。

5.《习近平谈治国理政》(第四卷),外文出版社,2022年。

6.《习近平著作选读》(第一、二卷),人民出版社,2023年。

7. 习近平:《之江新语》,浙江人民出版社,2007年。

8. 习近平:《决胜全面建成小康社会 夺取新时代中国特色社会主义伟大胜利——在中国共产党第十九次全国代表大会上的报告》,人民出版社,2017年。

9. 习近平:《论坚持全面深化改革》,中央文献出版社,2018年。

10. 习近平:《在纪念马克思诞辰200周年大会上的讲话》,人民出版社,

2018年。

11.习近平:《在庆祝改革开放40周年大会上的讲话》,人民出版社,2018年。

12.习近平:《论坚持党对一切工作的领导》,中央文献出版社,2019年。

13.习近平:《论党的宣传思想工作》,中央文献出版社,2020年。

14.习近平:《论中国共产党历史》,中央文献出版社,2021年。

15.习近平:《在庆祝中国共产党成立100周年大会上的讲话》,人民出版社,2021年。

16.习近平:《高举中国特色社会主义伟大旗帜 为全面建设社会主义现代化国家而团结奋斗——在中国共产党第二十次全国代表大会上的报告》,人民出版社,2022年。

17.习近平:《论党的自我革命》,党建读物出版社、中国方正出版社、中央文献出版社,2023年。

18.中共中央文献研究室编:《十八大以来重要文献选编》(上),中央文献出版社,2014年。

19.中共中央文献研究室编:《十八大以来重要文献选编》(中),中央文献出版社,2016年。

20.中共中央党史和文献研究院编:《十八大以来重要文献选编》(下),中央文献出版社,2018年。

21.中共中央党史和文献研究院编:《十九大以来重要文献选编》(上),中央文献出版社,2019年。

22.中共中央党史和文献研究院编:《十九大以来重要文献选编》(中),中央文献出版社,2021年。

23.中共中央党史和文献研究院编:《十九大以来重要文献选编》(下),中央文献出版社,2023年。

24.中共中央党史和文献研究院编:《二十大以来重要文献选编》(上),中央文献出版社,2024年。

25.《中共中央关于加强党的政治建设的意见》,人民出版社,2019年。

26.《中国共产党历次党章汇编(1921—2022)》,中国方正出版社,2023年。

27.中共中央文献研究室编:《习近平关于全面深化改革论述摘编》,中央文献出版社,2014年。

28.中共中央文献研究室编:《习近平关于党风廉政建设和反腐败斗争论述摘编》,中央文献出版社,2015年。

29.中共中央文献研究室编:《习近平关于协调推进"四个全面"战略布局论述摘编》,中央文献出版社,2015年。

30.中共中央文献研究室编:《习近平关于全面从严治党论述摘编》,中央文献出版社,2016年。

31.中共中央文献研究室编:《习近平关于严明党的纪律和规矩论述摘编》,中央文献出版社、中国方正出版社,2016年。

32.中共中央文献研究室编:《习近平关于科技创新论述摘编》,中央文献出版社,2016年。

33.中共中央文献研究室编:《习近平关于社会主义文化建设论述摘编》,中央文献出版社,2017年。

34.中共中央党史和文献研究院编:《习近平关于"不忘初心、牢记使命"论述摘编》,党建读物出版社、中央文献出版社,2019年。

35.中共中央党史和文献研究院编:《习近平关于全面从严治党论述摘编》(2021年版),中央文献出版社,2021年。

36.中共中央党史和文献研究院编:《习近平关于调查研究论述摘编》,党建读物出版社、中央文献出版社,2023年。

37.陈远章、韩庆祥:《大党独有难题的破解之道》,红旗出版社,2024年。

38.洪向华编:《大党独有难题——怎么看怎么解》,人民出版社,

2024年。

39.李君如编:《自我革命——时刻保持解决大党独有难题的清醒和坚定》,人民出版社,2023年。

40.柳宝军:《直面大党独有难题》,中共中央党校出版社,2024年。

41.任初轩编:《如何破解大党独有难题》,人民日报出版社,2023年。

42.徐艳玲、周琦等:《清醒与坚定》,大有书局,2023年。

43.颜晓峰等:《解决大党独有难题》,中共党史出版社,2023年。

44.郑寰:《治大党:新时代中国共产党如何破解大党独有难题》,中共中央党校出版社,2023年。

45.中国纪检监察杂志社编:《时刻保持解决大党独有难题的清醒和坚定》,中国方正出版社,2023年。

二、报刊文章

1.习近平:《辩证唯物主义是中国共产党人的世界观和方法论》,《求是》,2019年第1期。

2.习近平:《关于坚持和发展中国特色社会主义的几个问题》,《求是》,2019年第7期。

3.习近平:《增强推进党的政治建设的自觉性和坚定性》,《求是》,2019年第14期。

4.习近平:《推进党的建设新的伟大工程要一以贯之》,《求是》,2019年第19期。

5.习近平:《坚持、完善和发展中国特色社会主义国家制度与法律制度》,《求是》,2019年第23期。

6.习近平:《坚持和完善中国特色社会主义制度　推进国家治理体系和

治理能力现代化》，《求是》，2020年第1期。

7.习近平：《坚定不移走中国特色社会主义法治道路　为全面建设社会主义现代化国家提供有力法治保障》，《求是》，2021年第5期。

8.习近平：《把握新发展阶段　贯彻新发展理念　构建新发展格局》，《求是》，2021年第9期。

9.习近平：《总结党的历史经验　加强党的政治建设》，《求是》，2021年第16期。

10.习近平：《用好红色资源　赓续红色血脉　努力创造无愧于历史和人民的新业绩》，《求是》，2021年第19期。

11.习近平：《以史为鉴、开创未来　埋头苦干、勇毅前行》，《求是》，2022年第1期。

12.习近平：《更好把握和运用党的百年奋斗历史经验》，《求是》，2022年第13期。

13.习近平：《把中国文明历史研究引向深入　增强历史自觉坚定文化自信》，《求是》，2022年第14期。

14.习近平：《坚持和发展中国特色社会主义要一以贯之》，《求是》，2022年第18期。

15.习近平：《在党的十九届七中全会第二次全体会议上的讲话》，《求是》，2022年第23期。

16.习近平：《继承和发扬党的优良革命传统和作风　弘扬延安精神》，《求是》，2022年第24期。

17.习近平：《为实现党的二十大确定的目标任务而团结奋斗》，《求是》，2023年第1期。

18.习近平：《全面从严治党探索出依靠党的自我革命跳出历史周期率的成功路径》，《求是》，2023年第3期。

19.习近平：《努力成长为对党和人民忠诚可靠、堪当时代重任的栋梁之才》,《求是》,2023年第13期。

20.习近平:《紧紧围绕坚持和发展中国特色社会主义　学习宣传贯彻党的十八大精神》,《人民日报》,2012年11月19日。

21.习近平:《建设一支宏大高素质干部队伍　确保党始终成为坚强领导核心》,《人民日报》,2013年6月30日。

22.习近平:《关于〈中共中央关于全面深化改革若干重大问题的决定〉的说明》,《人民日报》,2013年11月16日。

23.习近平:《牢记历史经验历史教训历史警示　为国家治理能力现代化提供有益借鉴》,《人民日报》,2014年10月14日。

24.习近平:《高举中国特色社会主义伟大旗帜　奋力谱写全面建设社会主义现代化国家崭新篇章》,《人民日报》,2022年7月28日。

25.习近平:《在纪念毛泽东同志诞辰130周年座谈会上的讲话》,《人民日报》,2023年12月27日。

26.《中共中央政治局召开专题民主生活会强调　巩固拓展主题教育成果　为强国建设民族复兴伟业汇聚强大力量》,《人民日报》,2023年12月23日。

27.《习近平在十九届中央纪委六次全会上发表重要讲话强调　坚持严的主基调不动摇　坚持不懈把全面从严治党向纵深推进》,《人民日报》,2022年1月19日。

28.《习近平在二十届中央纪委三次全会上发表重要讲话强调　深入推进党的自我革命　坚决打赢反腐败斗争攻坚战持久战》,《人民日报》,2024年1月9日。

29.《习近平在中共中央政治局第十五次集体学习时强调　贯彻落实新时代党的建设总要求　进一步健全全面从严治党体系》,《人民日报》,2024年6月29日。

后　记

　　本书是天津市 2022 年度哲学社会科学规划重大委托项目"新时代新征程解决中国共产党所面对的大党独有难题研究"(TJESDZX22-06)的结项成果。本书作为集体研究成果,具体分工如下:绪论:秦立海、闫潇涵;第一章:于安龙;第二章:杨卫芳;第三章:卢亮亮、宋禹顿;第四章:刘志华;第五章:贺敬垒、于杰、李楠、王增男;第六章:杨丽雯。本书初稿完成后,由课题负责人秦立海负责全书统稿并提出具体修改意见。各位作者修改完成后,最后由秦立海通读定稿。

　　本书的撰写出版工作得到了天津大学马克思主义学院和天津人民出版社的大力支持和及时指导。在此,一并表示衷心的感谢。

　　由于能力和水平所限,再加上时间比较仓促,本书对大党独有难题的探讨仅是浅尝辄止,纰漏之处在所难免,还恳请各位专家和读者不吝赐教,予以批评指正。在此,先为致谢。

秦立海

2024 年 9 月 28 日